HÉRODE LE GRAND

ヘロデ大王

C.G.Schwentzel
C.G.シュウェンツェル［著］

Habe Yuichiro
波部 雄一郎［訳］

教文館

Hérode le Grand,
Juifs et Romains, Salomé et Jean-Baptiste, Titus et Bérénice
by Christian-Georges Schwentzel

日本語版への序文

このたび、『ヘロデ大王』（*Hérode le Grand*, Pygmalion, Paris, 2011）の日本語版序文を執筆する機会に恵まれ、大変うれしく思います。本書はたんなるヘロデの伝記ではなく、さまざまな理由により「転換期」とされる時代における、彼の王国のイデオロギーや政策などについてテーマ別に考察したものです。ヘロデは相次ぐヘレニズム諸王国の滅亡とオリエントへのローマ支配の拡大を目の当たりにしただけではありません。ヘロデが生きた時代にはユダヤ人の間にメシア待望論が急激に広がり、彼はそれに対応しようとしました。つまり、彼は歴史上非常に強烈な印象を残した人物たち——ユリウス・カエサル、クレオパトラ、アウグストゥス、そしてイエス——と同じ時代を生きたのです。

私は当初プトレマイオス王朝とクレオパトラによる権力の表象について研究を始め、それは一九九六年にパリ・ソルボンヌ大学に提出した学位論文として結実しました。その後、二〇〇〇年頃から研究の対象をヘレニズム・ローマ時代の中近東地域における非ギリシア系の諸王国に広げるという考えに至りました。この方針で進めてきた研究の第一歩が二〇一一年に刊行した本書『ヘロデ大王』です。その後、二〇一三年には、『ユダヤとナバティア——ヘレニズム・ローマ時代の中近東における土着王国』をレンヌ大学出版局から刊行し、ここではより広く、ヘロデの先駆者であるハスモン朝の君主たちや、現在のヨルダンにあるペトラの王や王妃たちを考察の対象としていますが、ヘロデもあらためて取り上げています。同書はフランスの大学において最終的な資格である研究指導学位の主要な業績となり、それにより私は二〇一三年九月に資格を取得し、フランス東部にあるロレーヌ大学の古代史講座に教授として着任することになりました。

私のヘロデに関する著作の多くは、本書「はじめに」でも言及していますが、アブラハム・シャリートによる壮大な大全、『ヘロデ大王――人物と業績』(A. Schalit, *König Herodes. Der Mann und sein Werk*, Berlin, Walter de Gruyter, 1969) を活用しています。シャリートはヘロデがプロパガンダ政策において、しばしばメシアとして自らを表現した意義を理解した最初の歴史家です。彼の非常に洞察力の鋭い著作は豊富な情報と視点を提供してくれ、私に多大な恩恵を与えてくれました。

本書をはじめとするヘロデの伝記に加え、ヘロデを理解するために必要となる歴史的な出来事を紹介するとともに、ヘロデ王家のイデオロギーとプロパガンダについて、利用できる限りの典拠に基づき、独創的な総合研究を紹介しておきたいと思います。読者のみなさまもお気づきのように、私の研究はヘロデと彼の後継者たちが発行した、非常に個性的で表現に富んだ貨幣の考察に基づいています。

原著のフランスでの出版から日本語版が刊行されるまでの一〇年間、ヘロデに関して多くの研究が発表され、彼に対する関心は高まるばかりでした。古銭学者であるドナルド・アリエルとジャン・ピエール・フォンタニーユは、ヘロデの鋳造貨幣について非常に有益な研究を公刊しました (Donald Ariel & Jean-Pierre Fontanille, *The Coins of Herod. A modern analysis and die classification*, Leiden, Brill, 2012)。二〇一三年には、初めてヘロデを取り上げた大規模な博覧会がエルサレムのイスラエル博物館で開催されました。そこではヘロデを、これまで一般に向けて語られた物語により流布されてきた残酷で陰険な人物とは程遠い、革新的な、因習にとらわれない偉大な支配者として表現しています。この展覧会の展示物の多くは、考古学者エフド・ネツェルがヘロディオンの遺跡から発見した出土品でした。しかし、二〇一〇年代にエルサレムのヘブライ大学のヨセフ・パトリックが中心となり進めたヘロディオンの調査は、二〇〇七年にこの遺跡で発見された墓所をヘロデのものとする説を否定しました。遺構がヘロデの墓所にしては簡素すぎるためです。ヘロデの終の棲家がヘロディオンにあることだけは確実ですが、おそらく新たな発見のみがその謎を解決することになるでしょう。

二〇一一年以降に公刊されたヘロデに関するさまざま著作の中から、アダム・コルマン・マルシャクのものを紹介したいと思います（Adam Kolman Marshak, *The Many Faces of Herod the Great*, Grand Rapids, Eerdmans Publishing, 2015）。同書では、ヘロデの複雑な環境や彼の「多面性」についての考察がさらに広げられています。

日本の読者のみなさまには、私が自身の著作がすでに日本語に翻訳されていることを大変名誉としていることをお伝えしたいと思います。私のクレオパトラ——ヘロデと個人的な交流があり、フラウィウス・ヨセフスによると、彼を誘惑しようとさえした偉大な女王——についての短い本（*Cléopâtre*, Paris, PUF, 1999）は、二〇〇七年に素晴らしいイラストの多くに彩られて、日本語版が刊行されました（『クレオパトラ』北野徹訳、白水社文庫クセジュ、二〇〇七年）。

最後になりますが、私に新たな名誉を与えてくれる出版を引き受けていただいた教文館に感謝します。また、フランス滞在中に私を訪問された波部雄一郎氏にも感謝の気持ちを捧げたいと思います。このようなフランス語を理解し、情熱的でヘレニズム・ローマ時代のユダヤについて多大な関心を持つ研究者ほど、翻訳者として適任な人物は想像できません。

みなさまにとって良き読書となりますように。

二〇二一年八月一〇日、パリにて

クリスティアン・ジョルジュ・シュウェンツエル

目次

第1章　ヘロデ大王の治世……35

装幀　田宮　俊和

凡例

人名・地名については、原則として音引きを省略した。また、固有名詞については慣例の表記を用いている。

聖書、古典文献の引用については、基本的に原著から日本語訳したが、一部下記の邦訳書から引用している。

フラウィウス・ヨセフス『ユダヤ古代誌』全六巻、秦剛平訳、筑摩書房、一九九九―二〇〇〇年

フラウィウス・ヨセフス『ユダヤ戦記』全三巻、秦剛平訳、筑摩書房、二〇〇二年

聖書協会共同訳『聖書』日本聖書協会、二〇一八年

〈出典略号一覧〉

出エジプト記 → 出エジプト
申命記 → 申命
サムエル記上 → サム上
サムエル記下 → サム下
列王記上 → 王上
列王記下 → 王下
イザヤ書 → イザヤ
エレミヤ書 → エレミヤ
エゼキエル書 → エゼキエル
ユディト記 → ユディト
マカバイ記一 → Ⅰマカバイ
マカベア記二 → Ⅱマカバイ
マタイによる福音書 → マタイ
マルコによる福音書 → マルコ
ルカによる福音書 → ルカ
『ユダヤ古代誌』 → 『古代誌』
『ユダヤ戦記』 → 『戦記』

欧文資料略号一覧

ADPV *Abhandlungen des Deutschen Palästina-Vereins.*
AHA *Annales d'Histoire et d'Archéologie*, Beyrouth.
ANRW *Aufstieg und Niedergang des Römischen Welt.*
ASP *American Studies in Papyrology.*

BAIAS	*Bulletin of the Anglo-Israel Archaeologiccal Society.*
BAR	*Biblical Archaeology Review.*
BCH	*Bulletin de Correspondance Hellénique.*
BMC	*British Museum Catalogue of Greek Coins*, London.
CBQ	*Catholical Biblical Quarterly.*
CdE	*Chronique d'Égypte.*
DA	*Dossiers d'Archéologie.*
EPRO	*Études préliminaires aux religions orientales dans l'Empire Romain*, Leiden.
FGH	F. Jacoby, *Die Fragmente der Griechischer Historiker*, Berlin/ Leiden, 1923-1958.
IEJ	*Israel Exploration Journal.*
INJ	*Israel Numismatic Journal.*
INR	*Israel Numismatic Research.*
JHS	*Journal of Hellenic Studies.*
JJS	*Journal of Jewish Studies.*
JRS	*Journal of Roman Studies.*
JSQ	*Jewish Studies Quarterly.*
MdB	*Monde de la Bible.*
MEFRA	*Mélanges de l'École française de Rome:*
OGIS	W. Dittenberger, *Orientis Graeci Inscriptiones Selectae*, Leipzig, 1903-1905.
PEQ	*Palestine Exploration Quarterly.*
RA	*Revue Archéologique.*
Rant	*Res Antiquae.*
RB	*Revue Biblique.*
REA	*Revue des Études Anciennes.*

RN	*Revue numismatique.*
RPC	A. Burnett, M. Amandry & P. P. Ripollès, *Roman Provincial Coinage*, vol. I *From the Death of Caesar to the Death of Vitellius (44 BC-Ad 69)*, London/Paris, 1992.
SCI	*Scripta Classica Israelica.*
SEG	*Supplementum Epigraphicum Graecum.*
SJLA	*Studies in Judaism in Late Antiquity.*
SR	*Studies in Religion.*
TAPA	*Transactions and Proceedings of the American Philological Association.*
TSAJ	*Texts and Studies in Ancient Judaism.*
WUNT	*Wissenschaftliche Untersuchungen zum Neuen Testament.*
ZDPV	*Zeitschrift des Deutschen Palästina-Vereins.*
ZPE	*Zeitschrift für Papyrologie und Epigraphik.*

ティルス
フィリポ・カイサリア
ガウラニティス
バタネア
プトレマイス
地　中　海
ベトサイダ
トラコニティス
セフォリス
ヒッポス
アウラニティス
ガリラヤ
ディオン
カナタ
ドーラ
アビラ
ガダラ
スキュトポリス
カイサリア
ペラ
サマリア
セバステ
ゲラサ
アポロニア
ヨッパ
ガダラ
リュッダ
ユダヤ
エリコ
ペレア
フィラデルフィア
イアムニア
エルサレム
アゾトス
ヘロディオン
アスカロン
アンテドン
マカイロス
ガザ
ヘブロン
死
海
イドマヤ
マサダ

ヘロデの王国

はじめに

ヘロデ大王とその息子ヘロデ・アンティパスの人物像が今なお多くの人に知られているのは聖書の福音書によるところが大きい。ヘロデはイエスを殺害しようとした邪悪な王として、アンティパスは姪のサロメとの約束を守るために洗礼者ヨハネの首を刎ねさせた者として記憶されている。しかし、実際にはどのような人物だったのだろうか。

ユダヤ人にとっては王位簒奪者、ギリシア人にとっては恩恵施与者、ローマ人にとっては優れた行政官であったヘロデ大王は、紀元前三七年から前四年まで、ユダヤ、サマリア、ガリラヤ、イドマヤ、また、シリア南部の地域を支配した議論の対象となることの多い支配者である。古代の歴史家フラウィウス・ヨセフスは『古代誌』や『戦記』において、ヘロデを義弟アリストブロス〔三世〕と、若く美しい妻マリアンメ、そして三人の息子たちを死に追いやった冷酷な暴君として描いている。また、ヘロデの行為を瀆神と見なし、エルサレムでの「異教風の」見世物を非難したファリサイ派をはじめ多くの敵対者をヘロデは虐殺した。オリュンピア競技会に資金を提供した際、あるいは自ら費用を拠出してギリシアの神々のための聖域の造営に関わった際には、人びとはヘロデのことをユダヤ人よりギリシア人を好んでいるとして批判した。その治世の最後に黄金の鷲の像を神殿の門の上に設置させたときには、モーセの律法を侮辱するものとして、敬虔なユダヤの若者たちがそれを地面に投げ捨てた。ヘロデはその犯人を捕らえ、生きたまま焼き殺した。福音書はこの敵対的な伝承にさらに非難を加え、マタイ福音書はイエスの誕生後、ベツレヘムでの幼児虐殺の責任をヘロデに負わせている（マタイ二16）。

これに対して、王の助言者であったダマスカスのニコラオスは、主君であるヘロデを勇敢で高潔な軍事的指導者として描いている。ヘロデのためにバビロンで捕囚の身にあった古いユダヤ人の家系の末裔という高貴な出自を創り出し、ヘロデの先祖をゼルバベルとダビデの末裔と結びつけた。

エリコやマサダ、ヘロディオンで発見されたヘロデの宮殿の調査は、ヘロデ王に批判的なヨセフスの記述の相対化を可能にしてくれる。マサダに沐浴槽《ミクヴェ》があったことが示すように、ヘロデとその側近たちはユダヤ教の清浄規定に従った生活を送っていた。ごくわずかな例外を除けば、フレスコ画やモザイクのモチーフには十戒の第二戒〔偶像崇拝の禁止〕に従い（出エジプト二〇4、申命五8）、幾何学模様や植物の図柄が用いられている。考古学者Y・ヤディンによるマサダの発掘で出土した壺には、その中身が「ユダヤ人、ヘロデ王」（Regi Herodi iudaeic(e)）宛のものであることを示すラテン語銘文が読み取れる。この句はヘロデのユダヤ教徒としての性格を強調しており、中身のワインが戒律に従って製造されたものであることを意味している。

また、ヘロデがエルサレム神殿をかつての華やかな姿に建て直したことは特筆すべきである。ヘロデは民衆に向けて聖所再建の壮大な意欲を述べた演説の中で「信仰の原初の原型」（『古代誌』一五386）と呼んだソロモン神殿をよみがえらせたのである。神殿再建によって、宗教や神への礼拝をどんな政治的目的よりも上に位置づけていることを公に示し、自らの敬神を主張した。作業は細心の注意を払って清浄規定を尊重して実行された。王自身は工事に関与せずに、石工や職工の訓練を受けていた祭司たちに委ねられた。

これらの出来事や出土品、また相矛盾する情報から見えてくるのは、ヤヌス神のようにローマとユダヤ人の両方を同時に見る二面性をもった王としてのヘロデの姿である。ヘロデのこうした複雑な個性は紀元前の最後の数十年の間のユダヤにおける宗教、政治、文化からは切り離すことができない。その人物像を見極めることが本書の目的である。そのためにヨセフスの著作や考古学からの補足的な証言が例外的に良好な資料の裏づけを備えてくれている。本書は二〇〇七年にE・ネツェルによってヘロディオンで発見されたヘロデのものとされる墓などの最近の発見や、最新の貨幣学研究を網羅しつつ、ヘロデはユダヤ人の王だったのか、新たなダビデとして、人びとの待望するメシアとして認められたかったのか、ヨセフスが主張するように、ユダヤ教よりもギリシア文化を、ユダヤ人よりもギリシア人を好んでいたのか、ローマとその支配者に奉仕する手先にすぎなかったのかといった今日でも歴史研究において議論されている主要な問題に答えを見出そうとするものである。

　こうした問いはヘロデ・アルケラオス、ヘロデ・アンティパス、フィリポスといったヘロデの三人の息子、孫のアグリッパ一世とカルキス王ヘロデ、また曾孫アグリッパ二世というヘロデの子孫たちにも同じように当てはまる。

古代の史料

ヨセフス（三七—一〇〇年頃）の著作はヘロデ大王とヘロデ王家の歴史と切り離すことはできない。ヨセフスはユダヤの祭司階級の出身で、マタティアの子ヨセフとして生まれた[1]。六七年のユダヤ大反乱の時には大祭司アナノスによって、ガリラヤにおける対ローマ戦の指揮を委ねられた。その戦いに敗れた後、ヨセフスは仲間たちのように自害するのではなく、ローマの将軍ウェスパシアヌスに降伏することを選んだ。彼は陣営を「裏切り」、かつての敵の助言者となった。そして、後に皇帝となったウェスパシアヌスにつき従ってローマへ行き、その庇護を受けてローマ市民権を与えられた。ヨセフスが七五年から七八年頃に『ユダヤ戦記』を書き、『ユダヤ古代誌』と『自伝』を九〇年から九四年頃に書き、最後の『アピオーンへの反論』を九八年から一〇〇年頃に書いたのはローマにおいてである。

　ヨセフスはユダヤ反乱の直接の証人だが、途中でローマの陣営に移ったので、その出来事を「裏切り者」として扱う形になっている。ウェスパシアヌスとその息子ティトゥスは称賛されているが、勝者の視点を反映して蜂起した者たち、とりわけ過激派と見なされる「熱心党《ゼーロータイ》」を嫌悪している。また、『戦記』におけるギスカラのヨハネ、『自伝』におけるティベリアスのユストゥスなど個々の敵対者への仕返しのような記述も残している。

また、ヨセフスはヘロデ大王の曾孫アグリッパ二世が七〇年にエルサレムの破壊によって終わった軍事行動においてローマの補助軍として参加したことを注意深く控えめに記すにとどめ、アグリッパの好意を得ようとしてもいる。しかし、ローマの歴史家タキトゥスが記すように(『年代記』五・1・2)、アグリッパ二世は同時代の他のローマの属領王と同じように、ウェスパシアヌスの軍団を支援していた。さらには、アグリッパ二世の小さな王国の首都フィリポ・カイサリアでのローマ人たちの戦勝の祭典に王が出席していたこともヨセフスは触れないようにしている(『戦記』七23)。王の姉妹である王女ベレニケと、後の皇帝ティトゥスの関係についてもそれほど多くを語らない。このような意図的な省略や、個人的な弁明とフラウィウス朝に対する追従という傾向はある程度見られるが、それもヨセフスの著作がもつ歴史に関する的確さを損なうほどではない。

ヘロデやその後継者たちの人生を扱った古代の歴史家の著作はヨセフスのもの以外はほとんど失われている。ヘロデ自身が記した『備忘録』が現存していれば、読んでみたいと思わせるものであっただろうが、ヒルカノス二世の処刑に関する非常に短い引用しか残されていない。(2) ダマスカスのニコラオスは王の公式の歴史家であるが、その著作はごく一部の断片が残るだけで、ヨセフスが明らかにするそれに対する反応だけで満足しなければならない。(3) 最後に、アグリッパ二世の顧問で公式の歴史家を務めたティベリアスのユストゥスがモーセからアグリッパ二世までのユダヤの支配者の歴史を執筆している。(4) その著作は今日では失われているが、ビザンツ時代の神学者フォティオス(八二〇頃–八九五年頃〔コンスタンティノポリス総主教〕)が、それについての重要な要約を残している(『図書総覧《ビブリオテーケー》』33)。ユストゥスはヨセフスの個人的な敵であったが、その「ユダヤ戦史」にはユダヤ反乱についてヨセフスの『戦記』とは異なる見解が示されている。

他の古代史家の著作も助けになるかもしれないが、短いものばかりである。すでに触れたタキトゥス(五五頃–一二〇年頃)の他には、ローマの歴史家ではスエトニウス(六九頃–一二〇年頃)、同じく帝政期にギリシア語で著述を残したカッシウス・ディオ（一五五頃―二三五年頃）が挙げられる。ギリシア語を解すユダヤ人の哲学者アレクサンドリアのフィロン（前一三頃―後五〇年頃）は、カリグラ帝のもとへの使節を務めた時の話をまとめた『ガイウスへの使節』で、ヘロデ王家の人びとの信仰心を強調している。しかし何より、フィロンはカリグラ帝がユダヤの律法に反して神殿に建立を命じた「彫像事件」についての詳細な物語を残してくれている。

クムラン写本はユダヤ教の歴史にとって重要な発見であるが、ヘロデ研究に活用できる要素はわずかしかない。歴史上の人物の名を挙げている写本もあるが、それらはハスモン朝の人物である。アレクサンドロス・ヤンナイオスを指して「ヨナタン王」と言及している羊皮紙の写本がある（4Q448）。その妻である王妃サロメ・アレクサンドラはシェラムシオンと記され（4Q322、4Q324b）、それゆえ、その後に記される子とはヨハネ・ヒルカノス二世ということになる（4Q324a、324b）。しかし、そこで確かめられるのはその人物が誰であるかだけである。その支配者についてテクストは何を語っているだろうか？ そのイメージは肯定的なものなのか否定的なものなのか？ クムランの共同体全体と同様、個々の写本の解釈についてもさまざまな見解がぶつかり合っている。そうした議論はヘロデの時代とは直接関連しないので、ここで立ち入るのは適切ではない。それでも、クムランの共同体の中心とされているエッセネ派はヘロデ王朝とは良好な関係にあったことには注目しておくべきだろう。ヨセフスによると（『古代誌』一五373）、その指導者マナヘムはヘロデの支配の正統性を認めたが、王に要求された忠誠の宣誓に応じることはなかったとされる。しかし、マナヘムとその共同体は宣誓を免除されたので、敵対していると見なされていなかったことになる。

四福音書と使徒言行録は、ヘロデやヘロデ王家のほとんどのメンバー――フィリポス、ヘロデ・アンティパスとその妻ヘロディア、ヘロディアが最初の結婚でもうけたサロメ、アグリッパ一世、アグリッパ二世とその姉妹である名高いベレニケ――に言及している。しかし、歴史的観点から記されたものではないため、こうしたテクストは多くの、ときに克服しがたい問題を歴史研究に提起する。

タルムードの諸編は神殿の破壊よりも後に編纂されたが、しばしば過去の歴史的な出来事に言及している。それらを利用してもよいが、出来事と同時代のものではなく、歴史記述を目的とはしていないので、批判的に用いるべきである。ミシュナで言及されるアグリッパ一世はきわめて肯定的なイメージで描かれている（ビクリーム篇三4、ソーター篇七8）。

碑文史料

ヘロデとその王家に関する碑文史料は相対的に数が乏しい。ギリシア語碑文、彫像台座の奉献碑文が発見されているが、その数は非常に少なく、断片的である。W・ディッテンベルガーが公刊した『東方出土のギリシア碑文集成』（W. Dittenberger, *Orientis Graeci inscriptiones selectae, OGIS*, Leipzig, 1903-1905）には、ギリシア世界各地で発見されたヘロデ大王、アンティパス、カルキスのヘロデ、王女ベレニケとアグリッパ二世に関連した碑文が含まれる。さらには、先述の「ユダヤ人ヘロデ王」と記されたマサダ出土のアンフォラの碑銘と、ベレニケとその兄弟であるアグリッパ二世が資金を提供したベリュトス〔現ベイルート〕の建造物に刻まれた奉献碑文というごくわずかなラテン語碑文がある。[5] 最後に、アラブ系遊牧民がヨルダン砂漠の岩壁に刻んだサファ語の落書きを近年M・C・A・マクドナルドが調査している。[6] その碑文のうちの一つは、ヘロデの死について記している。また別のものは、その息子フィリポスに言及している。しかし、その重要性は非常に限定的であると認めねばならない。

貨幣学

ヘロデ朝の研究に貨幣学は必要不可欠な史料を提供する。しかし、史料としての適性を示すためには、今日知られているすべてのタイプを考察せねばならない。特定の問題を説明するために、ひとつの硬貨やシンボルを用いるのでは十分ではない。王による硬貨製造は全体として、同じ図像用法に属していれば、分け難いイメージやシンボルの集成が構成される。硬貨は王家の言説を反映するので、ヘロデとその王朝の主要な直接的史料なのである。すでに述べたように、ダマスカスのニコラオスやヘロデ自身の著作はほとんどが失われているのに対して、貨幣学からは王権のプロパガンダが描いた大きなテーマを辿ることが可能になる。

いくつかのカタログがヘロデとその後継者たちの硬貨をほぼ完全にリストアップしている。G・F・ヒル『パレスティナ出土のギリシア硬貨集成』(G. F. Hill, *Catalogue of Greek Coins of Palestine: Galilee, Samaria and Judaea*, BMC, London, 1914)、A・キンドラー『イスラエルの地の硬貨』(A. Kindler, *Coins of the Land Israel*, Jerusalem, 1974)、J・マルティエル・ジェルスタンフェルド『古代ユダヤの硬貨新集成』(J. Maltiel-Gerstenfeld, *New Catalogue of Ancient Jewish Coins*, Tel Aviv, 1987)、D・ヘンディン『聖書時代の硬貨入門』(D. Hendin, *Guide to Biblical Coins*, New York, 1996)、Y・メショレール『古代ユダヤの硬貨鋳造』第二巻「ヘロデ大王からバル・コクバまで」(Y. Meshorer, *Ancient Jewish Coinage, vol. II: Herod the Great through Bar Cochba*, New York, 1966, réédition, 1982)、Y・メショレール『古代の交換手段・貴金属と硬貨――ハイファ大学レウベン・アンド・エディト・ヘクト・ミュージアム・コレクション』(Y. Meshorer, *Ancient Means of Exchange, Weights and Coins*, The Reuben and Edith Hecht Museum, University of Haifa, Haifa, 1998)などが挙げられる。

考古学

ヨセフスの著作と貨幣学に加えて、考古学がヘロデの治世についての不可欠な情報の第三の供給源である。七〇年にローマ人によって破壊されたので、エルサレムにおけるヘロデ時代の遺構はほとんどないが、ユダヤやイドマヤではヘロデによって建造された要塞や宮殿の遺跡が知られている。マサダ、エリコ、ヘロディオンでの発見は、王とその宮廷の豪奢な生活だけでなく、彼らがユダヤ教の律法と清浄規定を尊重していたことも明らかにする。ヤディンが指揮したマサダ発掘や、ネツェルによるエリコの宮殿やヘロディオンについての研究が参照される。[7] D・W・ローラー『ヘロデ大王の建築活動』（D. W. Roller, *The Building Program of Herod the Great*, Berkeley/Los Angeles/London, 1998）にも特別な注意を払う価値がある。

歴史研究

ヘロデとその王朝について、多くの書物がおもに英語とドイツ語で出版されてきた。ここではあまりにも古いものや一般向けのものを除いて、より有益な著作のみを取り上げることにする。基本的な文献として、A・シャリートの記念碑的な研究『ヘロデ王――人物とその業績』がある（A. Schalit, *König Herodes. Der Mann und sein Werk*, Berlin, 1969, revised version 2001）。これは情報の宝庫であり、すべての考察の源泉である。シャリートはメシアを称するというヘロデのプロパガンダに関心を持ち、その重要性を強調した最初の歴史家である。M・グラント『ヘロデ大王』（M. Grant, *Herod the Great*, New York, 1971）は手軽な内容であるが、有益なものとして利用できる。同じように、P・リチャードソン『ヘロデ――ユダヤ人の王・ローマ人の友』（P. Richardson, *Herod, King of the Jews and Friend of the Romans*, Edinburgh, 1996）も有益であるが、最初の数ページはまったくのフィクションなので、読者は混乱しないようにしなくてはならない。さらに、L‐M・ギュンターによる小編『ヘロデ大王』（L. -M. Günther, *Herodes der Grosse*, Darmstadt, 2005）を挙げておきたい。S・ロッカ『ヘロデのユダヤ――古典古代における地中海国家の王』（S. Rocca, *Herod's Judaea: King of a Mediterranean State in the Classical World*, TSAJ, Tübingen, 2008）は、これまでの伝記的な視点とは対照的な独自のテーマに基づいたアプローチを提示する。N・コキノス『ヘロデ王朝――その起源、社会における役割と興亡』（N. Kokkinos, *The Herodian Dynasty, Origins, Role in Society and Eclipse*, Sheffield, 1998）は、ヘロデ一族へのアプローチという点で重要である。A・ケイシャーとE・ウィッタムの著書『苦悩する迫害者ヘロデ王――歴史心理学・心理的個人史のケース・スタディ』（A. Kasher & E. Witztum, *King Herod: A Persecuted Persecutor. A Case Study in Psychohistory and Psychobiography*, Berlin, 2007）は、非常によく資料が整えられており、ヘロデの心理的な面に焦点を当てた評伝を示そうとする試みである。著者によれば、ヘロデはさまざまな精神疾患に苦しめられていたとされる。

ヘロデの後継者たちの基本的な研究文献として、H・W・ヘーナー『ヘロデ・アンティパス』（H. W. Hoehner, *Herod Antipas*, Cambridge, 1972）、D・R・シュヴァルツ『アグリッパ一世――ユダヤ最後の王』（D. R. Schwartz, *Agrippa I, the Last King of Judaea*, Tübingen, 1990）の二冊を付け加えよう。

ここまでに挙げた研究はどれひとつとっても同じものはないと明確にしておかねばならない。そのすべてが、綿密に考察されたものについては特に、他の歴史家の同意が得られない解釈や仮説ゆえに批判される可能性がある。しかし、それは歴史研究、とりわけ調査と結論が混ざっている研究すべてに共通する宿命である。詳細な分析を行っているものであるかぎり、いかなる研究も過去の再発見という作業を前進させることにも貢献する正当な批判にさらされるのである。

最後に、ヘレニズム時代末期とローマ帝国におけるユダヤ人の歴史の全体像を提示する重要な著作として、今や古典的なものとなったE・シューラー『イエス・キリスト時代のユダヤ民族史』（E. Schürer, *The History of the Jewish People in the Age of Jesus Christ: 175 BC-AD 135*, Edinburgh, 1973-1986, revised and completed by G. Vermes, F. Millar & M. Black. 邦訳、小河陽ほか訳、教文館、二〇一二年―）、E・M・スモールウッド『ローマ支配時代のユダヤ人――ポンペイウスからディオクレティアヌス』（E. M. Smallwood, *The Jews under Roman Rule from Pompey to Diocletian*, Leiden, 1976）の二冊を挙げておく。

領土と住民

ヘロデの王国はユダヤ、イドマヤ、サマリア、ガリラヤ、ペレアといった複数の地域から構成されていた。皇帝アウグストゥスはそれにシリア南部のトラコニティス、アウラニティス、ガウラニティス、バタネアを加えた。これらの地域全体をひとつの地名で示すことはできない。エルサレムが首都であったからとはいえ、それを「ユダヤの王国」と言ってしまうのは単純化しすぎである。一方、歴史研究で便宜的に用いられることのある「パレスティナ」という名は時代錯誤的である。ローマ人が「シリア・パラエスティナ」（シリア・パレスティナ）という名でこの地を呼ばせたのは、エルサレム陥落の七〇年以後のことだからである。ヘロデが支配した複合的な王国をまとめる唯一の要因はヘロデ自身だけだったのである。

ユダヤとは古き聖書時代のユダ王国の名がギリシア語でイゥーダイアとなり、ラテン語でイウダエアとなったものである。大部分のユダヤ人がローマ帝国とメソポタミアの各地に散らばり、そこに住んでいなかったとしても、この地はユダヤ人の土地であった。

イドマヤという名は聖書に登場するヨルダン川東岸の王国エドムを起源とする。エドム人は前六世紀頃にユダヤ南部で暮らすようになった。ヘレニズム時代にはイドマヤ人と呼ばれ、前二世紀の終わりにハスモン朝の大祭司ヒルカノス一世に征服され、強制的にユダヤ教へと改宗させられた。ヘロデはそのようにしてユダヤ人（ユダヤ教徒）となった者のうちのひとりで、王アレクサンドロス・ヤンナイオス（前一〇三―七六年）のもとで地域の地方長官《ストラテーゴス》を務めたアンティパトロス（大アンティパトロス）の孫であった。

ユダヤの北に位置するサマリアは豊かな農業地域である。ヘロデは重要な収入源である広大な領域を利用した。サマリアは地域の名であると同時に、その主要都市、ヘロデがセバステへと変容させた町の名でもあった。サマリア人は自らをイスラエル人と認識しており、ヘブライ語聖書（旧約聖書）としてまとめられた書物のうち、預言者《ネビイーム》と諸書《ケトゥビーム》の部分を除く、モーセ五書だけを有効と認めている点で、ユダ地方のユダヤ教徒と異なる。ユダヤ人とサマリア人との間の不和は前六世紀に遡るが、その後も関係は悪化の一途を辿った。前四世紀後半には、サマリア人はエルサレムに対抗して、ゲリジム山に独自の神殿を建立した。しかし、ヨハネ・ヒルカノス一世（前一三四―一〇四年）はサマリアを併合した後、その神殿を破壊させ、エルサレムを再びヤハウェのための祭儀や供犠を行う唯一の場所とした。

ガリラヤも非常に肥沃な地域である。前二世紀の終わり頃から前一世紀にかけて、多くのユダヤ人がこの地に入植した。福音書ではベツレヘム出身とされるが、ナザレの町に暮らしていたイエスの父ヨセフもこうした入植者のひとりだった。ガリラヤ人は一般的に敬虔なユダヤ教徒と見なされている。実際には、ヘブライ語かアラム語を話す人びとが住み、内向きの性質が強い北部の上ガリラヤと、それほど保守的でなく、ギリシア語を話す人びとが暮らす南部〔下ガリラヤ〕に分けられる。

ペレアという地名は本来、地理上の名称である。ギリシア語のペラエアから派生したもので、海峡や河の向こう側の土地という意味で、ここではヨルダン川の向こう側のことを指す。ユダヤ人はペレアにも住んでいたが、ヘレニズム化したシリア人やアラブ人など、さまざまな民族が混ざり合っていた。

前二四年から前二〇年までヘロデに統治が委ねられていたシリア南部の四地域にはアラブ人、イトレア人、ナバテア人が居住していた。ヘロデは軍事植民政策の一環としてユダヤ人を入植させ、この地に多かった山賊の掃討を行った。

ヘロデ王国の人口はおよそ一五〇万人と考えられ、その大多数は農村に居住していた。エルサレムには少なくとも五万の人が暮らし、ヘロデによって地中海沿岸に建設されたカイサリアもほぼ同じ数の人口であった。ガリラヤのセフォリスの人口は三万人と見積もられる。後にヘロデ・アンティパスによって創建されたガリラヤ湖畔のティベリアスもほぼ同じような人口であった。

ヘロデ以前のユダヤ

前五八七年に新バビロニアの王ネブカドネツァル二世がエルサレム神殿を破壊して以降、ユダヤの歴史はその後に続く支配者たちの歴史から切り離すことはできない。前五三八年にはバビロニア人に続いて、キュロス率いるペルシア人がユダヤの支配者となる。アケメネス朝の偉大な王キュロスは、六〇年間バビロンで捕囚の身にあったユダヤ人にユダヤへの帰還と神域の再建を許可した。前三三二年、今度はアレクサンドロス大王がユダヤを支配下においた。前三二三年、ギリシア人とマケドニア人を率いた征服者アレクサンドロスが死ぬと、その後二〇年以上にわたって、その後継者たちによる闘争が続き、シリア南部はエジプトを支配したプトレマイオス一世のものとなる。この地域は公式な文書では「コイレ・シリア」と記された。アジアにおけるアレクサンドロスの継承者であるセレウコス朝もこの地を狙っていたので、前三世紀には五度にわたって戦争の舞台となった。前二〇〇年の戦いを最後に、セレウコス朝のアンティオコス三世がプトレマイオス五世からこの地を奪い取った。

ヘレニズムの王たちの支配の下、エルサレム神殿は王たちの承認を得て、「長老会議《ゲルーシア》」、後には「評議会《シュネドリオン》」すなわちサンヘドリン〔ユダヤ最高法院〕と呼ばれる七〇名からなる聖職者の会議によって任命される大祭司が運営していた。大祭司は、伝承によれば、ソロモンの治世に祭司を務めたツァドクの子孫とされるサドカイ派から常に選ばれていた。大祭司は王権とユダヤ人の媒介者の機能を果たしていた。ユダヤ人は自分たちの祭儀を行い、ユダヤ教の律法、トーラーに従って生活する自由があった。この宗教上の自治と引き換えに、大祭司と聖職者の会議はユダヤの「民族《エトノス》」が集団でまとまって貢納《フォロス》を年ごとに支払うことをヘレニズムの王に約束したのである。セレウコス朝の行政機構に組み込まれた際、ユダヤの自治はアンティオコス三世によって確認された。財政面での特権を与えることで好意を得ようと、王が個々の祭司に税を免除することもあった。

しかしながら、ヘレニズム君主の好意と打算を備えたこの方針は、廷臣ヘリオドロスを派遣してエルサレム神殿を掠奪させようとしたセレウコス四世（前一八七―一七五年）によって問い直されることになった。しかし、ヘリオドロスは任務を遂行できなかった。マカバイ記二によれば、見えざる力、すなわち神の手が王の使節を押し返したとされる（Ⅱマカバイ三章）。その後間もなくヘリオドロスがセレウコス四世を暗殺していることから、実際には大祭司オニア三世と共謀していたようである。

その後、新たな大祭司ヤソンがオニア三世の後を継ぎ、アンティオコス四世（前一七五―一六四年）が王位についた。前一七五年以降、ヤソンはエルサレムでユダヤ教祭儀のヘレニズム化を主導し、伝統主義的な人びとの激しい反発を招く。いわゆる「ヘレニスト」のユダヤ人と「ハシディーム」（「敬虔な者たち」）のユダヤ人はかつて見られないほど暴力的に衝突した。前一七一年、ヤソンは同じヘレニストであるメネラオスに大祭司の地位を奪われた。メネラオスはアンティオコス四世に政変を承認してもらうため、ユダヤの年ごとの貢納を増額させることを提案する。資金を必要としていた王はそれを受け入れた。メネラオスは約束の額を払うため、神殿内に置かれた祭具を売り払い、民衆を憤らせた。前一六九年、エルサレムが蜂起すると、メネラオスはアンティオコス四世の救援を求めた。王は自ら反徒を鎮圧し、神殿に足を踏み入れ、そこにあった財宝を掠奪した。

二年後、アンティオコス四世はこの地域を立て直すにはユダヤ全土でのユダヤ教禁止が適切と考えた。ゼウス・オリュンピオスに捧げられたギリシア風の祭壇が神殿内に設置され、律法の書は燃やされた。割礼や安息日の遵守といった伝統的な習慣は禁じられ、違反者は死刑とされた。ハスモン家に属すモデインの祭司でマタティアという人が、セレウコス朝とその協力者であるヘレニストに対して、ハシディームを率いて武装蜂起を起こしたのはこの時のことである。(8) その後すぐにマタティアは死んだが、息子のユダ・マカバイがうまく闘争を引き継いだ。三年間の戦争の後、エルサレムを占領したユダ・マカバイは神殿を清め、ユダヤ教の伝統的な祭儀を復活させた。前一六〇年、ユダが戦死すると、兄弟ヨナタン（前一六〇―一四二年）が後を継ぎ、前一五二年に大祭司の称号を得ると、セレウコス朝が内紛で弱体化していたことに乗じてユダヤへの支配権を決定的なものとして確立した。死に際しては、権力を弟のシモン（前一四二―一三四年）に委ねた。シモンは神殿の広場で集会を開き、その権威を強化した（『古代誌』一三197以下）。かくして、シモンは「民」により、緋の衣をまとい、黄金の飾りを身につけること（Ｉマカバイ一四・四三）、その治世の始めを基準とした年から公式の記録を記す権利を認められた。

ハスモン家の支配者は大祭司と軍の指導者という二つの機能を併せもっていた。したがって、この君主制は軍事的神権政と言えるかもしれない。シモンの子で後継者となったヨハネ・ヒルカノス一世（前一三四―一〇四年）は、神が自分に語りかけてくれるとして、預言者としての能力があると自ら主張した。ヒルカノスは兵士の先頭に立って数多くの征服活動を成し遂げ、サマリアとイドマヤを併合した。ユダヤ人の国としての性格を保持するため、征服地の人びとはユダヤ教への改宗を強要され、男性は強制的に割礼を施された。敗れた人びとの礼拝の場――特にゲリジム山のサマリア人の神殿――が破壊されたのもこの政策の一環であった。

ハスモン朝が意図したユダヤ化と孤立主義は考古学資料から確かめることができる。エルサレムやハスモン朝が占領した地域では、前一四〇年以降、ギリシア製アンフォラが段階的に見られなくなっていく。このことはヘレニズム世界との通商が著しく減ったことを示している。しかしながら、ハスモン王国がギリシア文化にまったく影響されなかったわけではない。前一〇四年、ヨハネ・ヒルカノス一世の息子であり後継者のユダは、近隣の王国に倣って王の称号を用い、ギリシア名アリストブロスを名乗った。後継者たちもアレクサンドロス・ヤンナイオス（前一〇三―七六年）のように二つの名を名乗った。アレクサンドロス・ヤンナイオスの時代以降、硬貨の一方の面をギリシア語、もう一方の面を同じ意味のヘブライ文字で記す二言語銘文が見られるようになる。

前二世紀後半になると、ハシディームは二つの集団に分裂する。歴史家は慣習的にこの集団をユダヤ教の「セクト」と呼んできた。サドカイ派は元々ツァドク一族の支持者の呼び名であったようだが、ツァドクの血筋ではないハスモン家が祭司の役割を担ったことに反発していた。それに対して、ファリサイ派はヨナタンが大祭司の称号を簒奪し、子孫がそれを受け継ぐという状況を受け入れていた。しかし、ヨハネ・ヒルカノス一世の時代に状況は逆転する。ヒルカノスはファリサイ派と手を切り、サドカイ派と手を結んだ。サドカイ派のうち、これを認めない人びとが第三のセクト、エッセネ派を形成し、エルサレムを離れ、クムランに移住していったのはこの時のことである。

反対派に転じたファリサイ派はハスモン家の宗教的権威に異議を唱え始めた。アレクサンドロス・ヤンナイオスはその治世の間、ファリサイ派の反発を力で沈黙させた。しかし、彼の死後、息子ヒルカノス二世の摂政となった王妃サロメ・アレクサンドラ（前七六―六七年）はファリサイ派と和解する。王権と結びついたファリサイ派はサンヘドリンにも加わり、これ以降、サドカイ派と並んで議席を占めることになった。

ユダヤ教の三つのセクトの誕生について、歴史家たちは盛んに議論してきており、いかなる総括も避けるべきである。ハスモン家が祭司の称号を用いることへの異議は、ファリサイ派の教義の本質のうちに理由はなく、おそらくユダヤの新たな支配者の独裁権力に反対するという政治的な主張でしかない。実際、これらの「セクト」は宗教的な運動であると同時に、政治的党派でもある。政治的立場を変えることがあったとしても、教義の根底が変化することはない。サドカイ派は律法の本文を厳格に尊重し、律法の元来の本文に何かを付け加える説明や思想を拒否している。それゆえ、彼らからすれば、律法《トーラー》は死後の命について語っていないので、魂も身体と同様に死ぬと信じるのである。それに対して、書き記された律法がそのすべてではないと考えるファリサイ派からすれば、死者の復活という信仰は教義の本質である。彼らによれば、神からモーセに口伝えで伝えられた律法があり、それがモーセからヨシュアに伝えられ、さらにさまざまな教師を通して前一世紀のファリサイ人の指導者に伝わったとされる。

注

（1） M. Hadas-Lebel, *Flavius Josèphe, le Juif de Rome*, Paris, 1989.

（2） *FGH* 236.

(3) E. Parmentier-Morin, *L'œuvre historique de Nicolas de Damas*, Lille, 2000 参照。

(4) A. Barzano, «Giusto di Tiberiade», *ANRW* II, 20, 1, New York/Berlin, 1986, p. 337-358 参照。

(5) L. Boffo, *Iscrizioni greche e latine per lo studio della Bibbia*, Brescia, 1994, no. 41, p. 338-342.

(6) M. C. A. Macdonald, «Herodian Echoes in the Syrian Desert», S. Bourke & J.-P. Descœudres (eds.), *Trade, Contact and the Movement of Peoples in the Eastern Mediterranean. Studies in Honour of J. B. Hennessy*, Sydney, 1995, p. 285-290.

(7) Y. Yadin et al., *Masada, The Yigael Yadin Excavations 1963-1965, Final Reports*, vol. I-VIII, Jerusalem, 1989-2007; E. Netzer, *Hasmonean and Herodian Palaces at Jericho, Final Reports of 1973-1987 Excavations*, vol. I-III, Jerusalem, 2001-2002.

(8) ハスモン家については J. Sievers, *The Hasmoneans and their Supporters from Mattathias to the Death of John Hyrcanus I*, Atlanta, 1990; E. Dabrowa, *The Hasmoneans and their State: A Study in History, Ideology, and the Institutions*, Kraków, 2010 参照。

第1章 ヘロデ大王の治世

前六七年、サロメ・アレクサンドラが死んだとき、通常なら王位につくべきはアレクサンドラとアレクサンドロス・ヤンナイオスの間の息子のうち、年長のヒルカノスであった。父の死後、大祭司の権限を行使してきたことも考えればなおさらである。しかし、その権力は反逆へと身を投じた弟アリストブロス二世によって激しい争いの対象となった。この若者は非常に野心的だったが、母親が生きている間は穏やかな態度を取り、その意志を表に出すことはなかった。アレクサンドラからは軍の指揮を委ねられた。部隊の支持があったことで、エリコの近郊に集結した兄ヒルカノスの支持者を難なく粉砕した。敗れたヒルカノス二世は王位の放棄を余儀なくされ、アリストブロス二世のために、祭司としての権限も断念した。

前六六年、ハスモン王国最南端の地域イドマヤの地方長官《ストラテーゴス》（軍司令）アンティパトロスが介入すると、ユダヤの内戦は終結したようである。アンティパトロスは父である大アンティパトロスがアレクサンドロス・ヤンナイオスとサロメ・アレクサンドラから委ねられたこの地域の軍司令の職務を継承し、君主のようにイドマヤを支配しており、裕福で、権力をもっていた。アンティパトロスに忠実な部隊は有効に機能していた。また、近隣の勢力、西のガザやアスカロンの町、東のナバテア人の王国と個人的な関係を築く術も心得ていた。アンティパトロスが当時の近東のエリート層に組み込まれていたことは、アラブの王女で、おそらくナバテア王家に連なるキュプロスと結婚し、ペトラの強力な王アレタス三世から友人と遇されていたことからもわかるだろう。

1　アンティパトロスの台頭（前六七―四〇年）

ヒルカノス二世とアリストブロス二世の対立

ヒルカノスに近かったアンティパトロスにとって、アリストブロスの勝利は受け入れられるものではなかった。新たな権力によって排除されることを恐れたのである。もちろん、王国の新たな支配者に忠誠を誓って機先を制することはできただろう。打算で忠誠の相手を変えることは当時はよくあることだった。ヒルカノスとアリストブロスの争いはイデオロギーの対立ではなく、権力をめぐる二つの党派の抗争であった。しかし、ヨセフスの記述を信じるとすれば、この二人の兄弟の間には性格の違いがあった。ヒルカノスは意志が弱く、影響されやすい性格であり、アリストブロスは血気盛んで、若き軍事指導者として意思を重視する性格だった[1]。古代の歴史家ヨセフスが描く二人の兄弟の人物像が事実ならば、野心的なアンティパトロスがアリストブロスよりもヒルカノスを主君として選んだ理由が理解できるだろう。アンティパトロスからすれば、アリストブロスの支配下ではそれまで通りにイドマヤの地方権力者として振る舞うことが難しくなることは明白だった。

こうした思惑からアンティパトロスは再び内戦を始めようとしたが、事前に友人であるアレタス王に相談していたはずである。アンティパトロスはエルサレムに行き、極秘裏にヒルカノスと会見した。アリストブロスがヒルカノス暗殺を決断したという確かな情報があるので、直ちにエルサレムを脱出し、ペトラのアレタスのもとで安全を確保すべきとヒルカノスに説いた。死を恐れたヒルカノスはこれを受け入れ、アンティパトロスの部隊に付き添われて、アラビアへ逃亡した。ナバテア王には丁重に迎えられたが、その歓待の代償は高くついた。アンティパトロスとアレタスは一致して、ヒルカノスを罠にはめ、ユダヤに攻め込むきっかけとして利用しようと考えていた。アレタスはヒルカノスの王国を再び征服すべく、アンティパトロスのイドマヤの部隊に五万人以上の兵士たちを合流させた。ヨセフスによれば、その数は五万は下らなかったとされる。ヒルカノスはそれと引き換えに、王位を回復したあかつきには、かつてアレクサンドロス・ヤンナイオスがナバテア人から奪った王国の南部と東部の二〇都市をアレタスに与えることになった。

強力な部隊に攻め込まれ、難なくエルサレムを占領されたアリストブロスは神殿内に退避した。ユダヤ内部では亀裂が生じており、民衆とファリサイ派は、長子で正当な君主と見なされたヒルカノスを支持したが、勢力を持つサドカイ派の祭司たちは多くがアリストブロスを支持し続けていた。

アレタスとアンティパトロスは神殿を包囲したものの、状況はそこからほとんど進展しなかった。アリストブロスとその支持者たちは動じる気配を見せなかった。籠城する側が神殿のあらゆる富や財宝を確保していることがためらいを生じさせていたのである。

東方でのポンペイウス

しかし、ユダヤの内乱はポンペイウス率いるローマという近東の新たな役者の参入によって、大きく流れが変わった。ローマの将軍ポンペイウスはこの時、アルメニア王ティグラネス二世との戦いの最中であった。そこでローマの名においてシリアとハスモン家の王国を占領させるために副官のアエミリウス・スカウルスを派遣した。スカウルスの到着が間近に迫ったことを知ると、アリストブロスとヒルカノスはそれぞれ使節を派遣した。兄弟はともにポンペイウスの副官の支持をとりつけられるのではないかと期待していた。スカウルスにしてみれば、ユダヤの内乱はまさに渡りに船で、その分裂はハスモン王国の征服を容易にするものでしかなかった。しかし、どちらを選ぶべきだろうか？　アリストブロスとヒルカノスは双方とも自陣への加担と引き換えに、かなりの額の資金を約束していた。ローマの支持には代償が必要であることを彼らは知っていた。これは近東におけるポンペイウスの政策に一貫した特徴だった。無条件の服従と相当額の賄賂と引き換えに、総司令官《インペラトール》であるポンペイウスが地方君主の地位を安堵するのである。(2) それはまた、地域の君主がローマとの「庇護関係《クリエンテーラ》」と呼ばれるものに入ることでもある。表向きは「ローマ人の同盟者にして友」という地位が与えられた。この政策はローマには多くの利点があった。征服した地域を最小限の負担でいかに管理、統治するかは問題であった。この方法はその地域の支配者層に依存して、現地に派遣するローマの代理人の数を少なくできた。現地の古き支配層はその特権を維持できることを大いに歓迎し、その代わりにその地でローマの利益のために活動した。

　スカウルスが選択したのは支払い能力がより高い「顧客」、神殿と聖なる財宝を掌握していたアリストブロスだった。こうした思惑に加え、神殿に逃げ込んでいたアリストブロスはヒルカノスとその同盟者よりも倒すのが難しかったということもあった。アリストブロスを支持することで、長く労力を要する包囲戦を回避することができる。スカウルスはアリストブロスが申し出た額を受け入れ、アレタスとアンティパトロスに対し、「ローマ人の敵」と宣言されたくなければ直ちにエルサレムから撤退するように命じた。この脅しは重大な結果をもたらすものであり、軽視できなかった。戦争となれば、ローマの勢力に抵抗できる君主はいなかった。アレタスとアンティパトロスはこれに応じなければ、自分たちが直接脅かされると受け止め、すぐに神殿の包囲を解いて、ヨルダン渓谷へと撤退した。報復に燃えるアリストブロスはローマの支援で力を得て、彼らを追撃した。パピュロンという場所で敵を捕捉し、エルサレムに帰還する前にアンティパトロスの兄弟ケファロスを含む七〇〇〇人を虐殺した。

　ポンペイウスはその間にアルメニアで勝利をおさめ、ダマスカスでスカウルスと合流した。この近東全域の新たな支配者はそこであらゆる町、独立勢力、地方君主からの使節を引見した。彼らはポンペイウスの好意を獲得、あるいは維持するために競って贈物を届けた。アリストブロスが父王アレクサンドロス・ヤンナイオスによって奉納されたブドウの樹を模した金銀細工品を神殿から持ち出させたのはこの時のことである。この宝物は純金で、その価値は五〇〇タラントンを下らなかった。このユダヤ王からの贈物に匹敵するのはエジプトのプトレマイオス一二世が贈った途方もなく大きい金の冠以外になかった。それは総司令官ポンペイウスに「厚意」をもってもらうに十分であった。

ポンペイウスは自らの全能性をさらに確認するために、フェニキアへの短期間の遠征を行った。占領しても維持できそうになく、また維持すべきでない要塞がこの機会に破壊された。ポンペイウスはトリポリの君主ディオニュシオスの首を刎ねさせたが、おそらく十分な金額を支払わなかったためである。この小物の暴君は古くからの王家の人間ではなかっただけに、その処刑はさほど重要ではなかったが、地域の君主たちを少なからず動揺させた。カルキスの支配者プトレマイオスは生命に不安を感じるとともにローマの力を怖れ、ローマの庇護下に入るため、直ちに一〇〇〇タラントンをポンペイウスに支払った。

アンティパトロスはこうした間も、自らの野心を捨てようとはしていなかった。前六三年、ヒルカノスの使者としてポンペイウスのもとに赴くと、アリストブロスの権力を有効なものと認めたスカウルスの決定を撤回するよう求める。そして、ヒルカノスはアレクサンドロス・ヤンナイオスの長子であり、それゆえに正統な王だが、アリストブロスは簒奪者にすぎないと訴えた。ポンペイウスはヒルカノスとアリストブロスを召喚し、二人に説明を命じた。ヒルカノスは王権は当然自分のものであると主張し、ありとあらゆる罪状を並べて弟を非難した。そして、アンティパトロスが集めさせたヒルカノスを王と認める多くのユダヤ人の署名をポンペイウスに提出した。アリストブロスはヒルカノスが王位に不適格と主張して防戦したが、アンティパトロスに非難を受けた。

聴聞が終わっても、ポンペイウスはすぐに態度を表明せず、判断を後日に引き延ばすため、アレタス三世に対して行うべき遠征が迫っていることを口実に用いた。実のところ、アンティパトロスの主張に説得され、能力で劣ってはいたがヒルカノスの方を密かに選んでいた。しかし、アリストブロスがユダヤ人を率い、ローマに蜂起するという事態は避けたい。アレタスに対する遠征はそれゆえ、アリストブロスに疑いを起こさせずユダヤを行軍するための口実でしかなかった。

ポンペイウスはヨルダン渓谷に沿って軍を進め、ナバテア王国に向かうように見せかけたが、不意にアリストブロスを呼び寄せ、ユダヤの要塞をすべて引き渡すよう命じ、駐屯地の指揮官すべてにポンペイウスが派遣する将校にその門を開くよう直ちに伝えさせた。すべての要塞がローマの支配下に入ったことを確認すると、ポンペイウスは全軍を率いてユダヤに侵攻した。エリコに到着すると、あらためてアリストブロスに出頭を命じ、今度は捕らえて監禁した。アリストブロスは騙されたことを理解したがすでに遅かった。ポンペイウスはアリストブロスに配下の者やエルサレムの祭司たちへ手紙を書かせ、抵抗することなく町を引き渡すよう命令させた。しかし、アリストブロスの支持者たちはポンペイウスの人質となっている限り主人であるアリストブロスに従うことを拒否し、神殿の内部に立てこもり、戦闘に備えた。

ローマ人たちは神殿を除いて困難に直面することなくエルサレムを占領した。ヒルカノスはローマ軍と合流していた支持者たちに迎えられた。その後、神殿の包囲戦が開始される。ローマ軍は町を包囲する術を熟練していた。ローマ軍兵士はゆっくりと着実に地上に展開し、神殿の攻撃に用いる投石器の基台を構築した。また、ユダヤ人が律法により週に一度仕事をしない安息日もうまく利用した。その日の夜と翌日の日中、ユダヤ人は何の抵抗もしないので、早急に土木工事を進めなければならない攻囲側には何よりの恵みとなった。アリストブロス派の中で多くを占めるサドカイ派の祭司は律法を守れないことが最も悪しきことと確信していたのである。

最後の攻防は虐殺で終わりを迎えた。ポンペイウスは最前線にヒルカノスの兵を送り込んだ。ヨセフスによると、両陣営のユダヤ人の死者は一万二〇〇〇人を下らず、ローマ人の死者はわずかだったという。ポンペイウスは勝利をおさめると、ユダヤ人以外の立ち入りが禁じられていた神殿に足を踏み入れた。そして、自ら神殿財産の目録を作成し、その額を二〇〇〇タラントンと見積もった。しかし、ポンペイウスはそれに手を付けることは控えた。敵はユダヤの民ではなく、簒奪者アリストブロスだけだったからである。その翌日、ポンペイウスは正式にヒルカノス二世に大祭司の称号を与え、同時に神殿財宝の管理者とした。

ユダヤは間違いなくローマの支配下に入ってしまった。ヒルカノスにもはや王号を称する権利はなく、ユダヤ人を代表してローマ人に毎年の貢納を納めなければならなかった。つまり、一世紀前にセレウコス朝から勝ち得たユダヤの独立に幕が下ろされたのである。ハスモン朝は終わりを迎え、残されたのは事実上ローマの保護領であった。ヒルカノスの権威が及ぶ領域も、ユダヤ、サマリア、ガリラヤ、イドマヤに限られ、ハスモン朝が征服した地中海沿岸のガザ、ヨッパ、ストラトンの塔、また、デカポリスのペラ、ゲラサ、ディオンなどの都市はかつての住民の手に戻された。ポンペイウスはこうした都市に正式に「自由」の回復を認め、ローマの属州シリアに組み入れた。属州の初代総督にはスカウルスがポンペイウスに任命されて就任した。しかし、ポンペイウスは都市の有力者たちにさまざまな経済的特権を与えて管理を任せてもいた。諸都市の「解放」は前六三年を始まりとするポンペイウス紀年という新たな年代紀元の創出をもって祝われた。

征服地の行政機構を整備した後、ポンペイウスは拘束していたアリストブロスとその息子たちとともにシリアを離れ、ローマへ帰還した。出発前にはスカウルスにアレタス三世に対する遠征を命じていた。それはただの見せかけだったのか、それとも単に富を強奪しようとしただけだったか。いずれにせよ、その戦争は起こらなかった。アンティパトロスが「友人」であるアレタスに会いに行き、スカウルスに服属し、三〇〇タラントンを支払うよう説いたのである。こうしてアレタス三世はその王位を守り、ローマの従属下に入った。

シリア総督の支配

スカウルスの地位はフィリップス（前五九―五八年）、マルケリヌス（前五八―五七年）、アウルス・ガビニウス（前五七―五五年）に受け継がれていく。アンティパトロスはシリア総督がローマの代理人としてこの地域の最高権力者であることをよく理解していたので、総督に忠実に奉仕し続けた。時に暴動の鎮圧に協力し、時にローマ軍に穀物、武具、資金を提供することで、信頼に足る必要不可欠な同盟者としてのイメージを作り上げることに成功した。アンティパトロスが最初に直面した反乱はローマの住居からの脱出に成功していたアリストブロス二世の子アレクサンドロスによるものだった。反乱は打ち負かされ、総督ガビニウスは反徒が逃れていたアレクサンドリオン、ヒルカニア、マカイロスなどの城砦を破壊させた。しかし、事態は新たな展開を迎える。今度はアリストブロス二世とその末子アンティゴノス〔ヘブライ名マタティア〕がローマから逃亡し、ユダヤに上陸して民衆を蜂起させようとしたのである。しかし、ガビニウスに捕らえられ、監禁されてイタリアへ送り返された。

前五五年、ポンペイウスとユリウス・カエサルとともに三頭政治[3]の一翼を担う執政官マルクス・ルキニウス・クラッススがガビニウスの後任となった。クラッススはポンペイウスの業績を超えようとする野心をもっており、パルティア遠征で勝利をおさめ、新たなアレクサンドロスとなることを夢見ていた。しかし、この大いなる事業に取り掛かる前に、資金を調達せねばならなかった。そこで彼はエルサレムの神殿を掠奪することにし、神殿の宝物二〇〇〇タラントンと、神殿の梁を覆う大量の金など、多くの奉納品も略奪した。

クラッススは略奪品に力を得て、前五三年に遠征に出発したが、メソポタミア北部のカルラエで敗北を喫した。この敗北はまったくの惨劇であった。プルタルコスが伝えるように、ローマ軍は戦場での死者、パルティアの中心都市クテシフォンへ連行された捕虜を併せて二万人の兵士を失い、軍団旗も失った（『英雄伝』「クラッスス伝」3・31）。クラッスス自身も命を落とした。パルティアは報復としてシリアに侵入し、アンティオキアを包囲した後、撤退した。

ローマでも状況は劣らず混乱しており、三頭政治を担うポンペイウスとユリウス・カエサルによる内戦が激化していた。前四九年、カエサルがルビコン川を渡ってローマを手中に収めると、ポンペイウスと元老院はギリシアへ逃亡した。カエサルは、敵であるポンペイウスの敵は友という原理に従い、ローマで投獄されていたアリストブロス二世を解放し、ユダヤでポンペイウス派に対抗するという使命を与えて東方へと送り出した。しかし、アリストブロスはその途上、ポンペイウス派に殺害された。

カエサルの計画は失敗したが、親ポンペイウス派は守勢に立たされており、アンティパトロスは風向きが変わったことを感じとっていた。カエサルがファルサロスでポンペイウスに勝利したという知らせを受けるや（前四八年）、アンティパトロスは巧みに敵対する陣営に鞍替えすることに成功する。敗れたポンペイウスはエジプトへ逃れ、そこで兵力の立て直しを図ろうとした。しかし、プトレマイオス一三世はカエサルを喜ばせて、王位を安全なものにしようと考えて、ポンペイウスを殺害させた。その後、敵を追跡してエジプトにやって来たカエサルはアレクサンドリアの王宮を占拠する。カエサルがプトレマイオス一三世の姉にして妻である王妃クレオパトラの愛人となったのはこの時のことである。プトレマイオスと廷臣たちはこれを裏切りととらえ、アレクサンドリアの市民を蜂起させ、クレオパトラもろともカエサルを王宮に閉じ込めた。カエサルにとって唯一の打開策は、ペルガモンのミトリダテスに救援を求め、その救援軍の到着まで持ちこたえることであった。ミトリダテスは小アジアを発し、エジプトへ赴くためシリアを縦断した。シリアに入ると、アンティパトロスが三〇〇〇人のユダヤ人部隊を率いて合流した。アンティパトロスはナバテアの新たな王マリコス一世、エメサの支配者イアンブリコスが加ったローマの属領君主小連合の立役者ともなり、カエサルへの援軍を結集させていた。

アンティパトロスはミトリダテスとともに迅速にエジプトに入り、戦闘においては数々の武勲を立てた。ペルシオンへの総攻撃の時には、城壁に開かれた突破口に前衛の一員として突入した。アンティパトロスは戦闘だけでなく、デルタ地域に住むユダヤ人にエジプト王との関係を断ちカエサル支持を訴え、外交でも力を発揮した。

アレクサンドリアへの途上、アンティパトロスとミトリダテスはエジプト軍と交戦した。右翼を指揮するミトリダテスは敵に差し込まれたが、左翼の先陣にいたアンティパトロスは巧みに兵を指揮してプトレマイオスの兵を粉砕し、追い詰められていたミトリダテスを救い出した。救援部隊はついにアレクサンドリアに到着し、宮殿に閉じ込められていたカエサルを解放した。カエサルは当然ながらアンティパトロスを非常に高く評価した。これ以降カエサルはアンティパトロスを命の恩人として、それに報いるためにローマ市民権を与えた。ヒルカノス二世はカエサルから大祭司の地位を認められ、正式にユダヤ人の「民族統治者《エトナルコス》」[4]としての地位を授けられた。しかし前四七年以降、実際にこの地域における真の実力者は「総督《エピトロポス》」の称号を与えられたアンティパトロスであった。

しかし、アンティパトロスは自分のことだけを考えていたのではなかった。いずれ子に継承させるべく安定した権力の確立を考えていた。彼は王朝の創出を夢見るようになる。ヨセフスはヒルカノスについてまったくカリスマ性に欠けた怠惰な男と表現しているが、その弱さと、名目上は大祭司の下にあるはずの地域を自由に裁量する大きな権限を委ねられているというカエサルからの支持をアンティパトロスは利用し、すぐに二人の年長の息子ファサエルとヘロデと権力を共有した。ファサエルはエルサレムの地方長官《ストラテーゴス》に任命され、ヘロデはガリラヤの地方長官とされた。こうして未来のヘロデ大王が歴史の中に登場する。

ヘロデはこのとき何歳だったのだろうか。ヨセフスの証言は相矛盾している。『古代誌』一四巻（158節）では、ヘロデがやっと一五歳になったばかりとされるが、一七巻（148節）では二五歳と一〇歳も上とされている。より妥当なのは二五歳の方と思われるが、そうであれば、ヘロデは前七三年か七二年の生まれということになる。

ヘロデはアンティパトロスによって、統治者としての能力と同様、武器の用い方でも鍛えられた。若年であるにもかかわらず、その能力はすぐにこの地域で認められるようになった。また、ヨセフスが「盗賊」と記すこの地域に巣食う反徒の群れを掃討したことで一定の人望を獲得した。しかしながら、この一団は生きるために民衆から金銀や食糧を強奪してはいたが、単なる盗賊ではなかったのは明らかである。ヨセフスにとって、「盗賊」とは現在の「テロリスト」とほぼ同義であり、既存の権力、すなわちこの場合ローマとその同盟者たちに反抗する非正規の武装集団を指す言葉である。[5] ガリラヤの反徒はエゼキアスなる人物に率いられていたが、ヘロデはこれを捕らえ、処刑した。この功績がユリウス・カエサルの縁者である新たなシリアの総督セクストゥス・カエサルからの賛辞を受け、「ローマによる平和《パックス・ロマーナ》」の本質的な目的が問題を引き起こす存在の根絶であることを広く知らしめることに利用された。

だが、エルサレムの祭司階級の支配層とは対立するようになる。特にサドカイ派の祭司たちはヨハネ・ヒルカノス一世の時代（前一三四―一〇四年）以降、ハスモン家と結びついており、ヒルカノス二世にさまざまに取り入った。本来であれば大祭司だけに属す支配権を簒奪したとしてアンティパトロス親子を告発したのである。また、エゼキアスを処刑したことも越権行為としてヘロデを非難した。これは単なる言いがかりであり、敵対する者を排除する権限はローマから地方長官《ストラテーゴス》に与えられているだけでなく、その「平和をもたらす者」としての使命に含まれていた。サドカイ派はヘロデをエルサレムに召喚し、神殿の裁判所として機能し、ヒルカノス二世が主宰する最高法院サンヘドリンに出頭させ、その職権乱用を処罰しようとした。大祭司であるヒルカノスはかなり微妙な立場に立たされた。ヘロデの召喚には応じたが、若き軍司令への非難で結審するようなことになると、ヘロデはローマ市民権をもっているので、ローマがそれを侮辱と受け止めるだろうと恐れたのである。セクストゥス・カエサルはそのような判決を有効と認めないだけでなく、ヒルカノスにその責任を問い、大祭司職を解任するかもしれなかった。

ヘロデは大祭司の召喚に応じ、サンヘドリンに出頭したが、護衛に守られることで、被告者は神殿の権威に身を委ねるという慣習は打ち破られた。判事たちは挑発したが、ヘロデはサンヘドリンの尋問にかなり尊大な態度で応じた。それでも熟議の終わりに、これはヒルカノスには安堵をもたらすことになったが、サロメ・アレクサンドラの時代からサンヘドリンに議席を占めてきたファリサイ派の指導者サメアスの思いがけない支持によって、ヘロデは最終的に無罪放免となった[6]。

ヨセフスによると、同じ頃セクストゥス・カエサルはヘロデをコイレ・シリアとサマリアの地方長官に任じ、その権限をさらに強化している（『戦記』一213）。コイレ・シリアと呼ばれる領域は時代によって変化するが、いずれにしても広大なシリア南部を指している〔コイレーは「窪地」の意。シリア南部とパレスティナを指すことが多い〕。ここでの場合でいえば、ヘロデが託されたのは後にデカポリスと呼ばれるサマリアの北東にある地域とペレアの地に相当する。[7]

前四四年、帝国に新たな激震が走った。セクストゥス・カエサルがかつてポンペイウス派に属していたバッススに暗殺され、同年三月一五日にはユリウス・カエサル自身が元老院の中で四〇もの刃にかかり暗殺されたことが何よりも大きな衝撃であった。

独裁官[8]カエサルの暗殺者のうちのひとり、カッシウスはシリアの部隊を掌握した上で、バッススと合流した。カエサルとの緊密な関係が知れ渡っていたアンティパトロスには危機が迫っていた。アンティパトロスは直ちに途方もない額の税を徴収し、それをシリアにやって来たばかりのカッシウスに贈った。賄賂を渡すという方針はアンティパトロス親子には新たな支配者に自分たちの地位を認めさせるためのものだった。しかし、アンティパトロスは、そこからほとんど利益を得ることはなかった。彼に取って代わろうとしたマリコスというイドマヤ人の部下に毒殺されたのである。しかし、陰謀が成功したのは半分だけだった。すでにカッシウスの信頼を得ていたヘロデが暗殺者の処刑を説いたからである。

そのわずか二年後（前四二年）、流れは再び変わる。カッシウスがギリシア北部のフィリピでアントニウスとオクタウィアヌスに敗北したのである。二人はカエサル派の有力者で、レピドゥスとともに第二回三頭政治を構成していた。ヘロデとファサエルにとって状況は非常に厳しいものとなった。かつてカエサルの副官であったアントニウスが二人の同僚との取り決めによる帝国の分割に乗じて新たな東方の支配者となったが、その詰問から、どのようにして逃れられたらよいか？　ヘロデは機先を制することにした。忠実に父アンティパトロスの例に従い、買収できない軍総司令《インペラトール》などいないと知っていたので、前四一年、アントニウスに面会を求め、弁明しないですむようにアントニウスにかなりの額の金銀を渡した。アントニウスは大喜びだった。ヘロデの払った額が予想を超えていたのである。アンティパトロスの二人の息子はともにその地位を認められただけでなく、地方長官より上の「四分領主《テトラルコス》」へと昇進した。ヘロデにとって四分領主への昇進は、後に手にすることになる王位に向けた決定的な一歩であった。

しかし、間もなく兄弟二人は今度は東方からの新たな脅威に直面する。前四〇年春、パルティアの王子パコロスが総督《サトラップ》バルザファルネスの支援を受け、大軍を率いてシリアに侵攻してきた。父アリストブロス二世とともに一時期、ローマで囚われていたアンティゴノスがかつての地位を回復したのはこの時である。若きアンティゴノスはこれをチャンス到来と考えた。金と同じくらい後宮《ハレム》に重きを置くパコロスに対し、パルティアがアンティパトロスの息子たちの排除に協力するなら、一〇〇〇タラントンと五〇〇人の女性を提供すると約束した。パコロスはユダヤに侵入してエルサレムを占領し、ファサエルとヒルカノスを捕らえた。しかし、ヘロデは九〇〇〇人を連れて脱出した。

2　権力の掌握（前四〇―三七年）

ローマでのヘロデ

逃亡中のヘロデは母キュプロス、妹サロメ、婚約者マリアンメ、ヒルカノス二世の娘で、のちに義母となるアレクサンドラといった一族の女性たちも伴っていた。彼女らは馬車に乗せられたが、急ぐ中、エルサレムを出てほどなく馬車が横転し、母キュプロスが重傷を負った。急がなければならない。キュプロスは急ぎ手当てをうけ、新たな馬車に乗せられた。それから少しして、後にヘロディオンという大建造物が建設される場所に来ると、一行は待ち伏せされていた。ヘロデは奮戦し、敵を撃退した。この戦闘のことをヘロデは自らの最も大きな戦いとして記憶に留めていた。

マサダ要塞に辿り着くと、ヘロデは護衛と奉仕のための八〇〇人とともに女性たちをそこに残していくことにした。多くの小麦と水が蓄えられていて、数か月は生活できたのである。ヘロデ自身はそこからペトラのマリコス一世のもとに赴く。

パルティアによって解放もしくは占領されたエルサレムでは、パルティアの傀儡になったとも言えるアンティゴノスが玉座につき、大祭司となった。ハスモン朝が回復されたことにはなったが、実際にはパルティアの保護領であった。パコロスは捕虜としていたヒルカノスとファサエルを新たな王に引き渡した。ヘロデの兄ファサエルは死刑を宣告されると、敵の手にかかって死ぬことから免れようと監獄の中で自害した。アンティゴノスはヒルカノスのことは親族であることから助命したが、その耳を切り落とさせた。そうすることによって、大祭司となることができないようにしたのである。律法は身体に障がいがある者が祭司になることを禁じていた。さらに、用心に越したことはないとして、ヒルカノスをメソポタミアに追放した。

その間、ヘロデはナバテアからエジプトに入り、そこでクレオパトラに迎えられた。ヨセフスが伝えるところでは、ヘロデはクレオパトラに誘惑されたが、それをはねつけたため、彼女を最大の敵としてしまったとされている。実際には、クレオパトラとヘロデの不和にはまったく別の理由があった。女王はヘロデではなく、彼の王国を狙っていたのである。ヘロデの方はアレクサンドリアに長逗留している暇はなかった。急ぎローマに向い、危機的状況にある政治生命から脱しなければならなかった。航海が困難な冬であったにもかかわらず、ヘロデはロドスへと出航した。そこでヘロデはディアスポラのユダヤ人サピノス（またはサピニオス）とプトレマイオスと知り合う。彼らはヘロデの最側近となり、後にヘロデの王国で大臣となる。彼らとともにロドスを出航してローマに向かい、そこでアントニウスに迎えられた。

その少し後、アントニウスとオクタウィアヌスは元老院を招集した。ヘロデはそこでメッサラ〔コルウィヌス〕とアトラティヌスという二人の元老院議員に紹介された。二人は元老院の同僚たちにアンティパトロスとその息子ヘロデがこれまでローマに対して行ってきた貢献を述べ、アンティゴノスとパルティア人の手に落ちたユダヤの再征服の必要性も主張した。次にアントニウスが立ち上がり、アンティゴノスに対抗するため、ヘロデを王とすることを元老院議員たちに提案した。敵が擁立した支配者には対抗する者が必要であった。こうしてヘロデはローマによる再征服の道具となる。

元老院はアントニウスの提案を全会一致で採択した。実際はアントニウスとオクタウィアヌスが全権を掌握していたとはいえ、ローマは古くからの王家の子孫にしか王位を与えないことを原則としていたので、この元老院決議はやはり例外的と言えよう。ヘロデの祖先が王であったことはなかった。この例外的な任命を可能にしたのはパルティアの侵入という背景があったからである。ローマにはもはや選択肢がほとんどなかった。ヒルカノス二世は両耳を切り取られ、メソポタミアで囚われの身にある。たしかに、ヒルカノス二世の孫で、アリストブロス二世の孫でもある幼いアリストブロス三世が残されていたが、ハスモン家はさほど親ローマ的な態度を示していたとは認められなかったので、王朝の交代が望ましいと考えられたのである。

しかし、ヘロデの任命は深刻な問題を引き起こさずにはおかなかった。ユダヤ人はローマが任命した君主をはたして正統な王とするだろうか？　ヘロデ王という選択は国の君主と大祭司の間で権力が分けられるということも意味している。ハスモン朝時代のように、その両方を一人の人物が担うということではもはやなくなる。代々の祭司の家系に属さないヘロデは大祭司職の行使を主張することはできず、神殿に足を踏み入れることさえできない。しかし、この問題はさしあたり二の次であったのだろう。ローマ帝国の支配者たちが優先したのは、シリアを奪還し、パルティア人をユーフラテス川の東側へ押し戻すことであった。ヘロデの軍事指揮官としての資質は認知されていたので、与えられた王位によって奮起し、重要な同盟者となるに違いなかった。

元老院での討議の後、ヘロデはアントニウスやオクタウィアヌス、執政官や元老院議員とともに壮麗な祭典行列に伴われ、カピトリヌスの丘へと導かれた。ユピテル神への犠牲が捧げられ、青銅版に刻まれた元老院決議文が神殿に奉納された。ヘロデはそこで正式に「ローマ人の同盟者にして友人たる王」(9)(rex socius et amicus Populi Romani) に任命された。あとは王国を征服するだけだった。

王国の征服

前三九年、ヘロデはパルティアの攻撃を免れていたフェニキアの町プトレマイスへ向けて出発した。ロコスという歩兵部隊が五つ、つまり約二五〇〇人のユダヤ人の兵士がそこで王を待っていた。ヘロデはこれに異民族の傭兵部隊を加えた。

ヘロデの戦略は敵を包囲することだった。エルサレム攻撃を単なる最後の目的とすべく、まずはアンティゴノスを孤立させ、その勢力を弱体化しようとしたのである。ヘロデは手始めにユダヤの周辺地域の征服に出かけ、ガリラヤに侵入すると、実質的に一戦も交えることなくこの地を占領した。ガリラヤ遠征はヘロデがガリラヤでかなりの支持を得ていたことを示している。ヘロデはかつてこの地を統治しており、依然として支持者が数多くいたのである。プトレマイスに戻ると、今度は地中海沿岸を南下し、アンティゴノスの部隊が駐留していたヨッパを占領した。それからイドマヤに入り、解放者として迎えられる。ヘロデがこの地の出身とされていたことからすれば、これは驚くにはあたらない。その後、マサダに入り、母親と妹、婚約者と再会した。ヘロデは一〇〇〇人の歩兵と四〇〇人の騎兵とともに弟のヨセフをイドマヤに残すと、再び北へ向けて出発した。この間、ローマ軍の五個歩兵部隊《コロス》が援軍として加わっていた。王はエリコを奪取すると、サマリアへと進軍する前に、そこに兵営を設営した。また、そこに家族と、後にヘロデの宮廷と呼ばれるようになるものを移した。

ガリラヤに戻り、最後に残った抵抗勢力を排除すると、ヘロデは大きな成功を確信できるようになった。アンティゴノスが支配するユダヤは全方位から包囲されたのである。ヘロデはイドマヤ、サマリア、ガリラヤを手中におさめ、ヨルダン渓谷と地中海沿岸の都市を支配するようになった。兵士たちに手厚く報いた後、彼らを冬営に入らせた。

ローマの軍団はパルティアをメソポタミアへと押し戻した。前三八年春、ヘロデはシリア北部のコンマゲネでアントニウスと合流した。コンマゲネ王アンティオコス一世はパルティア側についていたのである。ヘロデはエジプト遠征のときの父アンティパトロスのように、ローマに欠くべからざる存在と見なされるべく、容赦のない戦いを続けた。コンマゲネの都サモサテが陥落し、アンティオコスが降伏すると、アントニウスは忠実な同盟者に対し、公に敬意を表した。ヘロデが戦闘で示した「美徳」は、元老院が彼に授けた王位を正当化するのに後々まで役立つことになる。これはただのプロパガンダだったのだろうか、それとも実態をともなっていたのだろうか？　おそらく両方が混じり合っていたのであろう。ヘロデはローマから注視されているのを知っていて、奮戦したのだろうが、アントニウスもまた、ユダヤ再征服の実現にはほど遠い状況にあったヘロデの立場を強めることに大きな関心を寄せていた。ヘロデを優れた武人として示すことで、アントニウスはアンティパトロスの子ヘロデが家系によってではなく、自身の功績によって王の称号にふさわしいと認めさせようとしたのである。

プロパガンダが武力と同じように有効であることをヘロデ同様、アントニウスも完全に理解していた。キュロスやアレクサンドロス大王以来、偉大な征服者とはそれを操ることができる者のことだった。ヘロデに関する挿話の中には、真実に基づいてはいるものの、ヘロデのカリスマ性を強化するために、いくぶん美化あるいは歪曲されて利用されたものがある。おそらくヘロデの公式の歴史家であるダマスカスのニコラオスの著作の中で見つけた話をヨセフスが伝えている。それによると、ヘロデがエリコで町の有力者たちを迎えて会合をもった後、ヘロデと参加者たちがそこから出た直後に、その会合が行われた建物の屋根が倒壊したという。王の側近からは、そこに神の手が現れたという噂が流れた。ユダヤの神はそれを擁護する者を救うのであり、神がアンティゴノスとハスモン家を見捨てた証拠というわけである。この話はその後にヘロデが展開する神権的プロパガンダの源流と言える。自分は単にローマの元老院決議によって王になったのではなく、伝説の王ダビデのように神から王位を与えられたと信じさせようとしたのである。

同じような奇跡的な話がもうひとつ語られている。三人の武装した刺客がヘロデの浴室まで侵入したが、王の裸体を目にしただけで逃げ去ったというのだ! このように、神の摂理はヘロデの命を気にかけ、不滅の英雄としようとしていたというのである。

いつの時代もプロパガンダは権力や領土の奪取を容易にする心理的な武器として用いられる。神の加護を受けていると喧伝することで、ヘロデは敵の士気をくじこうとした。たとえば、アンティゴノスの支援者に神はハスモン家を見放しているとして降伏を呼びかけた。しかし、こうした言説がどの程度効果をもっていたかはわからないし、こうした挿話を人がどのくらい信じたのかを測る証言もない。

アンティゴノスの方でも同じであった。エルサレムやユダヤの町じゅうに伝令を送り、ヘロデは嘘つきの卑しい簒奪者と声高に言って回らせたのである。アンティパトロスの子ヘロデは王家の血筋ではなく、王とは見なされない。さらには、改宗したイドマヤ人の孫であるのだから、「半ユダヤ人」(ギリシア語で「ヘミ・イゥーダイオス」)にすぎないとしたのである。アンティゴノスの言い分では、律法は敬虔なユダヤ教徒が簒奪者に従うことを禁じており、それゆえヘロデとの戦いは信仰上の義務であった。

実際のところ、アンティゴノスはヘロデの王としての正当性を認めなかったが、ローマの支配についてはそうではなかった。パルティア人がユーフラテス川の向こう側に押し戻されてからは、残された唯一の希望にかけるしかなかった。それはアントニウスと同盟し、ローマの支配下でユダヤの王に留まることを認めてもらうということだった。アンティゴノスはこの点についてアントニウスに書簡で交渉を試みた。もしアントニウスが自分に王国を委ねることを望まないのであれば、甥のアリストブロス三世か大祭司一族の者に譲り、自分は王位を放棄する用意があるとさえ訴えた。つまり、アントニウスがヘロデを王に任命した過ちを正せば、それと引き換えに自分は降伏し、エルサレム攻囲の必要はなくなるということだった。しかし、アントニウスがこの提案に応じることはなかった。

エルサレムの占領

前三七年春、ヘロデはユダヤに最後の攻撃を始めた。シリア総督ソシウス（前三八―三七年）が指揮する部隊の支援を受け、激しい抵抗に直面したが、エルサレムまでまっすぐに進軍した。アンティゴノスはかつて父アリストブロス二世がしたように、エルサレムを敵に明け渡し、より守りやすい神殿の丘に兵とともに逃げ込んだ。ヘロデは辺りの木をすべて切り倒して巨大な投石器三基の建造を命じ、その作業を配下に委ねると、数日間陣営を離れた。サマリアへ行き、ヒルカノス二世の孫娘でアンティゴノスの姪であるハスモン家のマリアンメと結婚したのである。ヨセフスによれば類まれなる美貌を備えていたとされるこの少女にヘロデの心は燃え上がったのかもしれない。そう信じたい人もいるだろうが、それがヘロデの主たる動機ではなかった。この結婚は何よりもまず王朝の利益のためであった。ハスモン家の血筋と象徴的に結びつくことで、正統性の欠落を補おうとしたのである。そして、エルサレム攻囲戦の最中に結婚したのも偶然ではない。マリアンメとの結びつきは権力を制するための戦略の一端であった。ユダヤの支配層、特にアンティゴノスを支持するサドカイ派に自分を王として受け入れやすくさせるためであった。

攻城兵器を焼き払おうとする籠城側の努力もむなしく、ヘロデとソシウスの兵士たちは包囲から五か月後、神殿の丘の外壁を突破し、その一五日後、神域も陥落させた。

アンティゴノスは死よりも降伏を選び、ソシウスの足元にひれ伏した。ヘロデでは助命は望めないと知っていたのだろう。その場での処刑をヘロデは主張したが、ソシウスはアンティゴノスを捕らえ、アントニウスのもとに移送した。

ヘロデがソシウスと対立した問題がもうひとつあった。ソシウスは町を掠奪に委ね、兵士たちに報いようとしたが、ヘロデは都を瓦礫の山とすることは望まないと反論したのである。最終的にはヘロデがエルサレム攻略を買い取ることとなった。略奪に見合うだけの額を兵たちにそれぞれ支払い、略奪の補償をしたのである。ついには黄ソシウスに巨額の賄賂を贈り、出来事に驚くべき変化を生じさせた。自らの名においてユダヤの神に感謝し、黄金の冠を神殿に奉納することをソシウスに同意させるというのがヘロデの望む筋書きであった。この行為がもつ象徴的な意味は大きい。これによって、ローマの支配はユダヤに平和をもたらすために神が望んだという考えを認めさせるのだ。それと同時に、自らを外国の支配者を補助したのではなく、解放者にして平和をもたらした者と見せようとしたのである。

ヘロデはエルサレムの支配者になると、最も知られていた敵を捕らえ、処刑させた。最高法院サンヘドリンの議員七〇人のうち、四五人を選んで粛清したのである。特にサドカイ派が多く殺害されたが、ファリサイ派からも犠牲者が出ていたに違いない。しかし、その指導者サメアスは除外されていた。ヘロデは九年前、サドカイ派によってサンヘドリンに召喚されたとき、サメアスが支持してくれたことを忘れていなかった。粛清は経済的な動機に反応したものでもあった。ヘロデは有罪を宣告された者の資産を接収したのである。金銀や貴重な調度品、貴金属類が王宮へ集められ、折よくエルサレム略奪の代償支払いに苦しんでいたヘロデの財政状況を好転させることになった。しかし、ヘロデはこうした没収から得た実りを長く維持することはなく、アンティオキアにいたアントニウスを訪れて、それを渡し、アンティゴノスの処刑を求めた。当初、アントニウスはわずかに難色を示した。ローマには古い王家への敬意と政治的打算から、戦いに敗れた王を殺す習慣はなかった。慈悲の気持ちの方が虐殺より効果があり、敗れた者の抵抗を弱め、支配層の協力を得やすいと勝者であるローマは心得ていたのである。しかし、結局アントニウスはヘロデの贈物に説き伏せられ、熟慮の末、「友人」に大きな安堵を与えるべく、アンティゴノスの首を刎ねさせた。

3　ヘロデ――アントニウスとクレオパトラの狭間で

アリストブロス三世の死

前三六年、ヘロデはその四年前にメソポタミアへ連行され、囚われの身となっていたヒルカノスを解放するため、パルティア王に身代金を支払うことにした。この行為は高潔なものと思われるかもしれないが、そうではない。ヘロデは親切心からヒルカノスを取り戻そうとしたのではなく、彼を自分の手のうちに置くためであった。

アンティゴノスの排除で大祭司職は空位となっていたが、ヒルカノスは両耳を切り落とされていたので、かつて自分が保持していた職務に再びつくことはできなかった。ヘロデも祭司の家系の出ではないので、その職を要求はできない。数世紀間で初めて、政治権力と祭司の権限が分離されたのである。王と大祭司の二重体制の事例を見出すには、ダビデ、ソロモン、ユダ王国の王たちという聖書の古き支配者の治世まで遡らなければならない。この二つの権限を兼務する習慣はハスモン家が始めたものだった。

ヘロデは大祭司を任命しなければならなかった。ヘロデが選んだのはバビロン出身のユダヤ人アナネルという、ほとんど影響力を持たず、カリスマ性のない人物であった。この選択はヘロデの義母アレクサンドラを激怒させた。ヘロデがこの職務をハスモン家の後継者たる自分の息子アリストブロス三世に委ねることを望んでいたからである。この目的を成し遂げるために、アレクサンドラはアントニウスの側近デリウスを自分の宮殿に招いた。デリウスは専ら主人であるアントニウスのため盛大な宴会を開くことを任務としていた人物である。それゆえ、アレクサンドラが当時一五歳だったアリストブロスをデリウスに引き合わせたのは目的に適ったことであった。この少年は妹のマリアンメと同じように、比類なき美貌の持ち主であった。デリウスはたちまち魅了されてしまう。アントニウスのもとに戻ると、熱を帯びた口調でアリストブロスについて語ったので、アントニウスはその若者を自分のもとに招く気になった。ここまではアレクサンドラの計画は完璧にうまくいっていた。最悪の場合、大祭司職を手に入れるために息子がアントニウスの愛人になることも覚悟していたのかもしれない。しかし、ヘロデはアントニウスから求められたが、アリストブロスをユダヤに留め置くことにした。アントニウスが少女と同様に少年を愛好することも、カッパドキアの王妃グラフュラを愛人としていたことも、エジプトの女王クレオパトラと夫婦同然の生活を始めたことも知っていたからである。アントニウスはその好意を得ようとする属領君主たちに一種の初夜権のようなものを行使したのだが、なぜアリストブロス、あるいはマリアンメを愛人の列に加えなかったのだろうか。ヘロデはそれを恐れて、策略を用い、この時陥っていた危険な状況から抜け出したのである。まず、アントニウスに使者を送り、アリストブロスの不在はユダヤの騒乱を招く可能性があるので、出国はできないと弁解させた。その理由が信用されたので、ヘロデは現職のアナネルを解任し、アリストブロスを大祭司に任命した。これによってアリストブロスはローマへ旅立つことはできなくなった。大祭司は通常は終身職であったが、アリストブロス二世が兄ヒルカノスの大祭司職を取り上げ、自らその地位についたという先例をヘロデは思い起こしていたかもしれない。アナネルの解任に不満を述べる者はなく、アレクサンドラ一派はハスモン家の後継者が大祭司に任命されたことを歓迎したのである。

この美しい青年は自分の新しい職務を見事に果たした。仮庵祭の間、犠牲を執行し、人々を熱狂させ、素晴らしい印象を残した。エルサレムではそこかしこでその見事な立ち振る舞いや、美貌と堂々とした体格について語られた。アリストブロスを語るために用いられた表現はダビデ王について語るときに用いられるものと同じであった。その外見上の美しさは神に選ばれた者であることの明確な証と見なされた。この後に見ていく紀元後一世紀の救世主《メシア》たちもこの点をよく理解しており、人びとを魅了する弁説だけでなく、自らを際立たせる容姿を利用した。アリストブロスが簒奪者ヘロデに対抗してユダヤを立ち上がらせることは難しくなかっただろう。王位を維持しようとするのであればヘロデは早急に行動を起こさなければならなかった。そこで、エリコの宮殿に住むアレクサンドラに招待されたのを利用して、若きライバルを排除しようと決意した。

招待されたのはむせ返るような暑い日であった。ヘロデの共犯者らはアリストブロスを誘い、宮殿に設けられたプールのひとつで一緒に水浴した。若いアリストブロスは疑いを抱くことさえなく、冷たい水に飛び込んだ。するとヘロデの配下の者がその頭を押さえつけ、水中で溺死させたのである。ヘロデは当然ながら、この恐るべき「事故」にまったく関与していないと言い張った。大祭司の死を激しく悼む素振りを見せたヘロデは盛大な葬儀をアリストブロスのために催した。一方で、アナネルはわずか一年間の中断の後、再び大祭司職についた。

しかし、騙された者はいなかった。ヘロデが元凶であるとする噂は膨む一方であった。アレクサンドラはアントニウスに書簡を送り、息子の死に対する復讐を嘆願した。アントニウスは激怒し、嫌疑への釈明を求めてヘロデを召喚した。今回ばかりは死を宣告されるかもしれず、逃れられないのではないかとヘロデは思っていた。ユダヤを出る前に、再びこの地に戻るという確信を持てなかったので、王国の統治を妹サロメの夫ヨセフに委ねることにした。また、マリアンメの保護もヨセフに頼んだが、万一アントニウスとの会見から帰還できなかったときには、マリアンメを殺害するよう命じた。マリアンメが新たな王の即位を正当化するような事態は避けたかった。また、自分がいなくなった後に他の人物がマリアンメと結婚することも恐れていた。ヘロデは誰がそうすると思っていたのだろうか。アントニウスはアリストブロスがだめなら、マリアンメと思っていたのではないかと疑っていたのだろうか。いずれにしても、事情聴取は成功した。この頃アントニウスの頭の中はパルティア遠征の準備のことでいっぱいだったのである。ちょうど資金を必要としていたところにヘロデが豪華な贈物を数多く積んでやって来た。アントニウスはメソポタミアへの遠征を控え、背後での争いを避けたかった。最も簡単な解決策は嫌疑不十分として、ヘロデに今の地位を認めることだった。アレクサンドラには大きな失望がもたらされた。

王国に戻ると、ヘロデはかつてないほどの権力を手にすることになった。アレクサンドラを誣告《ぶこく》の罪で投獄し、妹のサロメは夫ヨセフがヘロデの妻マリアンメと関係を持とうとしたとヘロデに暴露した。ヘロデの母キュプロスもこの告発を認めたので、ヘロデは即座にヨセフを処刑し、サロメは未亡人となった。

クレオパトラの野望

この間、アントニウスのパルティア遠征は惨めな失敗に終わっていた。プルタルコスが『英雄伝』「アントニウス伝」で記すように、アントニウスは自ら指揮官として無能であることを証明してしまったのである。翌年、名声を取り戻すべく、より容易な餌食としてアルメニア王国の攻撃を決めた。クレオパトラはアレクサンドリアからユーフラテス川岸までアントニウスに同行した。その帰途、ヘロデの王国を通り、エルサレムに立ち寄る。

クレオパトラは父祖のプトレマイオス帝国の復活を夢見ていた。愛人となった二人のローマ人――前四八年から前四四年までのユリウス・カエサルと、前四一年からの愛人アントニウス――によってその夢を実現させようとしていた。絶えず新たな領土を要求し、カエサルはキプロス島、アントニウスはキリキア地方とフェニキア、ナバテア王国の一部とヘロデから取り上げたエリコを含む地域の領有を認めたが、クレオパトラはそれに満足できず、ヘロデとナバテア王マリコス一世の王国すべてを欲しがった。

クレオパトラのエルサレム短期滞在はアントニウスからエリコを贈られていたからであった。その豊かなオアシスにはバルサムの木が生い茂り、当地の職人がその香り高い樹脂で造る質の高い医薬品は広く知られ、莫大な収入をもたらしていた。クレオパトラは年ごとの使用料と引き換えにオアシスの利用を続けるという提案をヘロデに申し入れ、その額を相談するためにエルサレムを訪れたのだった。つまり、ヘロデから取り上げた土地を賃貸しようというのである。クレオパトラと交渉を始めればアントニウスを間接的にいらつかせることになると危惧したヘロデは、毎年二〇〇タラントンというクレオパトラの提案を受け入れた。前三一年にクレオパトラとアントニウスが敗亡するまで、ヘロデは毎年忠実にこれを支払うことになる。外交に長けたヘロデはクレオパトラをできるかぎり歓待した。多くの贈物を送り、王国の境界まで見送った。

その頃、昔日の同盟者、アントニウスとオクタウィアヌスの間の不和が決定的なものになっていた。新たな内戦でローマ帝国が揺さぶられていた。大いなる災禍がユダヤを襲ったのはこの時である。大地震が起こり、三万人が死に、甚大な被害が出た。このとき、ナバテア人の支援を受けたシリア南部のアラブ諸部族が混乱に乗じてユダヤ王国に略奪にやってきた。ヘロデは徹底して反撃し、偉大なる軍事指導者としての名声を高めた。軍隊を率いてヨルダン川を渡ると、略奪者とその同盟者ナバテア人をフィラデルフィア〔現アンマン〕の近郊で打ち破った。

この遠征によってヘロデは、オクタウィアヌスとアントニウスがローマ帝国の命運をかけて雌雄を決する戦いとなったギリシア北部アクティウムでの戦闘に参加せずに済んだ。アントニウスはヘロデに参戦を免除していたのである。ヘロデはオクタウィアヌスと刃を交えることはなかった。これは小さからぬ効果をもたらすことになる。

アラブ人との戦いから凱旋したヘロデはアントニウスとクレオパトラの敗北を知る。権力を維持するためにはまた策略を巡らさなければならないことになった。ヘロデは慎重を期して、年老いたヒルカノス二世を殺害させた。年老いていたとはいえ、依然として人気を維持していたのである。両耳を切り落とされていたので、大祭司職に復帰することはできなかったが、ヒルカノスは一時的とはいえ、ヘロデに代わってオクタウィアヌスから王位を授けられる可能性があった。ヘロデは新たに帝国の支配者となったオクタウィアヌスに選択肢を残して置きたくなかったのである。

その後、ヘロデはアントニウスの時に実践済みの作戦に従って、オクタウィアヌスのもとへと赴いた。このような状況下では、時間を空けることが得策ではないことを知っていたのである。ユダヤを出発する前に、王国の統治を弟フェロラスに委ね、キュプロスとサロメは前四〇年のローマ滞在のときに避難させたのと同じようにマサダ要塞に移した。しかし、マリアンメとアレクサンドラには同じ扱いをせず、アレクサンドリオンという別の要塞でヨセフとソアイモスという二人の役人の監視下に置いて幽閉し、自分がユダヤに戻って来なかったときには殺害するよう命じておいた。アリストブロス三世を殺害した後にアントニウスのもとに召喚されたときと同じように、自分が死ねば起こるであろう復讐に備えたのである。マリアンメが他人の手に陥ち、新たな支配者の即位の正当化に利用されることを何としても避けたかったのだ。

オクタウィアヌスとの邂逅——ロドスでの会見

ヘロデはオクタウィアヌスに会うためにロドスへと出帆した。そこでヘロデは生涯で最も大きな外交上の成功を勝ち取ることになる。ヘロデは自分のすべてを示すために、話すべきことと立ち振る舞いを入念に準備した。会見前、ヘロデは王の象徴である頭飾り《ディアデーマ》を頭から外し、自分の未来を新たな支配者の手に委ねていることを示した。ヨセフスによると、計算し尽くした謙虚さで、「頭飾り《ディアデーマ》を脱ぎ、あなたのところにやって来ました」とオクタウィアヌスに言ったという。王位を奪われるか、その地位にとどまれるかは軍総司令《インペラトール》オクタウィアヌス次第だった。ヘロデは誠実さと実直さに賭けた。ローマに仕える王としての資質を際立たせるため、アントニウスへの好意と献身、裏切ることなく繰り返しアントニウスに支えようとしたこと、アントニウスがヘロデとの「友情」から得た恩恵の数々など、すべてを告白しているように見せた。そして、「私が誰の友人であったかではなく、どのような友人であったかを考えていただきたい」と訴え、「友情の対象が変わっても、友情に変わりはない」と述べて話を締めくくった（『戦記』一390）。

オクタウィアヌスは自らの統治にアントニウスのかつての支持者や「庇護民」を取り入れることが非常に有益と考えていた。帝国全土を直接統治できるだけの人材がいなかったのである。ヘロデを確保しておけば、ユダヤの混乱は避けられ、ローマからするとさほど重要でない地域を守るための不要な戦いもしなくてすむ。それはまさに、ヘロデが優れた統治者、調停者、忠実な同盟者として認められたということであった。ヘロデが提案した取引はオクタウィアヌスが期待することとぴったりと一致していた。それゆえ、オクタウィアヌスはヘロデに頭飾りを付け直させ、その地位を保証したのである。また、新たな元老院決議を起草させ、慣例通りの形式に従い、「ローマ人の同盟者にして友人である王」（rex socius et amicus Populi Romani）にヘロデを任命した。

こうした外交上の勝利の後も、ヘロデは新たな主人のもとを離れなかった。オクタウィアヌスに数々の贈物を捧げ、オクタウィアヌスの側近に期待されたことも忘れずに行った。前三〇年、オクタウィアヌスはエジプトから帰国する際、ヘロデの王国を通過した。ヘロデはローマ全軍に水、葡萄酒、食糧を提供した。オクタウィアヌスは自らの選択に安心し、ヘロデに報いるため、クレオパトラを護衛していた四〇〇人のガリア人部隊をヘロデに与えた。そして、飛び地としてシリア属州に属すこととなっていたアスカロンを除いて、ストラトンの塔からガザに至るまで、ヨッパとアンテドンを含む地中海沿岸の全都市が領土として加えられ、ヘロデの王国は拡大した。また、サマリアとデカポリスの二つの町ガダラとヒッポスも与えられ[10]、エリコのオアシスも取り戻した。そして、ついには、行軍の際、傍らで騎行することをヘロデに許した。この特権はオクタウィアヌスが滅多に認めることのないものであった。

4　皇帝の「友」、ヘロデ（前三〇―四年）

王妃マリアンメの死

オクタウィアヌスがローマに向けて出立すると、ヘロデは家族内の問題に向き合う時間ができた。マリアンメを釈放したが、ヨセフスによると、あまりにも美しかったマリアンメにヘロデが官能的な情熱を覚えていたというのがその理由とされている。ヘロデはマリアンメに再び会えることを喜び、自分のもとに呼び寄せたが、信じがたいことにマリアンメはヘロデを拒絶し、留守中に自分を囚人として扱ったことを非難した。その上、ヘロデが自分の家族をすべて殺害したことから、もはや触れられることさえ望まなかった。激怒したヘロデはマリアンメを監獄へと送り返した。マリアンメを嫌うサロメは、妃に対するヘロデの憎悪をかき立てようと、この事件を利用して陰謀を企てる。献酌官の協力を得て、王に毒を盛ろうとしたとしてマリアンメを正式に告発させたのである。マリアンメはその地位のゆえに裁判とは名ばかりの茶番で裁かれ、最終的には王の暗殺を企てたとして有罪となり、処刑された。ヨセフスによると、ヘロデはこの美しい妻が死ななければならないことを悔いたという[11]。しかし、王の妹サロメの圧力が勝り、マリアンメは処刑され、事態は収束した。

政治上の暗殺はヘロデがオクタウィアヌスの承認を受けた後も数年のあいだ続いた。まず、前二八年にアレクサンドラが処刑され、ついで本当かどうかは別として、陰謀を企んだとしてヘロデの側近、ソアイモス、リュシマコス、ガダスのアンティパトロス、ドシテオスが次々に処刑された。これらの処刑すべてに共通するのはサロメに告発されたということだった。王の妹であり、相談相手として宮廷を支配していたサロメは、廷臣を監視し、兄ヘロデに向けられた陰謀を、実際に企まれたものも風聞だけのものも王に報告し続けた。二番目の夫であるコストバロスの陰謀を見つけたのもサロメであった。最初の夫ヨセフのときと同じように、サロメは夫を告発し、死に追いやったのである。

ローマへの臣従

前二七年、オクタウィアヌスはアウグストゥス〔「尊厳なる者」〕という称号を得て、ローマ共和政の政治体制をすべて維持しつつ、事実上の君主国家を確立させた。ヘロデはアウグストゥスへの敬意を表すため、エルサレムで彼を称えて「アクティア」という競技祭を創設した。この祭典はアクティウムの戦勝記念であり、皇帝がもたらした伝説的な勝利を公式に表したものであった。エルサレムには劇場が建てられ、市外の円形劇場が帝国各地から参集する競技者や観衆を迎えた。

前二七年、第一回の競技会がエルサレムで開催されたが、ユダヤ人の一部がそれに対する抗議運動を起こした。競技者が裸体であることと、剣闘士の戦いが残酷であることは律法に反していることではあったが、この見世物《スペクタクル》の中止を求めたのではなかった。彼らを最も怒らせたのは劇場を彩った記念碑であった。これについてのヨセフスの説明はむしろ弁解というべきものだろう。その記念碑の形状が人間の姿をしているという印象を与えたという。モーセの十戒の「第二戒」は生き物の姿の表現を禁じている。実際のところ、聖書では人間や動物の像が整然と咎められているわけではない。ソロモンの玉座にはライオン像が施されていたし、その神殿を飾る翼をもつ聖霊ケルビムにも誰も反対していない。ユダヤ人の間にも像はあり、事実上、神やイスラエルを称える表現は認められていたのである。記念碑の一件を宗教的に厳格に解釈したのはそれゆえ矛盾ということになる。信仰を口実にしているが、ここでユダヤ人たちが問題にしたのは何よりローマの支配だった。ローマおよびユダヤにいるその同盟者の力への挑戦という政治的な目的から律法が持ち出されたのである。

ヘロデはこの抗議の本当の理由を完全に理解していたが、巧みな外交家であったので、ユダヤ人の不満を単なる根拠のない迷信としか見ないふりをした。抗議の指導者を劇場に呼び寄せ、告発のもととなった記念碑をよく調べさせた。それは人間の像ではなく、武具を積み上げたものでしかなかった。遠目には人間の形に見えたのかもしれない。しかし、事態は収まらず、その記念碑に問題があるとされたので、ヘロデはそれらを撤去させた。この予期せぬ譲歩によって抗議運動は急速に鎮まっていった。この時は少なくとも流血の事態は巧みに回避されたが、さらに急進的な反対運動が密かに組織されつつあった。

ヨセフスが伝えるヘロデが暗殺を免れた事件は古代におけるテロの意味を教えてくれる。訪問予定の劇場でヘロデを襲う計画を一〇人の敵対者の集団が立てていた。実行場所はたまたま選ばれたのではもちろんない。襲撃者からしてみれば、ヘロデ自身に到達できなくても、側近の多くを餌食にできるという期待を莫大な数の観衆が抱かせてくれたのである。しかし、劇場にも象徴的な意味が込められていた。ローマの支配に服す「不信心」なユダヤ人が自らの姿を現す場所であったからだ。また、襲撃者が命を賭して作戦を遂行していたともヨセフスは伝えている。しかし、襲撃計画はヘロデに雇われた密偵の警戒のおかげで失敗に終わる。犯人は捕らえられたが、この暗殺計画は神が望む敬虔な行為を純粋に表現したものだと誇らしげに告白し、死を恐れていないと断言した。こうした者を「反徒」や混乱をもたらす者とためらわず決めつけるヨセフスでさえ、彼らの「勇気ある」死には感嘆しているように見える（『古代誌』一五287）。

襲撃者たちは人によって人殺しととられたり殉教者ととられたりしたが、王によって過酷な処罰を受け、家族とともに処刑された。大量の処刑は敵対者の使命感を弱めると考えられた。敵対する者が町の外へ逃げていれば、ヘロデはその妻をとらえて拷問にかけた。しかし、抑圧はユダヤ人のヘロデに対する憎しみを増幅させることにもなった。ヘロデとローマ人に敵対した人びとは民衆から真の共感を得ていたのである。密告者は群衆から私刑の末に殺された。ヘロデの手先となり一〇人の犯人の逮捕にかかわった者は、ユダヤ人の一団に殺害された後、遺体は切断され、飢えた犬に投げ与えられた。王の官憲がその犯人を捜したが、徒労に終わった。

このとき、大災害が勃発し、ヘロデが直面していた抵抗運動への対策は二の次となった。前二三年、前例のない干ばつが王国を襲い、家畜の死を引き起こすとともに、農産物の収穫はなくなった。その影響は直ちに現れ、国中が飢餓に陥り、農民たちは間もなくその乏しい備蓄を使い果たす。この災禍に加え、その少し後にペストが猖獗《しょうけつ》を極め——ヨセフスは疫病と記すのみだが——、多くの人がその犠牲となった。飢餓はユダヤの農民が律法を遵守した結果でもあった。律法により七年に一度の安息年には耕作が禁じられていた。

ヘロデはこの事態に素早く対処し、災害の発生当初から被害を最小限に抑えるための策を講じている。宝物庫にあった金銀の財物を潰して、エジプト総督ペトロニウスから大量の穀物を購入するのに充てようとした。ナイル渓谷はローマ帝国の穀倉であり、食料不足となれば穀物の買い付けが多数に上る。そこでヘロデは希望する量の小麦をペトロニウスから購入できるように、あらゆる外交ルートを駆使しなければならなかった。穀物が王国に輸入されると、王によって動員されたパン職人によってパンに加工され、暴動を避けるために軍隊が監視する中、公平に配給が行われた。冬が近づくと、王は羊毛で作られた衣服を人びとに供給し、王の役人が王国全土で適切な播種《はしゅ》ができるよう手筈を整えた。翌年、ヘロデは農民が早く飢饉から回復できるように租税の額を三分の一に減額している。この危機への優れた対応を見せ、臣民に恩恵施与者として振る舞ったことはヘロデにはプラスに作用した。政治的対立は一時的に忘れられ、王が種を播かせたことで得られた穀物の収穫で富が急速に回復されると、王の権威はさらに高まった。ヘロデは領地から莫大な税収を得て、さしたる困難もなく王家の宝物庫を回復し、それにより建築事業を再び始めることができるようになった[12]。

豪華な宮殿がエルサレムの上の町の西側に建設された。この建築物は金と大理石でまばゆいばかりに輝き、神殿とともにエルサレムの中心となった。最も華麗な区画にはカエサル（オクタウィアヌス）と皇帝の娘婿で忠実な副官であるアグリッパの名が付けられていた。ヘロデはローマにおける自分の主人に敬意を表す機会を逃すことはなかった。

ヘロデは前四〇年にアンティゴノスと一戦を交えた地からさほど離れていない場所に、ヘロディオンという巨大な複合建築を整備させた。一部を人工的に造成した円錐状の山の頂上部に要塞宮殿が築かれ、二〇〇段の階段でそこに登るようになっていた。山の麓には王族が宿泊する第二宮殿が建造された。ヨセフスによれば、周辺には多くの住居が建てられ、町から突き出たアクロポリスのように、王宮が町全体を見下ろしていたという。ヘロデの最初の構想が自分のことを記念した町ヘロディアの建設であったことはあり得ないことではない。その後、計画は修正され、ヘロディオンはヘロデの栄光を記念する埋葬地として選ばれることになる。ローマの属国の王に過ぎないヘロデは、大きな町に自らの名を付けることで、皇帝を機嫌を損ねる危険を冒すことはできなかったのである。

また、ヘロデは父の名にちなむアンティパトリス〔アフェク・アンティパトリス〕という町を創建して一族への敬意を示し、ユダヤの要塞には母キュプロスの名を付けた。また、アンティゴノスとの戦いで捕らえられて死んだ兄ファサエルの功績を記念して、ある小さな町をファサエリスと名づけ、さらにエルサレムの王宮の北側に建てさせた三つの塔のひとつにファサエルの名を与えた。

しかし、ヘロデ王による大建築には、すべて皇帝の名が与えられている。サマリアの中心都市はこの時までその地域と同じくサマリアの名で呼ばれていたが、その町を再建すると、セバステと改名させた。この名は皇帝アウグストゥスへの敬意を表したもので、ラテン語のアウグストゥスをギリシア語の「セバストス」（尊厳者）に訳したものである。セバステの町はギリシア都市をモデルとして再整備された。中心にはギリシア語でアゴラと呼ばれ、ラテン語のフォルムに相当する広大な広場があり、神格化されたアウグストゥスに捧げられた大神殿が設けられた。アウグストゥス帝が町の主神となったのである。

セバステの建設開始からまもなく、ヘロデは地中海沿岸に海辺のカイサリア〔カイサリア・マリティマ〕の基礎を築いた。ラテン語のカイサリア、ギリシア語のカイサレイアは「カエサルの町」を意味し、セバステと同様、小カエサルとも呼ばれたアウグストゥスへの敬意を表した名である。その場所は手付かずの地というわけではなかった。フェニキアの町ティルスの王がかつてストラトンの塔という小さな港湾を築いていた。このため、ヨセフスはそこをユダヤではなくフェニキアに属す地域と見なしている。つまり、ユダヤ教の律法が効力をもっていなかったということなので、この正確な指摘は非常に重要である。ヘロデはそこに「異教」の町を建設してもよかったのである。異教の神殿、皇帝の像や神々の像を伴う町はユダヤの地では決して建設することはできなかった。古きフェニキアの町を破壊することによって、ヘロデはユダヤ人を刺激することを恐れずに皇帝を称え、王国最大の港となる町を建設することができた。まさに一石二鳥だったのである。

ヘロデは港の入口に面した丘に神君アウグストゥスを祀る神殿を建てさせた。それゆえ、カイサリアの中心となる聖域は皇帝礼拝に捧げられていたことになる。ヨセフスはこの神殿の荘厳な大きさ、その美しさを称賛している。この記念建造物は町と海を見下ろし、船で王国にやって来る人びとが沖合から目にしたという。ヘロデはローマの支配者への大いなる敬意と自らの服従の意を表するための出費を気にすることはなかった。そこに皇帝の像と、帝国の首都とその力の象徴であるローマ女神の像の二体の巨大な像を建立させた。その高さは一〇メートル以上はあったはずだ。ヨセフスはこれらをギリシア世界で最大とされるアテナイの彫刻家フィディアス作のオリュンピアのゼウス像とアルゴスのヘラ女神像と比較している。

この町でギリシア・ローマ的な要素を持つ建造物としては、エルサレムと同じように劇場と巨大な円形劇場も挙げられる。ただしカイサリアの場合は、不快と思う者や敬遠する者なしに、アウグストゥスの栄光を称える彫像と記念碑を戴くことができた。町の広場アゴラはローマ帝国内で最も美しく、広大であったという。

カイサリアは一二年の工事の後、前一二年に完成した。その頃、ヘロデはガザ北方の地中海沿岸の町アンテドンを再建し、皇帝の娘婿アグリッパへの敬意を示してアグリッパスと名づけている。

カイサリアの建設や、ローマの忠実な僕《しもべ》と認めさせるさまざま功績によって、皇帝とその「友人」ヘロデの関係はより密接なものとなっていった。ヘロデとハスモン家のマリアンメの間に生まれた王子、アレクサンドロスとアリストブロスはローマに招かれ、計り知れない栄誉を受けた。皇帝は彼らを傍近くに置き、パラティヌス宮殿に住まわせ、優れた教育を施した。彼らの母は処刑されたが、その家柄からすれば、いつの日か二人のいずれかがヘロデの後継者となると皇帝は考えていた。前二三年、ヘロデは新たにシリア南部のトラコニティス、アウラニティス、バタネアを領地として受け取った。これらの地域は土地の盗賊との癒着を告発された四分領主《テトラルコス》カルキスのゼノドロスから没収した地域であった。ゼノドロスは無罪を訴え、猛烈に抗議したが、皇帝は証拠を確かなものと見ていた。ゼノドロスはそれでもガウラニティスと、アンチレバノンの町カルキスとその周辺をなんとか維持することができた。しかし、前二〇年、ゼノドロスが死ぬと、アウグストゥスはこの二つの地域の統治をヘロデに委ねた。シリア訪問の際には、アウグストゥスはヘロデをコイレ・シリア、つまりデカポリスの諸都市の支配権執行者《エピトロポス》に任命した。その時、ヘロデの王国は最大版図に達し、ヘロデは権力の絶頂にあった。

ヘロデは自らの成功に力を得、親ローマという選択がうまくいっていたので、正式には低地シリアと呼ばれたシリア南部の「新たに加わった領土」でもローマにおける自分への好印象の一因となった都市建設政策を再び行った。ヨルダン川の水源に近くの王国北部の中心都市パネアス（パニアス／パニオン〔フィリポ・カイサリア〕）はカイサリアの名で再建された。海辺のカイサリアと同じように、白い大理石で大神殿をそこに建てさせ、神格化されたアウグストゥスに奉献した。それゆえ、ヘロデは王国の非ユダヤ教地域では皇帝礼拝の推進者のようであった。

しかし、ユダヤ教から見ると「異教的」であった建設活動をすべて終えれば、ユダヤの民のための大事業に着手せねばならなかった。前一九年、誰でも聞くことができた神殿の中庭での演説において、ヘロデはソロモン神殿の再建を表明し、それを自分の治世における最大の計画と表現した。ソロモン神殿は前五八七年に新バビロニアの王ネブカドネツァルによって破壊された。前六世紀後半、バビロニア人の後を受けて、新たにユダヤの支配者となったペルシアのキュロス大王はゼルバベルの指揮のもと神殿の再建をユダヤ人に認めた。しかし、この第二神殿はソロモン神殿に比べると、壮麗さで劣っていた。その劣った現状がその記念碑的建造物にふさわしい荘厳な姿を取り戻させようというヘロデの介入の口実となったのである。

ユダヤ人は当初、それを信じられなかった。彼らはこの計画を疑い、神殿を破壊しようとするヘロデの策略ではないかと恐れる者もいた。神殿を破壊した後、ヘロデは計画を取りやめるという噂も広まった。こうした噂があることを知ったヘロデは、民衆を安堵させようとして、再建に必要な資材をすべてエルサレムに集めるまで、神殿には手をつけないと約束した。実際、約束は守られた。ヨセフスの伝えるところでは、ヘロデは町へ莫大な石材のブロックを運ぶために一〇〇〇台もの台車を用い、自ら石工や大工としての訓練を受けた一〇〇〇人の祭司の指揮の下で働く一万人の労働者を調達したという。その祭司たちはそれぞれ一〇人ずつ労働者を統率し、作業の間、ユダヤ教の清浄規定が守られているか監督した。神殿に奉納されていた多くの品々は注意深く運び出されていった。ヘロデは再建の全額を出資したが、細心の注意を払って作業からは距離をとった。この記念碑的建築は八年後に落成する。

前一七年、ヘロデは王国を出て、ローマに向かった。皇帝を訪れ、また、婚期を迎えつつある二人の息子、アレクサンドロスとアリストブロスに会うためだった。ヘロデはアウグストゥスの了承を得て、長子のアレクサンドロスをカッパドキア王アルケラオスの娘グラフュラと結婚させた。この婚姻はもちろん計画されたものだが、アルケラオスもヘロデと同様にローマの属国の王であり、外交的に非常に重要であった。皇帝はローマに従属する王朝間のこうした結合を支持していた。ある種の特別な支配者層がそこから生み出され、従属する君主が新たに育成される場となるからである。しかし、アリストブロスの方はサロメの娘で従姉妹のベレニケを結婚相手とした。これによって、人びとはヘロデの後継者はアレクサンドロスだろうと予想した。

ヘロデとアグリッパ

前一五年、ヘロデはアグリッパの訪問を受けた。アグリッパはアウグストゥスからローマ帝国の東方の統治を委ねられていた。王国全土で歓待を受けたアウグストゥスの娘婿の滞在は視察旅行のようなものであった。ヘロデはセバステとカイサリアに案内した後、ヘロディオンなどの要塞へとアグリッパを伴った。滞在の終わりはエルサレムであった。ヘロデは盛装させた民衆を集め、ローマの有力者アグリッパを歓呼で迎えさせた。アグリッパはユダヤの神に雄牛一〇〇頭を犠牲として捧げた。ヤハウェに犠牲を捧げるのにユダヤ人である必要はなく、「異邦人」が奉納する犠牲獣は祭司が奉納者の名で捧げればよかった。翌年、ヘロデはボスフォラス王国に対する遠征に参加するため、現トルコの南東部、ポントス地方のシノペでアグリッパと合流した。ローマに従属する王には軍事的な義務があり、ローマ軍の補助軍として参加することが常に求められた。その帰途、アグリッパとヘロデは黒海から小アジアを通過して、地中海へと旅をした。その道中、行く先々でヘロデは豪勢な気前のよさを見せ、パフラゴニア、カッパドキア、上プリュギアのギリシア都市に公共建築の建造や修復など、さまざまな用途の資金を提供した。しかし、このような善行はむしろ計算された行為であった。ヘロデは自分の寄進行為をアグリッパが見ているからこそ、いっそうの大盤振る舞いをした。君主が恩恵施与者として振る舞っていたヘレニズム時代の王国に遡る古い伝統に倣おうとしたのである。

しかし、ヘロデは民衆が自分を裏切り者として非難していないか気を配らなければならなかった。厳しい税の取り立てを受けている臣民に対し、こうした出費がすべて外国の民のためであることをどのように説明すればよいだろうか。ギリシア人とユダヤ人の外見上のバランスを保ちたかったからとはいえ、自国の民衆から支持を得なければならない重要な時期であった。大きなユダヤ人共同体があったイオニア〔現トルコ南西部の沿岸地域〕に到着すると、ヘロデはその機会を捉えて、エフェソでユダヤ人の代表団を迎え入れた。彼らはそれぞれが居住する都市において、かつてローマ人から与えられていた特権がもはや尊重されていないことに不満を抱いており、過去のように貢納と軍役の免除を強く求めていた。ヘロデは相談役であるダマスカスのニコラオスに、アグリッパ臨席の裁判での代表団の擁護という任務を委ねた。もちろん、アグリッパとは相談の上でのヘロデによるプロパガンダと人びとには思われていただろう。ニコラオスの主張を聞くと、アジアの強力な統治者であるアグリッパは、まるでこの件が前もって判断を下されたものではないかのように振る舞い、イオニアのユダヤ人がかつて享受していた特権を確認した。これはヘロデにとって何も負担することなく与えられたアグリッパからの素晴らしい贈り物となった。この判決によってヘロデとローマの有力者の親密さを証明され、ヘロデの力は強められた。最高レベルでの交友関係ゆえにユダヤ人の役に立てたことをヘロデは誇りにしてよかった。自分の王国においてだけでなく、その外においてもユダヤ人の幸福を保証する者となったのだ。つまり、ディアスポラのユダヤ人とローマの権力との特権的な仲介者になろうとしたのである。

王国に戻ると、ヘロデはエフェソでの審理から引き出せるかぎりの利益をすべて利用した。あたかもこの過程によって滞在のすべてが正当化され、巨額の恩恵施与が覆い尽くされるかのようであった。ヘロデはエルサレムに集まった人びとを前にした演説で、いかにしてイオニアのユダヤ人のために特権維持を勝ち得たかを語った。そして、さらなる民衆の支持を得るため、税の四分の一を免除することを表明して、その演説を終えた。これは前一六／一五年の安息年遵守による損失の埋め合わせであった。

それから少しして、ヘロデは再びディアスポラのユダヤ人擁護の役割を担った。小アジアの町々に書簡を送り、皇帝がユダヤ人に認めた特権、特に安息日の法廷への出頭免除を尊重するように行政官らに求めた。これはヘロデの新たな役割がローマに承認されたことの証明と見られただろう。ヘロデの支配権は自国内の臣民にたいするものに限られていたはずなので、こうした提案を自分のみの判断ではできないからである。ローマの直接統治下にある小アジアで生活するユダヤ人は、少なくともアグリッパとの合意の上でヘロデがこのような書簡を町の公職者に送ったと考えただろう。エフェソでの審理のときと同じように、ヘロデはローマ帝国内のユダヤ人が律法に従って生活する権利を保証しようとした。ユダヤ人の特権が尊重されないとき、それを訴え出る高い権威を体現する者にヘロデはなろうとしたのである。

アレクサンドロスとアリストブロスを排除

ヘロデの妹サロメと、ヘロデとマリアンメの間の息子であるアレクサンドロスとアリストブロスの関係は決して容易なものではなかったが、二人が遠くローマに滞在していた間は平穏だった。しかし、ヘロデの後継者と目され、皇帝からも後継者として承認された二人がユダヤに戻ると、サロメの憎悪の炎はかつてないほど燃え上がった。

その憎悪はアレクサンドロスの妃、カッパドキア王アルケラオスの娘グラフュラにもさらに鋭く向けられた。グラフュラは自身の出自を鼻にかけ、父方の先祖にはアレクサンドロス大王がおり、母方の先祖がペルシアの大王の家系であることを絶えずひけらかし、ハスモン家のマリアンメの息子たちを除けば、自分はヘロデ家の者よりも遥かにいい血筋の出であることを思い出させることを好んだ。また、サロメはアレクサンドロスがひとたび王国の支配者になれば、自分は復讐として処刑されるのではないかと恐れていた。アレクサンドロスの母マリアンメを死に追いやった張本人がサロメであることは周知の事実であった。そこでサロメはヘロデとその最初の妻ドリスとの間に生まれた長子であり、自身の甥でもあるアンティパトロスと手を結ぶことにした。この秘かな協定の目的はマリアンメの二人の息子を亡き者とすることに他ならなかった。成功すれば、サロメはアンティパトロスを新たな王位継承者とすべく、あらゆる影響力を行使することになるだろう。王の妹はそのために残忍な策略を用いることにした。アレクサンドロスとアリストブロスがグラフュラとアルケラオスと共謀して、ヘロデに対する陰謀を企てていると告発したのである。アレクサンドロスの岳父カッパドキア王アルケラオスがハスモン家の血を母方で引くアレクサンドロスを売り込み、この王子のためにヘロデを排除するよう皇帝に求めたという。サロメの打ち明け話を信じたヘロデは、やがてアレクサンドロスとアリストブロスの両方との関係を悪化させる。二人は宮廷から遠ざけられ、その一方でドリスとの間の子アンティパトロスが頻繁に父の傍に姿を現すようになった。ドリスは前四二年に離縁されていたが、再び元の夫のもとに身を落ち着けた。そして、ついにヘロデはアンティパトロスをアグリッパに引き合わせた。それはドリスの子アンティパトロスを新たな後継者にするというヘロデの意志が表わされたということであった。

ヘロデはマリアンメとの二人の子から継承権を奪うことにしたが、皇帝の同意なしには何もできなかった。アウグストゥスが二人に優れた教育を施し、アレクサンドロスについてはしかるべき時にその父の地位を受け継ぐものと考えていたからである。そこでヘロデはアレクサンドロス、アリストブロス、アンティパトロスを伴い、ローマへ行く決断をする。しかし、皇帝は巡幸中で、ヘロデとその子らを（現在のヴェネツィアに近い）アクイレイアで出迎えた。ヘロデはローマの支配者を前にして、マリアンメの息子たちが自分に対する陰謀を企てたと非難した。しかし、提示すべき証拠はなにもなく、アウグストゥスも自身がよく知り、評価していた二人の王子の罪状をほとんど信じなかった。皇帝はヘロデに和解を命じ、ヘロデも不興を買うことを恐れて応じる振りをした。公然と見せつけるように涙を流し、激しく感情を爆発させ、表面上和解した家族は、皇帝を満足させてユダヤへと帰国した。実際、アウグストゥスにとってみれば、庇護下の王族の内紛は彼らの評判と権威を損なうだけだったので、何としても避けたかったのである。二人の王子の血筋も皇帝の決断においては重要な役割を果たした。前三七年のヘロデとハスモン家のマリアンメの結婚は、まさしくヘロデの即位を正当なものとするためであり、それによりヘロデは権威ある王家の血を引く後継者を得ることができたのである。アレクサンドロスを排除することは王位を簒奪しようとする者に権力を認めるのと同じことだった。しかし、皇帝が非難しなかったということはアンティパトロスを後継者のひとりと認めたということでもある。誰にもダメージを与えず、三人の子の間で王国を分割するという案も検討された。皇帝は庇護下にある王国をそのまま維持しなければならないと感じてはいなかった。必要であれば分割したり、前二三年と二〇年にゼノドロスの四分領国にしたように、一部を他の君主に割り当てたりしてもよかった。いずれにせよ、庇護国の国境は皇帝権力の意のままだったのである。それゆえ、アレクサンドロスがユダヤを統治する一方で、アリストブロスとアンティパトロスには他の領土が割り当てられることになるかもしれなかった。

ヘロデは王国に戻ると、壮大な建築事業の達成を祝った。なによりも前一二年にカイサリアの工事が完了していた。アウグストゥスに捧げられた新都市の建設に伴い、並外れた祝祭が開催された。かつてエルサレムで催したように、体育競技会、音楽のコンテスト、競馬の開催によって皇帝への敬意が表された。ヘロデは自らカイサリアのアクティア祭の開会を宣言した。ローマ帝国中から競技者を集めるため、勝者だけでなく、二位や三位の者にも多くの賞品が約束された。また、当時ローマ帝国で大変な人気を集めていた剣闘士競技も開催された。ついには人びとは「狩り」を見物した。剣闘士はたいていの場合、死刑囚だったが、闘技場に放たれた獰猛な野獣と人を戦わせるものであった。

その翌年は、まったく異なる種類の建造物、つまり新しい神殿の落成によって特筆される。その祝祭では盛大な行列が行われたが、それによってヘロデはソロモンになぞらえられた。何千というユダヤ人がさまざまな動物を神への奉納物として連れて来たが、ヘロデはただひとりで三〇〇頭の雄牛を奉納したのである。ソロモン神殿の復元事業はヘロデに大きな成功をもたらした。神域の工事が行われていた期間と完成直後には敵対行動がすっかり弱まった。ユダヤ人は神域の美化と拡大を誇ることはなかったにせよ、全体として満足しているように思われた。

ここにかつてないほどはっきりと、ユダヤの神と、神格化された皇帝の双方に敬意を表すヘロデ王の二面性がこの世におけるヤヌス神のように現われていた。カイサリアでローマ女神とアウグストゥスの神殿を祀る一方で、エルサレムにも神域があるということは、ヘロデとその後継者たちの治世を真に特徴づける驚嘆すべき政治的、文化的両極性を表している。ヘロデは一方では皇帝の審判を、他方ではユダヤ人の評価を気にかけ、建築活動をはじめとする政策を通して、双方をバランスよく喜ばせるという条件を維持し続けていたのである。このような観点からすると、前一一年に王の権威は強化されたと言えるだろう。皇帝はあまり条件をつけることなくヘロデを支持し、ユダヤにおける反対勢力は新しい神殿の完成で静かになっていた。

家族内の不和

アウグストゥスに促されて和解したとはいえ、ヘロデはマリアンメとの息子たちを宮廷から遠ざけたままにし、アンティパトロスを唯一の後継者としていた。ヘロデの弟フェロラスは、この時まで副王の立場にあったが、王の不興を買う出来事が起こった。ヘロデは娘のキュプロス二世との結婚をフェロラスに申し入れたが、フェロラスはこの栄誉を拒否し、愛する女性と別れることができないと告げたのである。問題となった女性の名は伝わっていないが、かつてフェロラスが召使いにしていた女で、彼女と恋に落ちたのである。低い身分の女性が相手であることはフェロラスの拒絶をより深刻なものにした。王の娘より使用人を選んだことになったからである。孤立の度をますます深めていたヘロデにとって、このような侮辱は耐えがたいものとなった。ヨセフスによれば（『古代誌』一六191）、これ以降、王国の統治は王の他では、宰相《ディオイケーテース》のプトレマイオス、アンティパトロス、その母ドリスの三人だけでとり仕切られることとなった。

しかし、ヘロデの宮廷をかき乱していた最も深刻な問題は、サロメがマリアンメの息子たちに向けた激しい憎悪によるものだった。王の妹サロメはアンティパトロスと常に連携し、復讐を恐れてアレクサンドロスとアリストブロスを殺害しようとしていた。彼女の娘でアリストブロスの妃となったベレニケが絶えず二人の王子を監視しており、母親から尋ねられれば、夫だけでなく義兄の口から出たこともすべて語ったのである。ベレニケによれば、ある日、アレクサンドロスとアリストブロスの会話がヘロデの後継について及び、どちらかが王位に就いたら、異母兄弟のアンティパトロスは村の書記《コーモグランマティウス》の職しか得られないと言ったという。この虚偽の噂が流布され、さらなる憎しみをかき立てることになった。ある日、フェロラスがアレクサンドロスに、ヘロデがグラフュラを誘惑しようとしているとサロメから聞いたと伝えた。憤慨したアレクサンドロスは父に謁見を求め、フェロラスの言葉をそのまま繰り返すと、王は激怒し、フェロラスを召喚すると、フェロラスはサロメを非難した。今度はサロメが出頭させられると、サロメは激しくこれを否定し、怒りから頭をかきむしり、わめき散らした。サロメはフェロラスを激しく罵り、フェロラスは同じように彼女に言い返し、ヘロデが二人を退出させるまで口論は続いたのだった。

この直後、ナバテア王オボダス三世の宰相シュライオスがヘロデの宮廷を訪れた。ヘロデはシュライオスを見て、それまで二人の前夫と離縁しているサロメの善き夫となるのではないかと思った。王がその話をサロメにすると、サロメは非常に喜んだ。すでに王宮でシュライオスを見て、すっかり参ってしまっていたのだった。そこでヘロデはシュライオスに妹との結婚を勧めたが、ユダヤ教への改宗は考えられないとして断られる。国許で裏切り者の烙印を押されることを恐れたのだ。そうしてこの婚姻はなされなかったのだが、フェロラスは妹への復讐のためにこの一件を利用し、サロメが行きずりの男に身を委ねる卑しい売春婦のようにナバテア人シュライオスに身を捧げたという噂を流させた。ヘロデ王の一族の間では憎悪と誹謗がくすぶり続けた。

険悪な雰囲気の中、今度は王の近くに仕える三人の宦官を巻き込んだ新たな事件が勃発する。ヘロデはペルシアの伝統的な習慣を取り入れ、生まれた時に去勢された三人の少年たちに部屋での世話をさせていた。一人が王に飲み物を供する担当、一人が王の食事を給仕し、もう一人が寝所の世話をしたが、この三人の宦官の役目は何より王の性的欲求を満たすことだった。間違いなくサロメの教唆によるものと思われるが、この三人の宦官がアレクサンドロスに買収されたという噂が流れる。ヘロデに拷問にかけられると、三人の宦官はアレクサンドロスから実際に接触があったこと、自分が王となったら、しかるべき役職につけると約束したことを白状した。しかも、ヘロデはもう髪を染めねばならないような老人なので、その時が来るのも間近だと付け加えたという。アレクサンドロスは一体何を望んでいたのだろうか。宦官たちが単にアレクサンドロスに喜ばれようとしていたということだったのか、アレクサンドロスが王の命を狙って接近したということだったのか。ヘロデは二つ目の説明を受け入れ、宮廷の粛清に本気で乗り出した。アレクサンドロスの家庭教師であったゲメロスとアンドロマコスを追放し、アンドロマコスの子でアレクサンドロスの愛人であったデメトリオスも追い払った。アレクサンドロスとアリストブロスの近臣や召使いが次々に拷問にかけられた。ヘロデは何としても彼らを自白させ、二人の息子の関与を認めさせようとした。そしてついに、アレクサンドロスの側近の一人が、アレクサンドロスが狩猟のときにヘロデを殺害するという陰謀を進めていたことを認めた。犯行後、ローマへ逃亡し、そこで皇帝に王位を認めてもらうよう請願する計画になっていたという。拷問の末に得られた自白は明らかに信用度が劣る。父王から不興を買っていた二人の王子は長く父親と狩りに出かけることもなかったので、計画されたという陰謀はせいぜい疑わしいことでしかなかった。それにもかかわらず、ヘロデは告発を深刻なものとすることにした。アレクサンドロスとアリストブロスを逮捕する口実としたのである。アレクサンドロスは疲れ果て、牢獄から誇張と皮肉を込め、ヘロデが側近らを拷問にかけるのは無益である。陰謀は事実なのだという自白の手紙を父王に宛てて送った。アレクサンドロスは父王に陰謀を企てたことを認めたが、それは宮廷の誰もが感じている唯一の望みなのだから、驚くべきことではないという意味であった。ヘロデを殺害することこそ、平和のうちに暮らせるようにするということで、王がもっとも信頼する二人の「友人」プトレマイオスとサピノスでさえ陰謀に加担しているとした。サロメにしても同様で、アレクサンドロスは自分が彼女の愛人であると認め、毎晩ひそかに叔母と会い、寝所をともにし、夜を過ごしていた、と。そう書いた手紙をアレクサンドロスはヘロデに送った。

娘婿が投獄されたと聞いたカッパドキア王アルケラオスは娘のことを心配して、ユダヤへやって来た。アレクサンドロスとの婚姻関係を解消し、グラフュラをカッパドキアに連れ戻すつもりでいた。ヘロデに激しい怒りを向け、脅しをかけると予想されるところだった。ヘロデはアクイレイアで皇帝アウグストゥスにアレクサンドロスとの和解を約束していたので、アルケラオスは皇帝に訴えようというのである。この脅しは軽く捉えるべきものではなかった。ヘロデは皇帝の不興を買うことを恐れ、態度を急変させた。外からの圧力でアレクサンドロスとアリストブロスと正式に和解することを余儀なくされたのはこれが二度目であった。二人の王子は釈放されると王宮へ戻り、アレクサンドロスはグラフュラと再会した。安心したアルケラオスはオロンテス河畔のアンティオキアまでヘロデに見送られ、カッパドキアへと戻って行った。

前九年、ヘロデと近隣のアラブ人との間で抗争が勃発する。一五年前にヘロデに鎮圧されたトラコニティスの盗賊がシュライオスの支援を受けて活動を再開していた。シュライオスはオボダス三世が継嗣なしで死亡した後をうけて、ペトラを支配していた。かつてサロメとの結婚を打診されたシュライオスはナバテア王国の当主になろうとしていたのである。盗賊団は王国内に匿われ、活動拠点や略奪品の備蓄地を提供されていた。ヘロデは直ちに鎮圧のために部隊を派遣し、アラビアに侵攻すると、盗賊が拠点とする要塞を破壊した。その帰路、盗賊を救援に来たナバテアの正規軍を打ち破り、ナバテアの将軍でシュライオスの側近であるネケブを殺害した。

シュライオスはヘロデの部隊によってこうむった損害の知らせをローマで受けとった。皇帝に王位を承認してもらうためにローマを訪れていたのである。シュライオスはヘロデが不法にもナバテアを攻撃したとアウグストゥスに訴えた。皇帝は激怒した。この隣接する二つの庇護国間の戦いは秩序から外れており、「ローマの平和《パックス・ロマーナ》」の目的に反する。これはローマ帝国とその行政機構が間接的に蔑ろにされたということだった。アウグストゥスはその怒りを隠そうとはしなかった。ヘロデに書簡を送り、廃位すると脅したのである。ヘロデはこれに対し、忠実な側近ダマスカスのニコラオスをローマに派遣し、弁明させた。アウグストゥスは当初、聞く耳を持たず、謁見を許すまで数日間、ニコラオスを待たせた。ニコラオスは長い時間をかけた嘆願により、ことの発端はヘロデにあるのではなく、アラブの盗賊による略奪を許容し、これを支援したシュライオスにあると述べ、なんとか皇帝を説き伏せることができた。シュライオスはアウグストゥスからナバテアの王国を受ける寸前であったが、この地の盗賊の事実上の首領以外の何者でもなかったのである。ヘロデはローマの平和を維持するために反撃をし、ローマに対する義務を果たしただけであった。

事態は急激に逆の方向へと動いていった。シュライオスは処刑され、ナバテアについてはオボダス三世の後継者として、対抗する部族出身のアレタス四世が皇帝によって新しい王に任命された。

こうした出来事によって、ヘロデはしばし自分の宮廷の醜聞から遠ざかったが、その後、国内の問題はいっそう悪化していった。ヘロデは皇帝との親交を自慢するスパルタの貴族エウリュクレスに大いに敬意を示して宮廷へ迎え入れていた。この人物がユダヤでどんな問題を引き起こしたというのだろうか。表面上は物見遊山ということであったが、実際はひと儲けの種に惹かれてやって来たのである。彼はアンティパトロスともアレクサンドロスとも親しくなるようにしていた。そして、ある晴れた日、エウリュクレスはアンティパトロスに、アレクサンドロスから打ち明けられたというヘロデ王に対する陰謀を知らせたのである。ヘロデはこの話を真に受け、エウリュクレスにかなりの額を褒美として渡したのだった。エウリュクレスはぐずぐずすることなく、騙し取った財産を持ってさっさと王国から出ると、カッパドキアへ行き、今度はアルケラオス王に迎え入れられた。エウリュクレスはアレクサンドロスと父王ヘロデを決定的に和解させることができたとアルケラオス王に語った。この虚偽の知らせによってエウリュクレスはまたしても多くの褒美を与えられた。カッパドキアの王が事の真偽を確かめる前に、ペテン師エウリュクレスはギリシアへと戻って行った。

スパルタ人の誹謗に満ちた告発にしたがって、ヘロデは再びマリアンメの息子たちの側近や従者をすべて捕らえさせ、拷問にかけた。その上、アレクサンドロスの住居から、アレクサンドロス自らが父王殺害の意思をはっきりと記した手紙が発見された。しかし、アレクサンドロスは自分が書いたことを否定し、王宮の書記ディオファントスによるもので、アンティパトロスの命令によって筆致をまねて書かれたものだと訴えた。ディオファントスは偽造を自白したが、兄弟二人は釈放されなかった。今度ばかりはヘロデ自身が罪状の有無を問わず、二人を殺すと決めていたのである。そして、二人のそれぞれの側近のうちから疑わしいと思われる者をエリコの戦車競技場に召喚し、形式的に裁判を行った後、石打ちで処刑させた。

ちょうどこの頃、皇帝アウグストゥスはローマでヘロデの使節を迎えていた。そこでアレクサンドロスとアリストブロスが王殺し、親殺しを企んだとして逮捕されたことが報告されると、皇帝はヘロデに二人の王子を国外に追放し、シリア属州内のフェニキアの町ベリュトスに送るように命じた。二人の王子はローマの市民権をもっていたので、サンヘドリンで処罰することはできなかったのである。アウグストゥスは陰謀の告発がはっきりと証明されていないことから、ヘロデに寛大になるようにと誘《いざな》った。アウグストゥスはマリアンメの息子たちが有罪である可能性を信じていたのだろうか。それははっきりしないが、アウグストゥスはもはや介入せず、ヘロデが望むのであれば、二人の息子についてしたいようにすればよいとしたのである。

ヘロデは皇帝の手紙を、彼が待ち望んでいたゴーサインと解釈した。ローマ人一五〇名がベリュトスの法廷に集められた。ヘロデは民衆の面前で二人の息子が自分に対し陰謀を企んだとして非難したが、ほとんど証拠を示すことはなかった。判事らは王に減刑を求めたが、アウグストゥスがヘロデに自分の息子たちを望みのまま扱う自由を与えていることも確認された。ヘロデは息子たちに死刑を宣告すると、二人はセバステに送られ、そこで扼殺《やくさつ》により処刑された。遺体はその後、母方の祖先の墓所があるアレクサンドリオンの要塞に埋葬された。

前七年にアレクサンドロスとアリストブロスが処刑された後、もうどんな抑制も効かなくなった。ヘロデはユダヤに戻ると、軍の指揮官三〇〇人と、密かにアレクサンドロスに協力していたと告発された調髪師トリュフォンを石打ち刑とした。ヘロデの治世の最後は最も血なまぐさい時期となった。ヘロデは自身の子どもでさえも容赦することのない、かつてないほど血に飢えた暴君となっていた。

ヘロデとファリサイ派

ヘロデは皇帝アウグストゥスに倣い、忠誠の誓いを臣民に強制した。この王の命令に対し、さまざまなユダヤ教の党派が一様に対応したわけではない。当時、王に近い立場にあったサドカイ派は命令に服した。この時について王とサドカイ派の間の衝突に触れている史料はない。サドカイ派が王に敵対していたとすれば、それはヘロデが王となる前のことである。親ハスモン家のサドカイ派の人びとはすべて前三七年の粛清で排除されている。

エッセネ派は律法に非常に厳格で、王というものは神によってのみ選ばれるとしていたが、ヘロデからは敵視されていなかった。王権を支持する一方で、宣誓に応じることは拒否していた。しかし、ヨセフスによれば、ヘロデは彼らの自由に任せていたとされる（『古代誌』一五372―373）。また、ヘロデはエッセネ派の指導者マナヘムとその共同体を尊重していたともいう。

ヘロデの治世末期にヘロデと最も激しく敵対したのはファリサイ派である。[13] 彼らは当時、ユダヤ教の主流派を形成していたが、それは資金力や権力という点からではなく、数の多さから言えばということである。また、幅広く民衆の支持を受けており、その活動は宗教的なことだけでなく、社会的、政治的なことにも広がりを見せていた。

しかし、ファリサイ派の敵対は前六年になるまではっきりと現れることはなかった。ヘロデの治世始めには指導者サメアスとポリオンの下、王とは曖昧な関係を維持し、その権威は受け入れても、すべてにおいて服従してはいなかった。前四六年、若きガリラヤ総督であったヘロデがサンヘドリンに召喚されると、サメアスはサドカイ派に対抗し、ヘロデを擁護している。エッセネ派と同様、ファリサイ派も少なくとも当初は忠誠の宣誓を免除されていた。それはファリサイ派が広く支持されていることを恐れての譲歩だった。しかし、前六年、ヘロデはこの決定を撤回し、宣誓を拒否する者に罰金を課した。フェロラスの妻が王に支払うべき罰金のすべてを支払ったと告げたのはこの時のことである。義妹が敵対的なファリサイ派を支持したことにヘロデは激怒し、弟に対して、かつて使用人であったこの女性をすぐに離縁するようあらためて要求した。しかし、フェロラスはこの時もそれを拒み、妻と別れるくらいなら死んだ方がよいと王に返答した。そこで王は宮廷への出入りを禁じ、彼女と離縁しない限り、周囲の人びとと接触することも禁じた。

ヨセフスの好奇心をそそる記述（『古代誌』一七44―45）は、ファリサイ派が若い宦官ボゴアスと、ヘロデと寝所を共にする非常に美しい青年カロスと接触できたことを伝えている。年老いた王には多くの女性がいたが、去勢されていたかどうかはともかく、若者たちを傍らに侍らせていた。王の愛人二人と知り合ったファリサイ人がおり、その若者二人に神が暴君の治世を終わらせるために選ばれたのだと信じさせたのである。恐るべきホロフェルネスを剣で一突きにして殺した美しきユダヤの女性ユディトの物語から着想を得たとも考えられるが、偶然にも、ユディト記にあらわれるホロフェルネスの宦官もボゴアスという名だった（ユディト一二11）。このファリサイ人たちは、王と枕を共にするボゴアスとカロスがユディトのように、その主人である王を殺しても問題はないと考えていた。ファリサイ人によれば、ヘロデの死が神に油注がれた者、すなわちメシアの到来をもたらすことになっていた。それによって、ユダヤ人は救われ、去勢されたボゴアスも神の恩寵によって男性機能を回復し、子をなすことさえできるとされ、メシアはおのずから宦官ボゴアスを「父である恩恵者」と見なすとされていた（『古代誌』一七45）。これは神によって約束された未来の王というテーマをヘロデの敵が政治的に利用できたという驚くべき事例である。陰謀を企んだファリサイ派はエレミヤとエゼキエルの預言――「私はダビデのために正しい若枝を起こす」（エレミヤ二三5）、「私は彼らの上に一人の牧者を立て、彼らを養わせる。それはわが僕《しもべ》ダビデである。……主である私が彼らの神となり、わが僕ダビデが彼らの中で指導者《ナシ》となる」（エゼキエル三四23―24）――をよりどころとして、実現させようとしていることを信じさせることができた。また、マカベア時代に遡る文学的な主題、ユディト、エステル、スザンナといった女性や、宦官であったかもしれないダニエルのような幼い少年など、弱いとされる者が神に選ばれ、力を持つ者と対決するという主題も利用している[14]。ヨセフスが伝える陰謀は一見すると、驚かされるものだが、このように預言書や文学に基づいたものなのである。また、陰謀の記述はファリサイ派が民衆の中の素朴な人びとや、読み書きができず性的な奉仕を強要されたボゴアスやカロスのような若者など暴君の「犠牲者」たちには否定しがたい独特の影響力をもっていたことを教えてくれる。フェロラスの妻となった美しき奴隷もこれと同じカテゴリーに属している。王への誓いを拒絶した人びとのために罰金を払ったことからわかるように、彼女もファリサイ派に大いに共感していた。愛情と性に関することは社会階層間の関係を狂わせる。民衆に近かったファリサイ派はこのことをよく理解しており、それゆえ、奴隷にして愛人であった者たちに王を刺させようとした。しかし、今度もまた、王宮を監視させていたサロメが陰謀に気づき、すべてを兄ヘロデに明かすと、ボゴアスとカロスは処刑され、二人と接触していたファリサイ人も同様に処刑された。

後継者に指名されていたアンティパトロスは、この時、大いにその権威を高められていた。父ヘロデとともに王位を共有し、実質的に副王となっていたが、その地位に満足できず、すぐにでも父親の持つものすべてを手に入れたいと望んでいた。ヘロデはこの時、それにまったく気づいておらず、アンティパトロスを自分の死後の後継者と指名した遺言を持たせてローマへ派遣した。しかし、サロメは警戒していた。アンティパトロスが関与した新たな陰謀を把握したのである。イタリアへ出発する前に、アンティパトロスは側近のアンティフィロスを介してアレクサンドリアから密かに毒薬を取り寄せていた。母親のドリスが共謀しており、兄弟のテウディオンにその毒薬をヨルダン川東岸のペレアの四分領に引きこもっていたフェロラスの宮殿まで運ばせた。そして、アンティパトロスが戻るまで、フェロラスとその妻がそれを保管していたというのである。

だが、この間にフェロラスは病死し、ヘロデによりエルサレムに埋葬された。その後、サロメがアンティパトロスの計画を王に暴露する。ヘロデの手の者によって毒薬の一部がフェロラスの住居から発見されると、フェロラスの妻は窓から身を投じて自殺を試みたが、未遂に終わった。彼女は逮捕され尋問を受けると、アンティパトロスから陰謀を聞かされたと白状した。ヘロデは息子アンティパトロスをローマから帰国させ、到着するとすぐに投獄した。

裁判はアンティオキアから出張して来たシリア総督P・クインティリウス・ヴァルス臨席のもと、エルサレムで開かれた。ヘロデがサロメを傍らにおいてアンティパトロスを陰謀の罪で告発すると、その後をダマスカスのニコラオスが引き取り、主君のためにその雄弁なる弁舌を用いた。王に気に入られることを第一と考える判事たちによって、ヘロデの子アンティパトロスは有罪とされた。ヘロデはアウグストゥスに書簡を送り、アンティパトロスを処刑する許可を求めた。たとえ息子であっても、ローマに従属する国の王にはローマ市民を処刑する権限がなかったので、この手続きが必要だったのである。アウグストゥスは好意的な対応をした。かつてアレクサンドロスとアリストブロスにかけられた告発とは異なり、この時は陰謀が疑いないように思われたのだろう。ヘロデは護衛の一人に罪人の処刑を命じ、アンティパトロスの遺体は葬儀なしでヒルカニアの要塞に埋葬された。

前四年、間もなく七〇歳になろうとしていたヘロデが病にかかり、病状が悪くなる一方ということになると、王はもう長くない、すでに死の床に就いているといった噂が広まった。サリフェオスの子ユダとマルゴラトスの子マタティアに率いられた四〇人ほどのファリサイ派のグループがこの機会を捉えて、神殿の門の一つによじ登り、王がそこに設置させた金の大鷲の像を取り外した。この行動は日中のことであった。鷲は地上に引き倒されると、動物の像の制作をユダヤ人にはっきりと禁じているモーセの十戒の「第二戒」に反するという理由で、斧で破壊された。実行した者たちは王の部隊に捕らえられたが、その行動を後悔してはいなかった。反対に、律法を遵守することで、神への侮辱に対する報復をしたのだと明言した。ヘロデは犯人たちをエリコに送り、そこで最高法院サンヘドリンが召集され、審理が開かれた。ヘロデは非常に衰弱していたため、寝椅子でそこへ運ばれた。オアシスに到着すると、最後の演説を行い、巨額の費用をかけて神殿を再建したことを思い起こさせ、不信心な者たちが大胆にも剝ぎ取った金の大鷲は、その時に神殿に奉納した見事な装飾品のうちのひとつであると訴えかけた。ユダ、マタティア、四〇人のファリサイ人は火刑に処せられた。

この「鷲の事件」はファリサイ派もヘロデも、見方によっては等しく正しいと思われるので、非常に興味深い。四〇人ほどのユダヤ人がその鷲は律法への違反であると考えていたことは疑いない。しかし、王が神殿再建に多大な資金と労力を捧げた後に、わざわざ瀆神の罪を犯したというのもおかしな話であろう。この事件に関するヨセフスの記述も問題がないわけではない。そもそも問題となった神殿の門とはどの門のことなのだろうか。祭司のみが出入りを許された神域の主要な施設に、敬虔なユダヤ人を自認するファリサイ人が侵入できたというのも疑わしい点である。ヘロデの鷲の意義を説明するさまざまな仮説については次章で取り上げることにしよう。

ヘロデはまた、ユダヤ各地で捕らえた多くの敵対者をエリコの戦車競技場に幽閉した。そして、妹のサロメとその夫で今や宰相となったアレクサスに、もし自分が死ぬようなことがあったら、そのすべてを護衛の弓兵に虐殺させるよう命じた。その動機は明らかではない。捕らえられた者たちは裁判を期待していたのだろうか。王の死後、不可避に起こるであろう移行期に王国を平穏に維持するための人質だったのだろうか。それとも、ヘロデは復讐という最後の欲求を満たそうとしたのだろうか。いずれにせよ、サロメとアレクサスはこの命令を実行しなかった。

王の病はその後、悪化の一途を辿った。呼吸が困難になり、発熱と激しい下痢に襲われていたとヨセフスは伝えている[15]。性器が化膿し、まるでそこから蛆虫が出て来るかのようであった。吐く息は臭く、側の者たちは敬遠するようになった。これまで、がんや腎臓の疾患、肝硬変などを患っていたなどといった想像がされてきた。実際、ヨセフスは互いに矛盾するほどに様々な病状を挙げて楽しんでいるようでもあり、そうすることでヘロデの瀆神を神が罰したのだと示そうとしている。病と死を前にした苦しみはまさに王が犯した罪の報いであった。近年、Ｍ・Ｃ・Ａ・マクドナルドが研究したサファ語の碑文にヘロデの恐るべき病に関するヨセフスの記述を確認させる言及があった[16]。この話題が現ヨルダンの砂漠地域でも語られていたということになる。そこでもまた、王の病は神の罰に他ならないと見られ、教訓とすべき道徳的説話となっていたことは疑いない。

注

（1）D. R. Schwartz, «Josephus on Hyrcanus II», F. Parente & J. Sivers (eds.), *Josephus and History of Greco-Roman Period. Essays in Memory of Morton Smith*, Köln/Leiden/New York, 1994, p. 210-232.
（2）ローマにおいてインペラトール（imperator）という用語は、戦勝をおさめた司令官を意味する。
（3）三頭政治とは、ローマで三人の影響力ある人物、ポンペイウス、クラッスス、カエサルによって権力が共有されていた状況を指す。
（4）エピトロポスとは、ローマの支配層が属州や重要な組織の長として設置した高位の公職である。
（5）アングロサクソン系の歴史家はユダヤ人の抵抗運動を一般に「テロ行為」と定義している。E. M. Smallwood, *op. cit.*, p. 44 参照。
（6）バビロニア版タルムード（サンヘドリン篇９ａ）がこの審理の様子を伝えている。
（7）Smallwood, *op. cit.*, p. 45.
（8）ローマにおける独裁官職は通常六か月間の任期で、全権を与えられた最高位の公職である。しかし、カエサルは終身独裁権を付与されていた。
（9）ヨセフスの記述では、かなり遅い段階になるまでヘロデのこの称号は現れていない（『古代誌』一七246）。しかし、前四〇年にはヘロデが王とされていたことは明らかである。A. Schalit, *op. cit.*, p. 147 参照。
（10）Smallwood, *op.cit.*, p. 70.
（11）バビロニア版タルムード（ババ・バトラ篇３ｂ）にはマリアンメの死と、彼女へのヘロデ王の愛についての伝承が残されている。

（12）ヘロデの建築活動については研究が進んでおり、以下の文献参照。D. W. Roller, *op. cit.*; A. Lichtenberger, *Die Baupolitik Herodes des Grossen*, *ADPV*, Wiesbaden, 1999; S. Japp, *Die Baupolitik Herodes des Grossen. Die Bedeutung der Architektur für die Herrschaftslegitimation einer Römischen Klientkonigs*, Rahden, 2000; E. Netzer, *The Architecture of Herod, the Great Builder*, *TSAJ*, Tübingen, 2006.

（13）ヘロデとファリサイ派についてはS. Mason, *Flavius Josephus on the Pharisees. A Composition-Critical Study*, Leiden/New York/Copenhagen/Köln, 1991, p. 116-119; 260-280参照。

（14）M.-Fr. Baslez, *Bible et Histoire. Judaïsme, hellénisme, christianisme*, Paris, 1998, p. 87.

（15）彼の症状については、N. Kokkinos, «Herod's Horrid Death», *BAR* 28, 2002, p. 28-35参照。

（16）サファ語はシリア砂漠の遊牧民が使用していたセム語系の言語。M. C. A. Macdonald, *art. cit.*, p. 285-290.

第2章

プロパガンダと王のイデオロギー

ヘロデは前四〇年、パルティアの支援を受けて王位についたアンティゴノスがらユダヤの支配権を奪取するための手先として選ばれ、ローマ元老院から王に任命された。前三七年にアンティゴノスを破り、彼を死に追いやるまで、ヘロデは王国を手に入れるために戦わなければならなかった。これがヘロデの権力の始まりに関する歴史的現実である。しかし、公的な演説においては王国をローマ元老院の決議により手に入れたことを思い起こさせないように注意していた。アンティゴノスに対する三年にわたる戦争の間、ヘロデは自分が神の加護を受けていると信じ込ませるような奇跡譚を流布させた。エリコでは会合を行っていた一室の屋根の崩壊から神の手によって逃れ、その少し後には、たった一人で、しかも裸であったにもかかわらず、暗殺のために浴室に忍び込んだ三人の武装した敵を追い払ったという話などである。これらのエピソードはヘロデがその治世の間に展開した神権的プロパガンダの原点である。ヘロデは自分を王位につけたのは神であるとし、その権力は神に発するもので、神自身がかつてダビデを王にしたように、自分を選んだと主張したのである。

ヘロデは同時代の他の君主と同じように、その威信やカリスマ性を高めるようなイメージを広げようとした。(1) ダマスカスのニコラオスは王の助言者や側近の中にあって、ヘロデ朝の政治的喧伝という重要課題の精査を委ねられていた。(2) ヨセフスはニコラオスが常にヘロデの行為を賛美し、その罪過を弁護しており、あまりにヘロデに都合のよく描いていると非難し、不信感を露わにしている（『古代誌』一六183）。ダマスカスのニコラオスの著作の大部分は失われているので、ヨセフスの記述や、碑文、硬貨に残された図案などの研究を通してヘロデ王のイデオロギーの復元が可能になる。

1　ユダヤの王ヘロデ

ヘロデの自己認識

アンティゴノスは宿敵ヘロデがイドマヤの出身であることを常に喧伝していた（『古代誌』一四404）。ヘロデの父アンティパトロスは、ハスモン朝のヨハネ・ヒルカノス一世が占領地で実施したユダヤ化強制政策の際にユダヤ教に改宗した家系の出身であった。改宗はそう古い話ではなく、一族で最初にユダヤ教徒になったのはアンティパトロスの祖父であった[3]。ヨセフスによると、ヘロデの母キュプロスはアラビアの高貴な一族の出身で、ユダヤ人ではなかった（『古代誌』一四121）。しかしながら、アンティゴノスがヘロデを指して用いた「半ユダヤ人《ヘミ・イウーダイオス》」という表現はヘロデの母がユダヤ教徒ではなかったことによるのではない。後には母系の出自がユダヤ人としてのアイデンティティを決定するようになったが、古代においてそうではなかった[4]。ヘロデが「半ユダヤ人」と呼ばれたのは父方のイドマヤの出自を指してのことであり、「なりたてのユダヤ人」というような意味だったのである。エドム人の後裔であるイドマヤ人がしばしば蔑視の対象であったことも付け加えられるだろう。それぞれの先祖ヤコブとエサウの兄弟との比較において、イドマヤ人はユダヤ人より「劣った存在」と見なされていた。創世記の物語以来、ヤコブ＝イスラエル、エドム＝エサウの対立は地位の差を強調するものとされていたのである（創世記二五30、三六1）。

母親がユダヤ人ではないことは決定的なことではなかったとしても、ヘロデを誹謗しようとする者の目には腹立たしい状況であった。外国人の妻というテーマは聖書においては偶像崇拝と結びつく。ソロモンのユダヤ人ではない妻たちは夫ソロモンを唆して「異教の」神々を礼拝させたし（王上一一1—4）、後にはアハブ王のフェニキア人の妃イゼベルがイスラエル王国にバアル崇拝を導入させた（王上一六31）。こうしたことすべてがユダヤ人の目からすれば、ヘロデの王としての正当性をよりいっそう疑わしいものにしていたのである。

ヘロデは家系がもつ欠点を補うため、自らをハスモン朝と結びつける婚姻政策と、虚構の家系図の作成という二つの手段に訴えた。前三七年のエルサレム包囲の間、ヘロデはまだエルサレムを手にしていなかったが、ヒルカノス二世の孫娘であるハスモン家のマリアンメと結婚する。王女マリアンメはヘロデを以前の支配者であるハスモン朝と結びつけ、マカベア家の子孫である後継者をヘロデにもたらすことになる。

その後、ヘロデはユダヤ人が受け入れられる「高貴な」家系を自分のために生み出した。この公式な家系図の創出はダマスカスのニコラオスに任され、ヘロデはバビロンからユダヤへ帰還した高貴なユダヤ人一族の末裔に位置づけられた。前六世紀末に神殿を再建するためにキュロスに選ばれたユダヤの王族ゼルバベルがはっきりとヘロデの先祖とされたのである。しかし、ヨセフスは騙されず、その家系図はまったくあり得ないものであると非難した（『古代誌』一四9）。ダマスカスのニコラオスは王のために虚構の系図を作り上げたとき、ヘレニズムの諸王国での慣行を参考にしていただろう。プトレマイオス朝はアドゥリスの石碑に刻まれたプトレマイオス三世エウエルゲテースの戦勝碑文が示すように、ヘラクレスとディオニュソスを経たゼウスの子孫と主張した（*OGIS* 54）。セレウコス朝も同様で、歴史家ユスティノスが伝えるように、アポロン神が祖先と主張している（『フィリポス史』一五・四4〔ポンペイウス・トログス『地中海世界史』ユニアヌス・ユスティヌス抄録、合阪學訳、西洋古典叢書、京都大学学術出版局、一九九八年、242頁〕）。もちろん、ユダヤ教の文脈では神を祖先とすることはいかなる場合もあり得ない。しかし、ユダヤ人には、ゼルバベル、また、特にダビデは「神話的な」支配者のように作用するだろう。ダビデはプトレマイオス朝におけるヘラクレスやディオニュソスと同じように、ユダヤの王の理想形となり得るのである。それゆえ、ダマスカスのニコラオスが創作した系図の背後にあるヘロデの利害に人びとははっきりと気づいただろう。プロパガンダは現実という壁にぶつかった。ユダヤやその他の地域において、ヘロデがバビロニア系ユダヤ人の出自を持つと信じる人はほぼいなかったのである。

アンティゴノスによるプロパガンダの効力を損なうために、ヘロデは敬虔に振る舞うことで自らをユダヤの王として示した。前三七年、エルサレムを攻略すると、ヘロデは町での略奪に反対し、破壊を防いだ。神殿の聖性を保ったことで、結果的に臣民の守護者としての姿勢をとることができた。その目的はアンティゴノスの撃破と、ローマの部隊によるエルサレム奪取を真の解放にすることであった。兵士たちは勝者の権利である略奪による利益への欲望をむき出しにしていたが、最終的にはローマのシリア総督ソシウスがその要求を受け入れ、略奪は回避された。ソシウスはエルサレムから引き上げる前に、神殿に黄金の冠を奉納さえした。ヘロデは――彼自身の言葉によると――瓦礫の山を王都とすることを望まず、王国の安定のためにエルサレムの暴力的な占領を避けたことで長期的な利益を得た。つまり、エルサレムは武力で征服されたのではなく、アンティゴノスとその同盟者パルティア人の不当な支配から解放されたということにできたのである。ヘロデは巧みに二つの戦場で同時に敵に勝った。軍事面ではローマの援助を得て、外交面ではソシウス周辺への個人的な調停によって勝利をおさめたのである。その後、ヘロデはこのエルサレム解放という話題から引き出せるものをすべて引き出して、それを利用した。この治世第三年はヘロデの硬貨にあらわれる唯一の治世年であり、本章で後述するように、王の勝利と解放を記念する年なのである。

考古学者ヤディンがマサダで発見した一連の壺、アンフォラは、ヘロデが自らユダヤの王を自認していたことを証明してくれている[5]。ヘロデのためのワインが入っていたそのアンフォラの胴部からは黒い塗料で記されたラテン語の碑銘を読み取ることができる。

C・センティウス・サトゥルニヌスが執政官《コンスル》を務めた（年）
L・ラエニウスの所領のフィロンのワインを、
ヘロデ王に、ユダヤ人に適切なものとして

C. SENTIO SATVR(NINO) CO(N)S(VLE)
PHILONIAN(VM) DE L. LAEN(II FVNDO) REGI
HERODI IVDAEIC(E)

C・センティウス・サトゥルニヌスが執政官であったという記述は、このアンフォラが厳密に前一九年のものであることを明らかにしている。通常、ローマの執政官は二人だが、この年は一人しかいなかった。ラエニウスが葡萄畑の所有者で、フィロニアヌムという表現によってワインの製造者がフィロンという人物であることが示されている。しかし、ここで最も興味深いのは、イウダエイケという表現である。ワインの納入業者はヘロデをユダヤ人と見なしていた。この短い碑文の中で王のユダヤ性が強調されているのは、もちろん偶然ではない。アンフォラに詰められているワインはユダヤ教の清浄規定に従ったものであることがそこに示されている。納入業者は王に送られたこのワインが、ユダヤ教徒が飲むことのできるものであることを証言しているのである。

マサダの岩山の北西に建てられた小さなシナゴーグも王とその宮廷がユダヤ教の教えを熱心に守っていたことを示しているように思われる。それは一二・五×一〇・五メートルの長方形の会堂で、城壁に組み込まれて、エルサレムの方角に向いている。この建築物はユダヤの大蜂起（第一次ユダヤ戦争）六六―七三年）の時には、シカリ派によってシナゴーグとして利用されたが、ヘロデの時代にすでにユダヤ教の祈りの場として用いられていた可能性は十分ある。(6)

また、マクロビウスによると、アウグストゥスはヘロデの息子たちが処刑されたという知らせを聞いたとき、

「ヘロデの息子より、彼の豚の方がよい」という洒落を口にしたという（『サトゥルナリア』二・四11）。ギリシア語で発せられたこのフレーズは、息子を意味する「ヒュイオス」と豚を意味する「ヒュス」を掛けたものであるが、いずれにしても、アウグストゥスはユダヤ教徒を自認するヘロデが食物に関する禁止規定を尊重していたことを皮肉を込めて強調している。つまり、ヘロデは息子はすぐに殺してしまうが、豚はヘロデを恐れる理由はないのだ〔豚はユダヤ教の規定では食用にされることも犠牲として捧げられることもない〕。

ヘロデ大王が喧伝したユダヤ性の証しはヨセフスの著作にも見られる。前三一年、大地震の混乱につけこんでアラブの遊牧民がユダヤに攻め込んできたとき、ヘロデは長時間にわたる演説を行い、兵士の多くに感銘を与えた。ヨセフスは賞賛のうちにその全文を伝えている（『古代誌』一五127―146）。また、ヨセフスはヘロデがこの時まで兵士たちに語りかける習慣を持たなかったことも指摘している。つまり、これが彼の公の場における最初の大演説だったのである。その内容は非常に興味深い。そこにはヘロデのプロパガンダの主要なテーマと基盤が現れていると言える。ここにその抜粋を示しておく。

われわれは最も貴重な教義と、最も神聖な律法を、神が遣わされた天使を通して学んできた。（……）おそらくある者は言うだろう、神聖なるものと正義はわれらの側にあっても、敵はより勇敢で、数も優っていると。しかし、お前たちがそれを言ってはならない。正義の人は神とともにあり、そして神とともにある者こそ、勇敢さでも数の上でも敵を凌ぐのだ。（……）これらのこと、もっとも大切なこと、それは神が常にお前たちの保護者であるということ、これらのことを心に留め、友情を裏切る者、戦の法に背く者、神に遣わされた者を冒瀆する者、そしてお前たちより常に勇気で劣る者たちに向かい、堂々とそして猛然と進め」。この演説を聞くと、ユダヤ人たちは戦闘に向けて意欲を高めたのである。そこでヘロデは慣例に従い犠牲を捧げると、彼らを率い、急いでアラブ人に向けてヨルダンを渡ったのである。

（『古代誌』一五136、138、146―148）

このようにヘロデは神やユダヤ教のことを常に口にしていた。冒頭に一人称複数の「われわれ」が用いられているように、ヘロデは自らをユダヤ人、ユダヤ教徒と認識していたのである。

ダビデとソロモン――ヘロデの理想

後に、ヘロデは神殿の再建に先立って行った演説で神の力により王国を獲得できたと語る（『古代誌』一五387）。[7]神に油注がれた者、メシアとしての役割を受け継ぐ者、つまり、ダビデの後継者として正当なユダヤの王となったというのである。メシア（〔ヘブライ語〕マシアハ）という語はもともと王家や政治を主導する人物を意味していたが、ヘレニズム時代末期のユダヤの信仰において、この世の終わりに到来する終末のメシアを意味するようになり、黙示文学を通して広く知られるようになった。[8]ヘロデにおいてはダビデの後継者をすべてメシアとする伝統的な王によるメシア観がとられている。ヘロデは自身を神の法に基づく君主であると主張し、民族の神に選ばれた者という古代の神権政治を再び実現させた。この神による選択という思想はR・ドゥ・ヴォーが指摘するように、古代オリエント全体に共通するものである。[9]

ヘロデがかつてのソロモンのように油を注がれたのかどうかは疑問である。ヘロデはその治世の始めに、聖書に記された手本に従った本来の油注ぎの儀式を行ったと演説で述べているだろうか。O・エドワーズによると、ヘロデのユダヤ王としての戴冠は前三六年ニサンの月一日のことである。[10]しかし、ヨセフスが触れていないことから、これは疑わしい。この沈黙は油注ぎの儀式が行われなかったことを示唆する。この儀式は神殿で行われるべきものであっただろう。ソロモンはキドロンの谷にあるギホンの庭の近辺で、大祭司ツァドクによって王として聖別されたかもしれないが（王上一33）、この時にはまだ神殿は建設されていなかった。それに対して、ユダの王ヨアシュ（前八三五―八〇二年頃）は大祭司ヨヤダから「主の神殿」で油注ぎを受けている（王下一一10―12）。ところが、ヨセフスの記述からうかがわれるように、ヘロデは神殿に入ることができなかったし、それを望んでもいなかった（『古代誌』一五420）。ダビデとソロモンの模倣をプロパガンダの重要な部分としていたが、上述したような家系の「非正統性」のため、その理想を完全に再現することはできず、「ダビデ化」や、メシアとしての振る舞いを程々にしておかなければならなかった。ヘロデは神殿での伝統的な油注ぎを行わなかったことによって、こうしたメシアにまつわる主題をその時代の別のメシア的な人物ではなく、自分自身に適用させたのである。

マタイ福音書における東方の三博士のベツレヘム訪問の物語（マタイ二）は、歴史的には疑問はあるが、ヘロデをメシアとするプロパガンダに影響されているようだ。それゆえ、それを単なる作り話と決めつけて、無視するべきではない。物語の作者はヘロデのプロパガンダの反響をうまく利用して、ヘロデのイデオロギーにおいては正しい文脈の中にイエスの誕生をはめ込んでいる。ヘロデはその支配を正当化するため、自分をメシアとして認めさせようとしていたので、新たにベツレヘムで生まれた幼児は排除すべき危険なライバルでしかなかった。それゆえ、福音書記者あるいはその資料は新しい王の誕生を知らせる星が現れた際のヘロデ王の不安を書いたのである（マタイ二3）。しかし、この一節はヘロデの思い違いも示唆する。ヘロデにとってのメシアは政治的であり「民族的」なものだったが、イエスは普遍的な使命を備えた超越的なメシアを体現していたのだ。したがって、新たに生まれた子は地上の王と競合する者ではなかったのである。

さらに別の史料を参照することができる。実際のところ古代に遡ることが疑われるので、引用はためらわれるが[11]、それは東方正教会の典礼言語であるスラヴ語に翻訳された一五世紀から一八世紀にかけての『ユダヤ戦記』の写本である。この「スラヴ語版ヨセフス」はギリシア語版には見られない二二の節を含んでいるので、ギリシア語からの翻訳ではないとされる。一九二八年、Ｈ・Ｓ・Ｊ・サッカレーは、ヨセフスが『戦記』を最初にアラム語で執筆し、スラヴ語版はそれを翻訳したものであるとする仮説を提示し、両者の違いを説明しようとした。しかし、この問題を考察した研究者の大半は、スラヴ語での追加部分は中世の加筆と考えるのがより妥当と判断している。また、『ユダヤ戦記』はキリスト教徒に空白と思われていた部分を埋めるために中世の「翻訳者」によって受容されたとされる。スラヴ語版におけるおもな加筆箇所八か所はイエス、洗礼者ヨハネ、キリスト教会の起源に関するものなので、この説明の方がありそうなことである。

スラヴ語版『戦記』第一巻に加筆された一節には、神殿祭司の間で行われたヘロデがメシアであるのかどうかをめぐる議論が記されている。律法学者たちはヘロデがユダヤ人ではなく、その統治が血にまみれていることから、ヘロデをメシアとは認められないとした。しかし、レビという名の祭司がヘロデを擁護する。しかし、その主張が律法ではなく、王の演説の一節に依拠したものであったため、他の祭司から非難される。レビはヘロデに忠誠を誓った祭司で、神殿内部で王のプロパガンダを方向づける王の代弁者となっていたのである。さらには、ヘロデのメシアとしての性格を承認しない者を王に密告している。この箇所はヨセフスの筆によるものではないかもしれないが、偽作者がヘロデのプロパガンダの基本についてよく知っていたことを教えてくれている。

前三一年、ヘロデは自分の部隊に向けた演説の後（『古代誌』一五126）、慣習に従って犠牲を捧げることを命じた。強く宗教的な印象を与えた壮大な演説に相応しい終わり方である。犠牲を捧げることは少なくとも演説と同じくらい重要であった。ダビデとソロモンは常に神への犠牲を捧げており、ヘロデは犠牲を捧げることで自分をダビデ朝の伝統の中に位置づけることができた。ダビデは犠牲を捧げる王の典礼服である亜麻のエフォドに身を包み、雄牛や子牛を生贄として捧げた（サム下六13―14、17―18）。ソロモンも同じように、神殿の祭壇で少なくとも年に三度は犠牲を捧げている（王上八5、62―64）。

ヘロデが大祭司を意のままに任免でき、自分の「お気に入り」で、脆弱な権威しか持たず、カリスマ性を欠いた人物を任命し、祭司の地位を貶めたという記述を目にすることがある。その最も典型的な例は、バビロニアのユダヤ人アナネルである。前三七年に大祭司に任命されたが、前三六年に廃位され、アリストブロス三世が暗殺された後、再びその地位に任命された。ハスモン朝時代には王《メレク》の称号よりも「大祭司《コーヘン・ガドール》」の称号が上位と見なされ、その称号を持つものが事実上の支配者であった。ヨナタン、シモン、ヨハネ・ヒルカノス一世が大祭司で十分満足していたのはこのためだが[12]、ヘロデはこの伝統を断ち切ったのである。

ハスモン朝時代とは異なり、ヘロデの治世下で最も重要だったのは王の称号である。王の独裁体制は大祭司を弱体化させたが、王政が正当である理由はそれよりも古い時代に遡ることができる。ヘロデはハスモン朝の習慣とは異なるダビデやソロモンの王政時代を再現できると確信していたのだった。聖書によると、この二人の王の権威は大祭司の権威を制限していた。大祭司は単なる祭司階級の長であり、君主は意のままにその任命や罷免ができた（サム下八17、二〇25、王上二26―27、四2）。しかしながら、ヘロデはダビデとソロモンのスタイルを完全に再現したわけではなかった。ヨセフスはヘロデが自ら神に犠牲を捧げたという事実は伝えていない。ダビデやソロモンは大祭司に代わり、自身で直接、契約の箱や祭壇に関わったが、それとは対照的にヘロデは供犠を命じるだけだった[13]。家系の「けがれ」のために、ヘロデは神殿の最深部に立ち入ることができず、犠牲式を行う祭司の役割も果たせず、その権利を主張することもできなかった。そこで祭司らにそれを委ねたのである。しかし、ヘロデは儀式を王に代わって執り行う大祭司には影響力がなく、カリスマ性に欠ける人物を選ぶようにしていた。

この抑制的でもあり、また権威主義的でもあったという点でいくぶん曖昧な状況は別のところから明らかになる。王の演説の後、供犠を行った祭司たちの存在にヨセフスは言及していない（『古代誌』一五126）。王が祭司としての役割を果たす立場になかったとしても、祭司が言及されていないことで、ダビデ時代のように王が儀式を主導していたことは十分に強調されている。ヨセフスはヘロデが自ら供犠を行うことはできなかったが、彼の代行者である祭司たちがヘロデの存在を覆い隠すこともできなかったと伝えているのである。

神殿再建事業もいにしえの聖書の王たちを模倣するという同じロジックで行われた。最初の神殿建設はソロモンの手によるものだが、ダビデが最初に計画を発案し、生前に息子や後継者たちに建設を命じていた（サム下七

2)。エルサレムでヤハウェのために最初の祭壇を建立したのもダビデである（サム下二四25）。それゆえ、ダビデとソロモンという二人の王を切り離して考えることはできない。彼らは同じ特徴を持ち、ともにヘロデのプロパガンダにインスピレーションを与えていたのである。統一王国の創始者であるこの二人の王に、第三の人物としてユダの王ヨシヤ（前六四〇頃―六〇九年）を加えることができる。ヨセフスによると、ヨシヤ自身、ダビデを理想としていたし（『古代誌』一〇49）、その治世を通して神殿の修復に取り組んだこともその理由である（『古代誌』一〇56）。

ソロモン神殿は前五八七年、ネブカドネツァルによってエルサレムの町と同時に破壊されたが、その後、キュロス、次いでダレイオス一世がユダヤ人たちに神殿再建を許可した。後の第二神殿となるその建造物の再建を主導したのがユダヤの王子ゼルバベルである。しかしながら、この建造物は過去の神殿と比べて小規模なものだった。ヘロデは第二神殿がソロモン神殿よりもみすぼらしいことをもって、堂々とその再建に介入し、神殿だけでなく、この建造物が具現化する偉大な過去の真の復興者として自己表現をする理想的な口実を得たのである。神殿をより大きく、また、より美しく変容させることで、ヘロデは偉大なる先人たちの後継者に連なることができた。また、それによってヨシヤ王の偉大なる敬虔さを再現することもできた。ヘロデは民衆を前に神殿再建という大いなる構想を表明した演説において、最初の「信仰の原型」（『古代誌』一五386）と表現したソロモン神殿を蘇らせようとした。彼は臣民を集め、次のように述べた。

もっとも困難な状況にあっても、余はお前たちの利益を考えなかったことはないし、余が築いたあらゆる建築物においては、余は余の安全よりお前たちの安全を図ったのだ。そして、神の意志によって、余はお前たちに、ユダヤ民族（エトノス）として、かつてないほどの繁栄をもたらしたのだ。われらの国や、諸都市に、そして新たに獲得した領地に建立したさまざまな建築物において、その華麗な装飾によってわれらの栄光を大きくしていることも、お前たちがそれをよく知っている以上、それらについて語る必要はない。しかし、余がこれから成し遂げようとお前たちに提案することは、おそらく最も敬虔で、最も美しい計画である。われらの父祖がバビロンから帰還した後、偉大なる神のために建設した神殿は、ソロモンによって建造された第一神殿よりも六〇ペキュスも低いものである。しかし、神殿の規模が小さかったとしても、その信仰の義務を欠いていたとして、われらの父祖を咎めるべきではない。それは彼らの過ちではないからだ。その責任は建造物の大きさをそのようにすべしと命じたキュロスや、ヒュスタスペスの子ダレイオスにある。当時われらの父祖は彼らに、その後もその子孫らに、次いでマケドニア人に服従していたので、信仰の原型を昔の大きさに復元する機会を持ち得なかったのである。しかし、今や、神のご意志により、余が統治し、長きにわたり平和が続き、多額の富と収益を得て、われらは豊かさの時代を享受している。さらに、これは最も重要なことであるが、世界の支配者ともいうべきローマ人はわれらの誠実な友人である。そこで余は父祖の時代の強制と従属による過ちを正し、敬虔な行為によって、神が王国に与えられたものに対し、感謝を捧げたいのだ。

（『古代誌』一五383―387）

このように、ヘロデは信仰と神への供犠をあらゆる政治的意図の下に明確に位置づけ、その信仰心を神殿再建によってはっきりと見せつけようとしたのである。工事はありとあらゆる清浄規定を尊重し、細心の注意を払って行われた。王は工事については距離を置き、石工や大工の訓練を受けた祭司らに委ねた(14)。

再建工事が完了すると、神殿はヘロデのプロパガンダと信仰心を強調するための中心的な役割を果たすようになる。新神殿の落成を祝うため、大規模な祝祭が催された。ヨセフスによると、ヘロデはこの時、三〇〇頭の牛を供犠のために奉納した（『古代誌』一五422）。ソロモンの並外れた信仰心を示すものと見なされた「二万二〇〇〇頭の畜牛」（王上八62）――現実的にはありえない数ではあるが――に比べて、ヘロデが奉納した三〇〇頭という牛の数ははるかに少ないとしても、ヘロデは聖書に記録されているソロモンがかつて催した壮大な祝祭を再現しようとしたのである（王上八54）。ヨセフスが言及する儀式には多数の臣民が集められたが、このような多くの人が集まる機会は稀であり、ある種の一体感を形成する場となった。参列した人びとはおのおの犠牲の獣を奉納した。神殿の落成式典は、間違いなくヘロデによるプロパガンダの、最も成功した事例の一つである。それは一時的にではあるが、ヘロデの権力に敵対する勢力を弱める効果があった。

ヘロデはソロモンのように神殿奉納の演説を行っただろうか。自身の信仰心を見せつけ、その治世をソロモンに結びつけることができる機会を見逃しただろうか。彼はソロモンの「われらが神、主は、われらの父祖と共にいてくださったように、われらと共にいてくださいますように。われわれを見放さないでください、見捨てないでください。われわれの心を主に向け、そのあらゆる道を歩み、命令や法、神がわれらの父祖に命じられた戒めや法、慣習を守るようにしてください」（王上八57―58）という演説の一部から部分的にインスピレーションを受けていたということもあったかもしれない。ヘロデがこの種の発言をしたとする箇所はヨセフスの記述の中にはまったく見当たらないが、そのことはあらたな疑問を生み出す。演説が行われたとしても、ヘロデは供犠を行う権限を祭司らに委ねたように、自分が任命した大祭司に奉納の演説を行う権限を委ねなければならなかったはずである。ソロモンがそうだったように、演説は通常、祭司として儀式を司る王がしなければならない。しかし、上述したように、ヘロデはその宗教的役割を果たすことができなかった。また、ダビデの伝統に則って、真のメシア、王となるための油注ぎを形式的にも受けていなかった。それゆえ、ヨセフスが奉献の演説にまったく言及していないのは、記し忘れたからではなく、演説そのものが行われなかったからと考えるべきである。繰り返しになるが、ヘロデはある意味で計算し尽くされた節度によって、ユダヤ人たちの感情を刺激しないように、ダビデやソロモンの振る舞いを部分的にしか模倣しなかった。メシアとしてのイデオロギーを再興したが、すべての典礼や儀式を復活させたわけではなかったのである。神殿再建の布告にあたっては、宗教的儀式から離れたスタンスをとり、民衆を挑発することなく、また、宗教的権威を簒奪したかのように見えることを避けていた。

聖書の記述を参照し、利用したヘロデの巧みさを示す別の事例がある。ヘロデは新神殿の落成式典を治世の始まった記念日に開催した。しかし、ヨセフスはそれがどの日であるのか詳細を明らかにしていない。そこで二つの可能性が考えられる。前四〇年にヘロデがローマ元老院によって王に任じられた日か、前三七年にエルサレムが「解放」された日である。後者は理論的には治世第三年になるが、ヘロデによる統治の実質的な始まりである。ヘロデが元老院の決定を記念して祝うことはあり得ないように思われるので、エルサレム占領の日をその記念日とするのが妥当であろう。

神殿の落成とヘロデの統治の始まりを記念する日は、その後、毎年盛大に祝われたとヨセフスは伝えている（『古代誌』一五423）。王が命じた犠牲を捧げることで式典は締めくくられた。この祭典が君主を賛美するプロパガンダとして、毎年の主要な示威行動となったのである。この儀式は前一六五／一六四年にユダ・マカバイによる神殿の清めを記念するため[15]、マカベア家が始めた「宮清め」（ハヌカー）の祝祭と比較できる。ハヌカーはハスモン朝にとって、最も重要な祝祭であった。つまり、ヘロデが純粋に一族にとっての記念となる日を自身の祝祭の日として定めようとしたのは極めて論理的なことと言えるだろう。

神殿は祭司らによって一年六か月で再建された。すべての人びとが喜びに満ちあふれた。彼らは工事の迅速さを、次いで王の熱意に対し、神に感謝を捧げた。彼らは神殿の再建を祝い、歓喜したのである。王は犠牲として三〇〇頭の牛を神に捧げ、他の者たちも、それぞれの財力に応じて同じようにしたが、その正確な数を数えるのは困難であり、ここで述べるのは不可能である。また、神殿が完成した日は、祭日となっていた王が即位した日と重なっていたが、二つの祝い事が同時に行われ、その祝祭は実に盛大なものとなった。（『古代誌』一五421―423）

ヘロデのプロパガンダはまた、ヘレニズム君主、特にプトレマイオス朝が行っていた政治・宗教的な示威行動からも着想を得ている。たとえば、ヘロデにとって神殿の広場は、プトレマイオス朝の王妃クレオパトラにとってのアレクサンドリアのギムナシオンと同じ役割を果たしていた[16]。この二つの事例において、支配者が偉大な計画を民衆に告知する場所に選んだのは、その目的にふさわしい場である。そこは大多数の観衆を収容するのに十分な広さがあり、非常に象徴的な意味を帯びている。クレオパトラがギムナシオンでの儀式でアレクサンドロスの帝国を継承する新たな帝国の誕生を宣言したのと同じように、ヘロデは過去におけるイスラエルの栄光を回復する者として神殿の広場に姿を現す。プロパガンダのメカニズムは同じである。新たな時代の始まり、黄金期への回帰、現在の支配者とそのモデルとなる過去における栄光の人物がそこでは表現される。しかし、ヘロデの公式の演説はローマで同じように新たな黄金期という主題を展開したアウグストゥスのプロパガンダと比較することもできる。ウェルギリウスは「牧歌」第四歌（9―17節）でそれを詩という形式で表現している。そこでは、皇帝の統治はローマ人とその同盟者の居住する世界に、平和と繁栄を保障するものと記されている。

だが、この比較はここでやめておこう。プロパガンダとしての見世物はプトレマイオス朝においては常に神格化された王や王妃の祭儀に組み込まれているからである。クレオパトラはギムナシオンでの儀式の際、自ら地上に帰還した女神イシスを演じた。アウグストゥスが宣言した新たな時代という主題をヘロデによるメシアとしての主張と関連づけようとしても、皇帝には神性が認められているのだから、厳密には結び付けることはできない。ユダヤの社会では、王朝祭儀は絶対にあり得ないことだからである。したがって、ヘロデとその側近たちはヘレニズム諸王国やローマ帝国で行われた大規模な見世物から、豪華さと王国の再興という全体としてはかなり月並みなアイデアを取り入れただけだった。ヘロデの独自性はこのような儀式をユダヤの歴史と伝統に当てはめたことにある。

ヨセフスはさらに、ヘロデがエルサレムのダビデ王の墓所の入口前に、白く輝く大理石の記念碑を建立させたと語る（『古代誌』一六182―183）。また、この話がダマスカスのニコラオスの著作には――ニコラオス自身も認めているように――記されていないとも述べている。その理由はそれが実際のところ反ヘロデ的な色彩を帯びた話だったからとされている。ヘロデは資金不足から宝物を横領することにし、そのために護衛兵とともにダビデの墓に侵入した。しかし、このうちの二人が墓所の入口で炎に包まれて死んだため、ヘロデは罪を犯さずに済んだという。ヘロデはこの償いをしようと、聖書のいにしえの王に捧げた記念碑を建立させたというのである。[17] この物語は自らをダビデの後継者とし、敬虔なユダヤの支配者であるとしたヘロデの演説を王の敵対者が平気で歪曲していたということを示している点で興味深い。ヘロデの対抗勢力――この場合はおそらくファリサイ派――は巧みに噂を流布させていた。壮大な記念碑は瀆神の王への神の怒りを鎮めるための宥めの供物として奉納されたという話になっていたわけである。A・リヒテンベルガーによると、ヘロデは実際のところ、ユダヤ人にとってのエルサレムの創設者であるダビデに敬意を示そうとしていた。[18] この記念碑はプトレマイオス一世がアレクサンドリアで建設したアレクサンドロス大王の霊廟《セーマ》のユダヤにおける模倣と言えるが、エルサレムでは亡き創設者ダビデへの祭儀が一切行われなかったという点が異なっている。隣接するナバテア王国でネゲブ地方の村落オボダに神格化されたオボダス王に捧げられた王家の霊廟が建立されたことも指摘される。[19] それゆえに、エルサレムにおいてダビデに霊廟を捧げたとする仮説には引きつけられる。また、この説は聖書の諸王を手本とし、それを自身の支配に結びつけるヘロデの意向とも完全に一致する。

さらに、また別の記念碑からも聖書の偉大な人物たち、ここでは創世記に登場する人物たちへのヘロデの関心が確認できる。ヘロデはヘブロンにある父祖アブラハム、イサク、ヤコブと、彼らの妻たち、サラ、リベカ、レアのものとされる墓の周囲に矩形の広大な周壁を建造させた。その遺構は今日なお確認することができる。ヨセフスはこの建造物について言及していないが、ヘロデによる意図的な建築プログラムの一環であることは明らかである。建築上のスタイルはエルサレム神殿のものと比較できる。エルサレム神殿と同じならば、（モルタルを使用しない）日干レンガ、長さ八メートルにおよぶ石材が用いられ、付け柱が内壁に付随される（エルサレムにはまったく残存していない）。少し北にあるマムレからは、ヘロデ時代の様式の石組みが同じように出土している。それはおそらく、ヘロデがアブラハムを記念して建立させた未完成の記念碑の一部である。[20]

ヘロデはヨセフスの著作に善行者、民衆の保護者として何度も登場する。それは支配者としての本質的な資質である。ヘロデは臣民を盗賊や略奪者の襲撃から保護した。まだガリラヤの地方長官でしかなかった前四七年には「盗賊」を処刑させている。略奪行為の鎮圧は君主、すなわち王に求められた任務だった。それにより民衆の支持を集め、場合によってはより高い権限を行使するための資格が統治者に与えられる。盗賊を処刑し、盗賊から民衆を保護することは「善き」君主の特徴であり、重要な特性である。つまり、ヘロデはこのようにして、その時々の敵対者に損害を与え、その権威を強化することに成功したのだった。

その後、ヘロデは前三一年にアラブ系の略奪者に対する遠征を行った。これまでわれわれが見てきた政治的、あるいは政治・宗教的というべき最初の大演説を行ったのはこの時である。ヘロデはこの時まで彼の特徴であった慎重さを捨て去り、ユダヤ人たちの幸福を保証するため、神によって選ばれ、遣わされた者となった。そのためヘロデにとって、民衆への恩恵と保護は神からの選別という概念と切り離すことはできない問題となる。これらは彼の地上での任務の一部をなす、ヘロデ家による神権政治にとって不可欠な要素となった。

ヨセフスはまた、前二三年にユダヤで深刻な飢饉が発生した際、ヘロデが費用を自ら負担して飢餓に苦しむ人びとに穀物を配給したと伝える（『古代誌』一五305―310）。ヘロデはこのような恩恵を施すことによって、民の養い手、彼らの安寧を保証する者であろうとした。食糧をもたらすという王の役割は、飢饉のリスクが恒常的であった時期においては、政治的喧伝の重要なテーマであった。この考え方は、ヘロデの治世以降に編纂されたタルムードの中にも見ることができ、メソポタミア北部のアディアバネ王国のユダヤ教徒の王モノバゾスが資産のすべてを飢えに苦しむ貧民に与えた物語を伝えている（トセフタ・ペア篇四18）。しかし、君主や王による恩恵施与はユダヤ独自のものではない。プトレマイオス三世エウエルゲテースが有名なカノーポス布告（*OGIS* 56）で、後世のヘロデのように、恐るべき飢饉の際に穀物を臣民に戦利品という形で提供したことが知られている[21]。ヘレニズム諸王国において、これらの恩恵施与は王の資質として顕示されるべき公共のための「仁慈《フィラントロポス》」の一部であった。この問題についてはナバテア王の公式な称号の表現とも関連づけられるだろう。アレタス四世（前九―後四〇年）は「彼の民を愛する者」、ラベル二世（七〇―一〇六年）は「彼らの民を養い、栄えさせる者」と称された。[22] 民に善行を行う王というのは、ありきたりとは言わぬまでも、ヘレニズム・ローマ世界に広く知られた習慣だった。それは他国でそうだったように、ユダヤでも月並みな王家のプロパガンダだったのである。

2　ヘレニズム君主ヘロデ

施しを行う王

ヘロデは自分の民だけに恩恵を施そうとしていたのではなく、それ以上のことをしている。彼は小アジア、ギリシア本土、エーゲ海の島々だけではなく、ギリシア化された近東地域（フェニキア、シリア）のかなりの数のギリシア諸都市で、恩恵施与者を気取っていた。

ヨセフスの証言のおかげで、ヘロデが出資した主要な建造物のリストを作成できる。

オロンテス河畔のアンティオキア（シリア）――長列柱廊《ポルティコ》二件、大理石による街路の舗装
ベリュトス（フェニキア）――議場の部屋、公共倉庫、アゴラ、さまざまな建築物
ビブロス（フェニキア）――城壁
カッパドキア（小アジア）――さまざまな寄進
キオス（ギリシア）――アゴラの修復

コス（ギリシア）――さまざまな寄進
キレナイカの諸都市（リビア）――さまざまな寄進
ダマスカス（シリア）――劇場
デルフォイ（ギリシア）――火災で損壊したアポロン・ピュティオス神殿の修復
ラオディケア（シリア）――水道橋
リキアの諸都市（小アジア）――さまざまな寄進
アクティウムのニコポリス――さまざまな建造物
オリュンピア（ギリシア）――オリュンピア競技会とゼウスへの犠牲式のための資金提供として毎年の貢納
パフラゴニアの諸都市（小アジア）――さまざまな寄進
ペルガモン（小アジア）――さまざまな寄進
プリギアの諸都市（小アジア）――さまざまな寄進
プトレマイス（フェニキア）――ギムナシオン
ロドス（ギリシア）――アポロン・ピュティオス神殿の再建、町のための船舶建造、資金の提供と貸付
サモス（ギリシア）――さまざまな寄進
シドン（フェニキア）――劇場
スパルタ（ギリシア）――さまざまな寄進
トリポリ（フェニキア）――ギムナシオン
ティルス（フェニキア）――議場の部屋、倉庫、アゴラ、さまざまな建造物

この寄進先のリストは興味深い。東地中海でギリシア、もしくはギリシア化された場所を数多く含んでいるか

らである。[23] 恩恵施与の利益を享受した町にユダヤ人共同体が存在したかどうかは関係ない。しかしながら、ヘロデは最も重要なディアスポラ共同体があったアレクサンドリアには贈り物をしなかった。それとは対照的に、ユダヤ人が住んでいないデルフォイやオリュンピアの聖域にかなりの額を提供している。

ヘロデの恩恵施与はヘレニズム時代の諸王の振る舞いを手本としたものである。この政策は外に向かって影響力を及ぼすヘロデの寛容を示すものと見られることもある。[24] しかし、ユダヤで徴収された富が「異教の」宗教的な儀式や建造物の資金として提供されるのだから、納税者であるユダヤ人への背信行為と受け止められたであろうことも事実である。ヨセフスがヘロデはユダヤ人よりもギリシア人を好んだとしているのは、こうした感情を反映したものと言えるだろう（『古代誌』一九329）。

M・バーネットが示したように、実際のところヘロデはユダヤの民への恩恵と、ギリシア人に与えるものとの間に一種の均衡を模索していた。[25] ヘロデは二つの顔を持つ支配者であり、ユダヤ人の王であると同時に、ギリシア人に好意を示す王《フィロヘレネス》であろうとしたのだ。その目的は二つで、外交的な意味を持つ。ひとつは、国内、特にユダヤでの異論を封じ、少なくとも弱めることであった。もうひとつは、対外的に、当時の東地中海においてヘレニズムの色彩を強固に帯びたコイネー文化圏〔「コイネー」はヘレニズム時代以降に用いられた標準的なギリシア語〕の中に完全に溶け込むことであった。後者はヘロデの外交政策の要点であったはずだが、ヨセフスの見解が伝えるように、王の臣民にはあまり理解されていなかったようである。しかし、ヘロデはこの点でまったく新しいことをしようとしたわけではない。ハスモン朝のヒルカノス二世は、すでにアテナイでエウエルゲテース（恩恵者）の称号を受け、恩恵施与の見返りとして、彫像の建立という栄誉を受けている（『古代誌』一四34）。しかし、ヒルカノス二世による恩恵施与はヘロデによる巨額の出費と比べれば、微々たるものであった。

ギリシアでの恩恵施与行為は、ローマに従属し、その地位の維持に腐心する君主にとっては必須と見なされていた。王国の外で施された恩恵は、威信を誇示するという政治的行動の一部であり、後期ハスモン朝にとって、またヘロデにとってはなおいっそう必要不可欠なものであった。君主たちは事実上、それによって国際的な認知を得ていたからである。ヒルカノス二世もヘロデも自分がユダヤ以外の地でも尊敬され、その権力がギリシア諸都市によって認められているということを示そうとした。それゆえ、ヨセフスに裏切りと非難されるような出費さえ、ヘロデは正当化できたのである。このような恩恵はギリシア人やローマ人にヘロデの王国の対外的な威信と名声を保証してもらうためのものだったのである。

だが、恩恵を受けた諸都市がすべてローマ帝国の構成要素である以上、ヘロデの恩恵施与はローマへの服従を別の形で示すものにすぎないとも考えられる。ヘロデは贈り物をばらまきながら、実際にはギリシア諸都市そのものではなく、アグリッパや皇帝を見ていたとも言える。ヘロデが実際にギリシアやフェニキア、小アジアの都市民の境遇を気にかけていたのだと無邪気に受け止めるべきではなく、ヘロデによる恩恵施与がイメージと威信という点で、対ローマ戦略において間接的に引き出せる利益を得るためのものでしかなかったことは明白である。

ヘロデ大王の肖像――ギリシア人の見たユダヤの王

ヘロデは途方もない数の恩恵施与政策によって、ギリシア世界や近東のヘレニズム化された地域で、彫像の建立という名誉を与えられた。王の彫像の台座に「市民がローマ人の友《フィロローマイオス》、ヘロデ王（の像を建立した）。町に対する彼の善行と好意のゆえに」（*OGIS* 414）と刻まれた碑文がアテナイのアクロポリスで発見されている。「ローマ人の友」という称号はローマに従う王を公式に示す「ローマ人の同盟者にして友なる王」というラテン語表現 rex socius et amicus Populi Romani をギリシア語で表記したものである。彫像建立はアテナイの市民団《デーモス》が王に授けた見返りであった。彫像は町に恩恵を施す者に対する謝意の表明なのである。

アテナイで建立されたヘロデの像は、ギリシア人の作家によって製作され、ギリシア人のみが見るという点でギリシア文化の産物と言えよう。律法の影響が強いエルサレムにこの種の芸術品が持ち込まれることは絶対にありえない。モーセの戒律のうち、人間と動物の影像表現を禁じる第二戒はユダヤ人にしか適用されないことに注目すべきである。ユダヤ人でなければ、ユダヤ人の像を含め、彼らが望むあらゆる作品を自由に生み出すことができる。それゆえ、ユダヤの王ヘロデの影像建立がギリシアで行われている限りにおいて、ユダヤでそれを不満に思う者はいなかった。多くの場合ヘレニズム時代の王たちの影像は写実的であったので、彫刻家が模写する間、ヘロデがポーズをとるということもあったかもしれないが、それによってヘロデが過ちを犯したことにはならない。

ヘロデ像の台座はアウラニティスのシアにあるバアルシャマン神殿正門の右側でも発見されている[26]。そこには「主、ヘロデ王に、私、サオドスの息子オバイサトスが、この像を自費で建立した」という献辞が判読できる（*OGIS* 415）。

前二三年、アウグストゥスは当地の野盗との共謀を罰するため、カルキスの四分領主ゼノドロスからアウラニティスの地を他の低地シリアの領域とともに没収した。この時、ヘロデはアウグストゥスからこれらの地域を拝領し、地域の大神バアルシャマンに捧げる神殿の建設を始めた。この神域はヘロデ王の息子で低地シリアの領域を受け継いだ四分領主フィリポスのもとで完成することになる。

オバイサトスというのはおそらく、ヘロデが盗賊団との戦いのためにこの地に入植させた軍事植民者の一人であろう。また、この碑文ではヘロデ王が「主《キュリオス》」と呼ばれているが、この表現は「主人」や「主君」と解釈される〔後のキリスト教においてキュリオスはイエス・キリストを意味する〕。実際、「キュリオス」という語はエジプトのクレオパトラの父プトレマイオス一二世がフィラエ出土の碑文で「キュリオス・バシレウス」（主なる王）と表されているように、前一世紀のヘロデの王国でも「バシレウス」すなわち「王」を示していた[27]。

ここで注意すべきは一個人が影像を建立していることである。オバイサトスは自らの意思で、費用を自ら負担して王の像を立てさせた。このやり方は同時代のナバテアでも確認できる。君主の彫像の建立あるいは修復は、権力側が主導するだけではなく、個人による自発的なものとしても行われていた。[28] 彫像は謝意のしるしであり、臣民が王に捧げる行為であった。少なくとも表向きは彫像の製作や建立の理由が主君の強制によるものであることを示すものはない。しかし、これは王のプロパガンダによって大々的に構築された完全な虚構である。それゆえ、この碑文をそのまま解釈してはならないだろう。オバイサトスの意志だけによってシアの神殿の門前にヘロデの彫像が建立されたとは考え難い。この人物は少なくとも主君への崇敬を示す許しを得ていたはずであり、さらに言えば、そうすることを強く勧められたと考えた方がいいだろう。オバイサトスはヘロデの廷臣たち、さらには王自身からの求めに応じてそれを実行した。ヘレニズム時代の王国と同じように、ヘロデの王国でも個人は王のプロパガンダが向けられる対象であるだけでなく、その媒介者でもあったのである。

　アテナイ人によるヘロデ像の場合と違って、シアのヘロデ像は王国の領内で建立されたので、王の外交政策とはまったく関係ないが、この像はいくつかの状況を明らかにしている。すなわち、ヘロデの王国は画一的なものではなかったということであり、律法が王国全土で尊重されていたわけではなく、いくつかの異なるまとまり、言い換えれば、相互に矛盾したまとまりに属していたということである。ヘロデは自ら神殿再建に先立つ演説の中で、王国をユダヤの領域、「獲得された領域《エピクテーマ》」、ギリシア風の諸都市《ポレイス》という三つのまとまりに区分している（『古代誌』一五384）。王の表象は、もっぱらギリシア化された非ユダヤ的な地域、つまり諸都市やアウラニティスが属す「獲得された領域」でのみ認められた。それゆえ、シアの彫像はヘロデの政策だけでなく、その王国の領土の二元性を明らかにしており、ユダヤ文化圏にあったのはその一部だけだということである。

　ヘロデはまた、カイサリアにも彫像を建立させていたかもしれない。ヨセフスはこの町について、皇帝アウグストゥスとローマ女神を表す巨大な像を伝えるのみだが（『戦記』一414）、この古代史家が二体の彫像のことにしか言及していないのは、それらが並外れて大きかったからであろう。ローマの属領王ヘロデの彫像は脇に置かれ、少なくともカイサリアという名に象徴される皇帝の強大な権力に比べれば控えめなものにすぎず、二体の巨像ほど印象的なものではなかったということなのかもしれない。また、カイサリアはユダヤ文化圏ではないので、ヘロデ王の彫像について伝える碑文が発見されていないからといって、彫像がそこに置かれていなかったとする理由はない。カイサリアはヘロデの王国内では自治権を有するギリシアのポリスと認められていた[29]。ヨセフスはこの町の格の高さとアイデンティティに関して、二つのおもな住民グループを形成していたユダヤ人とギリシア化したシリア人の間の紛争を伝えている（『戦記』二266―267）。ユダヤ人は、カイサリアはユダヤの王によって創設されたのだからユダヤ人のものだと言い張った。もう一方のグループは、ヘロデはギリシア都市を建設したのであって、そうでなければ町を飾るあらゆる彫像を造らせることはなかったはずだと反論した。つまり、人の姿をした像があるということは、町や地域のギリシア的なアイデンティティを構成する決定的な要素と見なされていたのである。

　アテナイとシアから台座が発見されているにもかかわらず、確実にヘロデのものとされる肖像は今日まで確認されていない。R・ウェニングによると[30]、シアで発見された破片はオバイサトスによって奉納された彫像の一部かもしれない。しかし、そこからわかることは多くはない。H・インゴルトは頭飾り《ディアデーマ》をまとった髭のある君主を表現するメンフィスで発見された巨像の頭部をヘロデのものと主張している。彼によると、この像はこの町のイドマヤ人共同体により注文されたということであるが、この説に確固たる論拠はない[31]。この頭部像は、エドフから発見された印章に描かれているように、髭を生やしたプトレマイオス九世ソーテール二世を表している可能性の方がはるかに高い。R・R・R・スミスはさらに、巻き髪の、王を示す頭飾り《ディアデーマ》をまとった二例の大理石製の頭部像をあげている[32]。ひとつはビブロスで発見されたもので、現在はベイルート国立博物館に所蔵されている。もうひとつの方は、出所は不明だが、トリノで展示されている。スミスは問題となっている王の姿が硬貨から確認されるどの王の肖像とも似ていないことを根拠に、それがヘロデ大王の姿を現しているとしている。しかし、これは誰の肖像かを示す証拠としてはまったく不十分なものでしかない。

3 「ローマ人の友」ヘロデ

「ローマ人の友」——従属か、支配か

ヘロデは神殿再建の意向を表明した演説において、意図的にペルシアによる支配とローマ帝国を対比した。第二神殿の規模が不十分であるとすれば、それはもっと大きな建造物の建設をユダヤ人に認めなかったキュロスとダレイオスの責任であるとヘロデは主張した。ペルシア人がユダヤ人に課した従属をローマ人のユダヤ人への友情と対置させ、キュロスとアウグストゥスを対比して、アウグストゥスはソロモン神殿を再建する自由を与えたとした。ローマ皇帝は伝統的にユダヤの神の道具とされてきたアケメネス朝ペルシアの創始者よりもユダヤ人に大きな利益を与える存在なのである。ユダヤ人に対する扱いをヘロデに酷評されたキュロスは、神殿の再建とユダヤ人の自治に制限を加えた罪を問われた。ゼルバベル自身は恩着せがましい待遇を受けた。ペルシアの大王に従っていたのだから、神殿が輝きと崇高さを欠いたとしても、それは彼の責任ではないというのである。

ヘロデはローマ人の「好意」を神が彼に授けたあらゆる恩恵よりも上に位置づける。それは前四〇年に元老院によって公式に与えられた「ローマ人の同盟者にして友たる王」rex socius et amicus Populi Romaniという称号に反映されている。ローマ帝国における「友情《アミキティア》」は明確な政治的価値を帯びていた。それは被保護者《クリエンテス》である王と皇帝の間の従属関係を指す[33]。「友人」と称された王は実際には従属者であり、ローマの歴史家タキトゥスの表現を用いれば、「従属する王《インセルウィトゥス・レクス》」である（『年代記』二81）。「友人《アミクス》」は明らかに「従属する（者）《インセルウィトゥス》」の婉曲表現であっ

た。この場合の友情は一方通行で、相互性のない関係が表されている。つまり、ヘロデはアウグストゥスの「友人」だが、アウグストゥスはヘロデの「友人」ではないのである。

そのため、ヘロデは演説の中では巧妙にあいまいな言葉を用いている。ローマとの関係を服従ではなく、文字通りの友情の意味で理解することにしているのである。ローマの友情はヘロデにおいては神権政治の文脈で神からの賜物として再統合された。

こうしたローマ人との「友情」をさらに正当化する必要があれば、マカバイ記一が特にヘレニズム時代の諸王国の悪行に立ち向かったローマの強大さを称賛していることもヘロデは利用できただろう（Ｉマカバイ八）。ペルシア帝国とマケドニア人の帝国がもち出されていることも、マカバイ記一の記述を暗に示しているだろう。これら二つの民族はユダヤ人を服従させようとした傲慢な帝国主義を体現する。それに対して、ローマ人は「彼らの側に与するものすべてに対して好意的であり、彼らを訪れる者すべてと友好を結ぶ」（Ｉマカバイ八１）。ユダ・マカバイがローマ人と「友好と同盟」を結んだのはこのためであった（Ｉマカバイ八17）。マカバイ記一の著者はヘロデの演説と同様、ローマ人の国家をヘレニズム諸王国とは根本的に異なる特徴を持つ勢力と記している。ローマ人の友情はユダヤ人には有益であり、それはユダ・マカバイにまで遡る政治的な伝統に刻み込まれているのだ。

ローマによって維持、あるいは再編された属領国は、国境が存在することでローマ帝国内に自立した主権という原則を実現できるとされた。それによって諸民族は自身の国家の中で自らのアイデンティティを維持することができる。ユダヤ王ヘロデとその王国は、ローマに征服され、王家の支配するすべての地域が排他的にユダヤ人のものであったわけではなかったが、主としてユダヤ人の主権の象徴として機能していた。

だが、実際にそうだったのだろうか。従属する国々はローマに対して二重の利益を提供していた。F・ミラーの定義を用いれば、ローマはまず、「二層の主権」という考えに基づいて、あまりギリシア化されておらず重要度の低い地域の統治を現地の支配者に委ねた。(34) 彼らは地域の主権という虚構を維持しながら、ローマに対する抵抗や反乱を抑制していた。後で見ていくように、メシアにして王であると自称する者による蜂起のほとんどが前四年にヘロデが死んだ後にアルケラオスが王位を継げなかったとき、また後四四年に最後の「ユダヤ王」アグリッパ一世の死後に起こっているのは偶然ではない。総督による直接支配の導入やキリニウスの人口調査は主権の喪失と受けとめられ、「民族的な」反乱を誘発したのである。

制度という点から見ると、ヘロデは二重の立場に置かれていた。対外的にはローマ人の「友人」、つまり従属者であり、独自の外交政策を主導することはなかった。金と銀で硬貨を造ることは認められておらず、地域的な交換に限定された青銅貨だけが許されていたように、権限については王国の内部でもさまざまな制約を受けていた。また、カエサル、アウグストゥスの名にちなむ町を建設し、皇帝礼拝やアクティア祭などローマの権力に忠誠を表す祝祭を開催して、さまざまな機会に皇帝に敬意を払わねばならなかった。

ヘロデはその権限を臣民に対して行使しなかったわけではない。上述の権限の範囲内で、思うままに臣民を管理できた。統治権は権力の行使を前提としている。ヘロデは自らの王国の秩序を維持し、敵対者がローマ市民でない限りにおいて意のままに弾圧し、辺境地域からの盗賊の襲撃から民衆を守り、飢饉に際しては穀物を輸入し、部分的に農業生産を組織して対策を講じることができた。皇帝への従属者という制約を受けてはいたが、その統治は実効的なものであった。

「ローマ化」の手先

前二七年、オクタウィアヌスは皇帝アウグストゥスとなった。表面的にはこれまでの共和政の政体の枠組みを維持したまま、事実上の君主政が開始された。ほとんどの属州で帝国の支配者への敬意が捧げられていた。それは神であるアウグストゥスのための祭儀、皇帝による勝利を記念した体育競技会、その栄光を称えた記念碑や彫像、記念建造物の建立など、さまざまな形で行われた。

ヘロデは支配下にあるユダヤ人たちを特徴づける強烈なローマへの反感に気づいてはいたが、皇帝への敬意という義務から逃れることはできなかった。アウグストゥスはヘロデ王がローマの権力とイデオロギーに服従の意思を示すことを期待していた。ヘロデが主導した「ローマ化」政策はこの点から理解しなければならない。

西方の属州、特にヒスパニアとガリアでは、「ローマ化」は帝国への統合のプロセスと軌を一にする。それは言語、法、人名、衣服、食事、娯楽など、ローマ文明の特徴を受容し、現地住民の文化変容を前提とする文化領域での現象である[35]。それに対して、この「ローマ化」という概念はヘロデの政策がもつ真の意義を説明していない。ヘロデにしてみれば、「ローマ化」と称されるものは何よりローマと皇帝への服従の表明であった。ユダヤ人が拒否反応を示したのはこのためである。ローマに対してヘロデがとった政策は、ユダヤ人には屈辱と感じられた。問題は文化よりも政治的なことである。ユダヤ人がユダヤの「ローマ化」に抵抗したのは孤立主義や、他の文化を拒絶する排外主義の論理からではない。彼らは何よりローマの支配に抵抗した。特にファリサイ派は（見世物、劇場、体育競技などの）ローマ文化がローマによる帝国主義の「展示品」でしかないことをよく理解していた。

ヘロデは最初の「ローマ化」政策として、皇帝を記念する祝祭を創始した。アウグストゥスの最も偉大な功績であるアクティウムの戦いを記念する競技会はアクティア祭と名づけられた。皇帝は実際には半神として、ギリシア人たちの理解では英雄として、ヘラクレスやテセウスに捧げられるような崇敬を受けた。祝祭の中でのスポーツ（体育競技）、馬術（戦車競走）、音楽（音楽の競演）は、ギリシア・ローマ世界、特にオリュンピアで催されていたものが模倣された。この種の祝祭のモデルとして最も有名なオリュンピア競技会のように、ヘロデの競技会は四年ごとに開催され、参加の呼びかけは帝国中に布告された。勝者に与えられると約束された多額の賞金に惹かれて地中海沿岸の各地からやって来る多くの競技者を収容するために、エルサレムの市外に劇場と円形闘技場が特別に建設された[36]。たしかに、ヘロデは帝国の他の地域で当時行われていた慣行にユダヤ人を適応させ、ユダヤをギリシア・ローマ的な生活環境に組み入れようとしたが、そのことは重要ではない。劇場は皇帝の政治的喧伝にとって、特別な場であった。大建造物とその周辺はアクティウムの戦いの勝者であり、帝国の平和をもたらすアウグストゥスの栄光を称える碑文で満たされていた。ローマ世界の他の地域と同じように、敵から奪った武器や軍装で作られたトロパイオンと呼ばれる記念碑が造られた。こうした建造物の主たる機能は総じて皇帝の英雄としての資質を称えることに他ならなかった。開催された競技会についても同じことが言える。すべてが皇帝の加護の下にあった。体育競技会もアウグストゥスの美徳に敬意を表すためのものである。

ヘロデはまた、皇帝礼拝を普及させる役割を果たしたが、それは王国内のユダヤ以外の地域と諸都市に限られていた。ユダヤの地と律法の影響力が強い地域は、皇帝を神として拝することからは除外された。カリグラ帝だけが死の直前にユダヤ人に自らへの祭儀を課し、神殿に彼の像を建立させようとした。しかし、その後継者であるクラウディウス帝は、以下で考察するように、この決定を撤回した。

オクタウィアヌスは前二七年、「アウグストゥス」(尊厳なる者)の称号を得た。この称号はそれまでは神々や神聖なものにのみ与えられるものだったが、これ以後、正式に人間を超えた要素を備えるようになっていった。しかし、皇帝が完全に神と見なされたわけではない。死後に神格化、つまり昇天するときに初めて神となるのである。しかしながら、皇帝には生きているうちからヌーメンと呼ばれる天的な力、神性が備わっているとされ、それに対して祭儀が捧げられていた。実際に、この祭儀は皇帝個人というより皇帝の特質に対して捧げられるものであり、ローマの権力への忠誠と服従の証しとなっていた。

ヘロデは海辺のカイサリア、セバステ(サマリア)、パネアスのカイサリア(フィリポ・カイサリア)で、アウグストゥスを称える大神殿を建設、奉献した。これについては、彼は王国内のユダヤ以外の地域を他のローマ支配下の近東地域、特に前二〇年代以降、各地域に「カエサレイオン」(カエサルの神域)が設けられていたシリアに適応させている。

エルサレムではアウグストゥスの安寧のために日常的な祭儀を神殿で始めた。これはある種、皇帝礼拝に代わるものであり、犠牲によって皇帝を称えることにはなるが、神とは認めないことで、ユダヤ教に適合させ、律法においても認められるものにしていた。[37]つまり、ヘロデはユダヤ教に固有の禁止規定をうまく回避して、自らの王国の中心的な聖域で日々皇帝に礼拝を捧げていたのである。六六年、この慣行の廃止がユダヤ人のローマに対する反乱の始まりを告げることになった。

4　権力のしるし

頭飾り《ディアデーマ》、王冠、王笏、紫の衣

頭飾り、王杖、紫の衣はヘレニズム時代の王権の「三種の神器」である。[38]ヘロデが葬儀のときに身につけていた装束についてのヨセフスの描写にはこの三点が記されている（『古代誌』一七197、『戦記』一671）。しかし、四点目として、ステファノス、すなわち「冠」の存在も確認できる。ヨセフスの証言に耳を傾けてみよう。「彼はさまざまな高価な宝石をちりばめ、紫布で覆われた棺架に乗せられた。遺体は紫の衣をまとい、頭飾り《ディアデーマ》をつけ、金の冠《ステファノス》をいただき、その右手には王笏が添えられていた」（『古代誌』一七197）。

ギリシア語のディアデーマという語はフランス語の「王冠」と同じものと理解すべきではない。それは金属の冠を指すのではなく、布製のヘアバンドであり、体育競技における勝利の証しであった。エジプトのプトレマイオス朝の創始者プトレマイオス一世ソーテール（前三〇五―二八三年）の硬貨に初めて君主の象徴として現れる。

この頭飾りは王《バシレウス》が神々、特にゼウスの地上における擁護者であり、その統治が神の選びによるものであることを明確に示す勝利の証しと見なされた。この頭飾りはセレウコス朝などのギリシア、マケドニア系の君主すべてに採用され、当たり前に身に付けられるものというわけではないにせよ、ヘレニズム時代の君主の最も一般的な象徴となった。

この表象に飛びついたのがハスモン朝である。アレクサンドロス・ヤンナイオス（前一〇三―七六年）の硬貨にこの頭飾り《ディアデーマ》が描かれている。このヘレニズム的君主の表象を導入したことは、ユダヤ教の伝統に背くことにはならなかった。この表象そのものはユダヤ教の禁止規定に該当しないからである。さらにギリシア、マケドニア系の「王《バシレウス》」との違いを強調するため、アレクサンドロス・ヤンナイオスの頭飾りは聖書でメシアとダビデの王権のシンボルとされる八つの尖端をもつ星型のマークと結び付けられている[39]（民数記二四17）。

ヘロデの硬貨では、頭飾りにはたいてい十字の形をした印が添えられている。ヘレニズム諸王国の硬貨にこれと同じものは見られない。したがって、J・メイシャンとY・メショレールが主張するように、ユダヤのシンボルということになる[40]。実際、それは十字ではなく、古ヘブライ文字の「タウ」であり、バビロニア・タルムードには「油注ぎを受けた王と祭司の冠には〝カイ〟の文字の形をした印が描かれている。ラビ・メナシェは言う。それはギリシア文字の〝カイ〟であると」（ケリトート篇五b）とあり、贖罪を意味するとされる[41]。タウの字は守護を意味する記号であり、邪悪な霊魂を避け、王を護る護符とされる。その字形は古ヘブライ文字ではギリシア語のカイの文字（X）と同じである。タルムードの記述はこの記号が王や祭司の冠に記されていたことを教えてくれている。位置は内側あるいは下と違いはあるが、硬貨でこの記号が王の頭飾りと常に密接に関連づけられているのは、おそらくこのためであろう（図1）。その上、頭飾りの内側に置かれているタウの文字は交差した二本のナツメヤシの枝のようにも見える（図2・17）〔本書127頁参照〕。この場合、ナツメヤシがもつ慈悲深さという意味が保護を示すシンボルにその力を高めるかのようにして加わっている。それゆえ、この「十字」はヘ

図1　ヘロデの硬貨にあらわれるさまざまな形状の頭飾り《ディアデーマ》

ロデを害悪をもたらす精霊から保護するものと見なされる。また、そこには魔物に対する勝利を表現する目的もあっただろう。この意味では、ソロモンのみが持つ資質をヘロデが身に備えていたと言えよう。たしかに、聖書に登場するソロモン王は悪霊を追い払い、病人を救う呪文を知っていたと言われている(42)。

王の頭飾り《ディアデーマ》とタウの文字の結びつきについては、頭飾りが「十字」を内側に囲んでいるもの、「十字」を囲む頭飾りが閉じていないもの、「十字」の上に閉じていない頭飾りがあるもの、「十字」がなく頭飾りが閉じていないもの、「十字」がなく頭飾りが閉じているものというように、いくつかの異なった形が確認されている。

ヘロデの王笏は何を意味しているのだろうか。ユダヤの伝承では先端にザクロを模した装飾が付けられた杖で、この装飾は象牙で造られたものがエルサレムで発見されている(43)。また、ハスモン朝の支配者が造った硬貨の研究が示すように、この意匠の王笏はハスモン朝時代の大祭司の権力を象徴している(44)。

ヘレニズム時代の君主たちは王笏ではなく、槍や剣をシンボルとして用いていた。しかし、実際には、ギリシアの笏もある。それはプトレマイオス朝の宝石や硬貨に見られるように、おそらく金で作られた細い棒で、その先端が小さな球体で覆われていた(45)。ヘロデの場合、神殿での儀式には細心の注意を払って関わらないようにしていたので、ユダヤ教の祭司が用いる杖は適当ではなかった。むしろヘロデはプトレマイオス朝などのヘレニズム時代の王と似通ったタイプの王笏を持っていたと言うべきであろう。

ヘレニズム時代の王たちはクラミュスの形で紫の衣を身に纏った。この〔右肩で留める〕短い外套は廷臣や王朝の高官が身につけることもあった。ギリシア、マケドニアに起源するものだが、ハスモン朝の人びともこの衣服を取り入れた。マカバイ記一が伝えるように（Ⅰマカバイ一四44）、民族指導者《エトナルコス》で大祭司のシモンは前一四〇年以後、これを身につけていた。紫の衣はそのものとしては文化的、民族的な差異を示すものではなく、王や王家の権力一般を示している。

葬儀でヘロデの遺体がまとっていた装束についてのヨセフスの記述では、頭飾り《ディアデーマ》と冠《ステファノス》という二つの被り物の存在が注目される。冠は頭飾りの少し上方に、それを隠さないように置かれていた。

これら二つの表象は、どのような目的で組み合わされたのだろうか。これまで見てきたように、頭飾りはヘレニズム時代の王の主要な記章であり、王権を象徴する。これに対して、金の冠はギリシア・マケドニア系の王《バシレウス》の慣習的な標章ではない。しかしながら、プトレマイオス朝の君主の表象の中には、この二重の被り物を確認することができるものがある。たとえば、ルーブル美術館所蔵の金の指輪の印章の伏込枠では、プトレマイオス五世あるいは六世が頭飾りとファラオの二重冠であるプシェント冠を同時につけている。このヘレニズム時代の王の象徴と伝統的なファラオの冠のこうした組み合わせは、君主が王《バシレウス》であると同時に、生けるホルスであろうとするプトレマイオス朝の二面的な性格を強調している[46]。

ヘロデが身につけていた頭飾りと冠からは、ユダヤとヘレニズムという「二つの顔」を持つヘロデ王朝の特徴が象徴的に表現されているという仮説を導き出すことができる。プトレマイオス朝の最後の王たちもヘロデと同様、ヤヌスのごとく表現された。ヘロデは王《バシレウス》を表す頭飾りに、聖書における王、「メレク」が頭に被る冠を加えていた。この金属製の頭飾りは聖書ではネゼル（「聖別」）と呼ばれ、特に王の標章として記される[47]。サウルもその次のダビデもネゼルを身につけていた。「頭にかぶっておられたネゼルを取った」（サム下一10）。ユダの王ヨアシュもこれを身につけた。「そこでヨヤダは、王の子を連れ出して、ネゼルをかぶらせ、王のしるしを渡した」（王下一一12）。ネゼルは詩編においてはメシアの象徴とされる（詩編八九40、一三二18）。しかし、ファラオのプシェント冠に相当するユダヤの頭飾りの形状については、他の文献に厳密な描写や記述がなく、現在ではもはやわからない。つまり、ネゼルの形状の復元にはヘロデの冠の場合と同様、かなりの冒険が伴うということである。

しかしながら、ここでの解釈が正しいとして、ヨセフスの証言が重要であることに変わりはない。ユダヤの王ヘロデは新たなソロモンの顕現であろうとして聖書の王がつける冠で身を飾るとともに、ヘレニズム文化の頭飾りも被り、王国内のユダヤ人ではない住民にも君臨するべく、王《バシレウス》としての地位を主張したのである。

ヘロデの鷲――鷲なのか、ケルビムなのか

ヘロデ大王の青銅硬貨に鷲が描かれているものがある[48]（図２・11）〔本書127頁参照〕。鷲は一般にゼウスのシンボルであり、雷を握った姿で描かれるが、ヘロデの硬貨ではその鉤爪に何も握られていない。ヘロデの鷲は、同時代における他の二つのローマの属領王国、シリア北部のコンマゲネ王国とナバテア王国の硬貨に描かれた鷲と共通している。そのため、ヘロデは近隣諸国で作られていた硬貨を模倣したのかもしれない。しかし、ユダヤでは動物の姿を硬貨に取り入れる習慣はほぼなかった。

前一世紀には、神殿への貢納はヘラクレス＝メルカルトの胸像とガレー船の衝角にとまるティルスの鷲が描かれたティルスのシェケル硬貨で納められていた。いくつかのパピルス文書が示すように、ティルスのシェケル硬貨は前一二六年から後五七年まで「聖なる硬貨」と見なされていた[49]。つまり、ユダヤにおいてはエルサレムの神殿域であっても、人間や動物の姿が描かれた外国の硬貨を用いることが禁じられてはいなかったのである。

猛禽類の表象がヘロデの硬貨で特別な意味を帯びているとすれば、それはユダヤの硬貨における初めての事例だからである。それまでは出エジプト記と申命記に示された「あなたは自分のために彫像を造ってはならない。上は天にあるもの、下は地にあるもの、また地の下の水にあるものの、いかなる形も造ってはならない」〔出エジプト二〇4、申命五8〕という十戒の「第二戒」が厳格に解釈され、ユダヤにおいては硬貨にいかなる動物も

描かれることはなかった。
　明らかに律法に反しているということに加え、鷲はユダヤ人によって――ヘロデにとっては多少同情すべきかもしれないが――ローマへの服従のしるしと理解されたかもしれない。J・グットマンが示唆するように、偶像を認めないというユダヤ人の過激な考え方のほとんどはヘレニズム時代の終わり頃からローマ統治時代の初期に見られ、当初はヘレニズム文化への拒絶であったものが後にはローマの支配への拒絶となったとして説明できる。外国の支配への憎悪と律法遵守への熱意が組み合わさっている。[50] 禁止規定は時代により解釈が異なるので、ユダヤの歴史において時代ごとにどういった問題が生じたのかを問い直さねばならない。ユダヤ人が最も多く「第二戒」に言及し、その違反に対して激しく反応したのは、ヘレニズム時代の終わりと後一世紀においてである。ヨセフスはエルサレムの劇場に飾られた武具の記念碑がユダヤ人に人間の像と受け止められた出来事（『古代誌』一五270－276）、ヘロデの命令で神殿の門の上に設置された鷲をめぐる血なまぐさいエピソード（『古代誌』一七151－161、『戦記』一648－655）という危機的な出来事を伝えている。時代が下ると、ピラト〔ピラトゥス〕の軍旗をめぐる事件（『古代誌』一八55－59、『戦記』二169－174）と、カリグラ帝が自身の像を神殿に建立させようとしたことにより誘発された衝突（『古代誌』一八257－309、『戦記』二184－204）が偶像に対する過激な感情を物語る二つの他の事例である。これに対して、二世紀中頃になると、ラビたちは具象的な絵画やモザイクでシナゴーグを飾る同時代人をもはや非難しなくなる。[51]
　ヘロデの硬貨は、その治世末期に神殿の門の上に設置させた黄金の鷲と深く関係している。それはユダとマタティアを指導者とするファリサイ派の怒りを引き起こし、即座に引きずりおろされた。[52] その後の弾圧はヨセフスが伝えるように血なまぐさいものとなり、ユダとマタティアは焼き殺された。硬貨の発行はこの惨劇と同時期あるいは少し前のことかもしれない。小さな銅貨の発行はヘロデにとって、ある種の小手調べで、神殿に鷲を据えたのは同じ図像政策の第二段階であったということなのかもしれない。

だが、問題はヘロデがなぜそうしたのかということである。なぜ「第二戒」を破ったのだろうか。硬貨に描かれた鷲も、神殿に設置された鷲も理解し難い例外である。どのようにしてヘロデはそれを正当化できたのだろうか。Ｍ・グッドマンが指摘するように、神殿に鷲を設置したとき、ヘロデは「人びとの目に壮麗なものに映り、律法に沿うものと認められるよう、これまで神殿に莫大な歳月と金額を捧げてきたので」、律法に適っていると考えたに違いない[53]。実際のところ動物の表象を用いることは律法に反しているが、ヘロデにしてみればダビデやソロモンを模範とすることを断念したことにはならない。それどころか、はっきりと記されてはいないが、ヘロデは鷲を表現した正当性を聖書そのものから得ることができた。列王記の著者はソロモンがライオンの装飾が施された玉座を置き（王上一〇19－20）、「ソロモンはケルビムを奥の神殿の真ん中に置いた。ケルビムが翼を広げると」（王上六27）とあるように、金で覆われた翼あるケルビム像を神殿に安置させたと記している。

列王記では「ケルビム」とされているが（王上七29）、ヨセフスがこれを「鷲《アエトス》」と表現しているのは非常に興味深い（『古代誌』七82）。この箇所で問題となっているのは、神殿で水盤として用いられた青銅器の台座である。列王記の著者は、それに「ライオン、牡牛、ケルビム」が描かれていたと記しているが、ヨセフスはそれらをギリシア語で「レオーン（ライオン）、タウロス（牡牛）、アエトス（鷲）」と訳している。ヘロデの同時代人が建築と図像に関するソロモンの方針と、ヘロデによる神殿の門の鷲の関係に完全に気づいていたとする証拠をケルビムがギリシア語の「鷲」に変換されたことに見ることができるだろう。

列王記ではケルビムの表象はソロモンの信仰心を伝えるものとされ、まったく非難されていない。しかし、同書の数章後では、ヤロブアム王がベテルとダンの高き所に二体の子牛像を建立させ、重大な罪を犯したと記されている（王上一二26－33）。この場合、ヤロブアムは自分が造った子牛像に犠牲を捧げているので、偶像崇拝と同じ意味を持つ。すなわち聖書の中で、「第二戒」はあらゆる動物の像の排除を想定しているのではなく、瀆神と見なされる場合、偶像となりうる像に限定される。たとえば、Ｊ・ウェレットが非常に適切に指摘するように、

「基本的に、そのような像に与えられた特徴が法に適しているか反しているのかを決めるのは、その表象の意味するものである」[54]。同様に、「（ユダヤ教においては）像にもいろいろあるのだ」というP・プリジャンの言葉も引用できるだろう[55]。

ヘロデは新機軸で硬貨と神殿に鷲のイメージを取り入れたのではなく、聖書伝承に精通した者などの助言により、過去の栄光を回復しようとしたとも考えられる。新たなるソロモンたらんとすることで、偶像の禁止を相対化しようとした。つまり、「第二戒」の古い聖書解釈に回帰しようとしたのである。助言者たちはエルサレムの「宮清め」の際、彫像を破壊したのがユダ・マカバイであることをヘロデに思い出させなければならなかった。実際、マカバイ家が像の排除を始めたのは偶像崇拝とヘレニズム文化に結びつくという潜在性を危惧してのことだった。しかし、ヘロデはユダが「清めた」神殿を捨て去り、第一神殿の時代に回帰しようとしたのである。

ヘロディオンの宮殿要塞遺構における発見は、無条件に像を拒絶するという見方から解放し、偶像禁止についてのマカバイ時代以前の理解への回帰が関心事であったとするここでの試みを確かなものにするだろう。ヘロディオンの装飾には全体としては動物のイメージはほぼ用いられていないが、それでも壁面のフレスコ画には鳥の図像が描かれているものもある[56]。もちろん、それは偶像を意図した表象ではないが、例外的なものなので、単なる装飾と見なすこともできない。上述したように、ヨセフスは列王記の「ケルビム」を「鷲《アエトス》」というギリシア語を用いて伝えている。つまり、前一世紀のユダヤ人はケルビムを鳥類の一種と考えていたということであり、列王記がソロモン時代のケルビムについて、その翼の壮麗さと美しさを強調していることはその想像をさらに容易にする（王上六24、27）。ヘロディオンのフレスコ画に残る鳥をソロモンのケルビムと直接関連づけ、図像的にそう解釈しようとする試みは魅力的である。同じことが神殿の鷲についても言えるだろう。その鷲がケルビムであるとすれば、ヘロデの行動は「挑発」ではなく、まったく正当なことになる。それはハスモン朝による律法解釈を止めることでしかなく、「聖書のユダヤ教」に対する挑発行為ではない。ヘロデからすれば、敬虔さを持ち合わせず、重大な冒瀆を犯したのは、ユダやマタティア、ファリサイ派なのである（『古代誌』一七163）。

ヘロデは神殿再建では清浄規則を非常に尊重し、敬虔な君主として自身を演出していた。そのヘロデが新神殿の落成で得られる信用をすべて失うリスクを犯して、思いつきで故意にユダヤ人を挑発したとは考えにくい[57]。その上、ヘロデが神域そのものの門の上に鷲を置かせたと明記されているのでもない。神域への立ち入りが認められているのは祭司だけなので、ユダとマタティアのような敬虔なユダヤ教徒が建物の正面をよじ登ったとは考えられない。ヨセフスの表現をそのまま受け入れるならば、「大門《メガレー・ピュレー》」はおそらく、上の町から来て、今日「ウィルソン・アーチ」と呼ばれている門を通って入る神殿広場の入口を示している（『戦記』一650）。もし神殿の正門を示すのであれば、「大きい」の最上級「メギステ」を用いるのがよりふさわしいが、ヨセフスはそれを用いていない。したがって、鷲が神域の中庭から見えたかどうかさえ定かではない。

それゆえ、この事件は挑発行為ではなく、聖書の伝統への抑制的で段階的な回帰の試みと理解されるべきである。ヘロデはかつてソロモンのケルビムが安置されていた至聖所に鷲の像を置いたのではない。段階を踏んでソロモンを模倣するという意思を明確にし、ユダ・マカバイが神殿を「解放」する以前の、もともとの「第二戒」の解釈への回帰を目指したのである。ヘロディオンの壁画に鳥が描かれ、硬貨に鷲が描かれた後、治世末期に鷲が神殿に設置されたのは疑いなく、聖書に記された王の手本に、さらにもう一歩近づこうとしたということでしかない。鷲はローマの象徴でも神への冒瀆でもなく、ソロモンのケルビムについてのヘロデの解釈だったのである。ヘロデの鷲は外見上ギリシア風ではあるが、ユダヤの最も古い伝統を再解釈して受け入れたものであった。それは王の敬虔さと、ソロモンという手本に回帰するという意志を象徴していたのである。

硬　貨――王権のイデオロギーを映す鏡

硬貨の研究から、ヘロデが自らに結びつけようとしたイメージやシンボルがどのようなものであったかを知ることができる。(58) それはただ硬貨を飾るためだけに用いられた無意味な記号ではなく、政治的あるいは宗教的に重要で、特定の権力のイメージを広めることを意図する全体的な図像プログラムを構成するモチーフである。

前節の鷲が描かれた硬貨を別にすれば、ヘロデが発行した硬貨には人物や動物は描かれることはなく、厳格に「第二戒」が尊重されている。ヘロデの硬貨には君主の肖像が描かれることもなく、近隣諸国のものとまったく異なることは一目でわかる。ヘレニズムに支配され、人間の姿を表現することが一般的であった文化状況において、ヘロデの硬貨はユダヤの特性を示したのである。

ヘロデの硬貨に用いられたモチーフは、タウの文字のようにユダヤの宗教や神殿での祭儀に関連するものと、頭飾り《ディアデーマ》のようにヘレニズム諸王朝から取り入れたものであるが、異教のシンボルや偶像崇拝とは受け取られないものの二つに分類できる。

ヘロデはハスモン朝の硬貨から植物のモチーフを取り入れている。ヘロデの治世第三年に発行された硬貨の裏面にはユダヤの地のシンボルで神聖なモチーフとされるザクロが描かれている（図2・2）。ザクロは聖書でユダヤの特産とされており〔民数記一三23、申命八8〕、ヨセフスによれば、神殿の黄金のメノラ〔燭台。『古代誌』三145〕、また、神域の柱頭〔王上七18〕やエフォドという祭司の祭服〔出エジプト二八33〕などを飾っていた。

ナツメヤシの枝が確認できる硬貨もいくつかある。中心に描かれたシンボルを左右対称の二本のナツメヤシの枝が挟んでいるもの（図2・4、9）、ナツメヤシの枝が一本、硬貨の中央に描かれているもの（図2・8）、頭飾りの内側に交差した二本のナツメヤシの枝が描かれているもの（図2・17）などである。ギリシア世界では、ナツメヤシは〔勝利の女神〕ニケの象徴として勝利を表現していた。しかし、ナツメヤシの枝はそうした元々の意味から派生して、ユダヤの宗教的なシンボルとしての意味をもつようになる。それは仮庵祭《スコット》の儀式で用いられるナツメヤシの幹、あるいは他の植物〔ミルトス、ヤナギ〕やエトログ〔柑橘系の果実〕の実をくくりつけたナツメヤシの枝「ルラブ」に繋がっていく。つまり、ナツメヤシの枝は勝利を表すギリシアのシンボルとして、また、

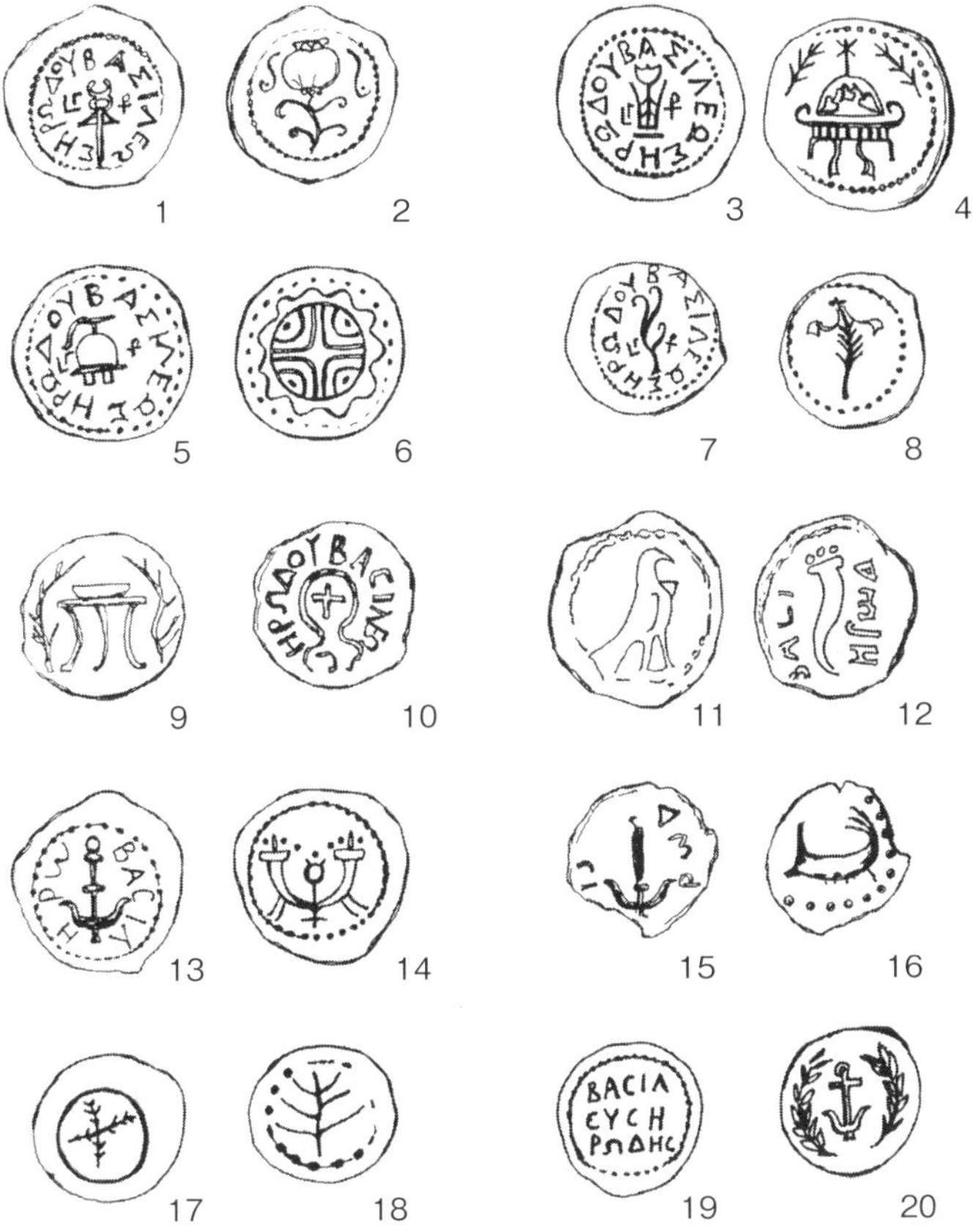

図２　ヘロデ大王の青銅硬貨

①ヘルメス杖、②ザクロ、③三脚鼎と「レベス」、④救い（？）の兜、⑤兵士の兜、⑥盾、⑦アフラストン、⑧ナツメヤシ（「ルラブ」）、⑨三本脚の卓、⑩頭飾り《ディアデーマ》と「タウ」の文字、⑪鷲（ケルビム？）、⑫豊穣の角、⑬錨、⑭二本の豊穣の角、⑮錨、⑯ガレー船、⑰交差した二本のナツメヤシの枝（あるいは「タウ」の文字）、⑱ナツメヤシ（「メノラ」）、⑲ギリシア語の銘文「ヘロデ王」、⑳月桂冠の内側に描かれた錨

（G. F. Hill, D. Hendin 文献所収図版をトレース）

ユダヤ教の祭儀の象徴として二重の意味を帯びるようになったのである。七本の枝をもつナツメヤシの木が図案化されている硬貨もある（図2・18）。これは意図的にメノラの形を示しているものと見ることもできるだろう。

豊穣の角はヘレニズム時代の硬貨に起源をもち、すでにハスモン朝の硬貨に見られるが、ヘロデもこれを取り入れた。一本の場合もあれば、左右対称で交差する二本の角が描かれている場合もある（図2・12、14）。これは繁栄と農耕における豊穣のシンボルであり、セレウコス朝や、特にプトレマイオス朝の硬貨に頻繁に用いられたものであった[59]。たいていの場合、角からはぶどうの房や角錐状のパン、ザクロのような丸い果実が豊富に溢れ、二本の角が描かれる場合には下部で結合し、杯状《カリス》の容器の脚部として表現されている。また、二本の角は頭飾りで結ばれ、その両端がはためいているように見える（図2・14）。豊穣の角は豊穣を象徴し、それによりヘロデは民衆に豊かさをもたらす者として自らを喧伝しようとしたのだった。

ヘロデの治世第三年に造られた硬貨は、表面には天辺に飾りのついた兜、裏面には幾何学模様の盾が描かれている（図2・5、6）。この図柄はギリシア・マケドニア様式の硬貨によく見られ、ヘレニズム時代の王たちによる硬貨から着想を得たものである。戦闘に関係する図柄はヘロデが治世三年にアンティゴノスに勝利したことの表現と見ることもできるだろう。しかし、兜と盾の意味はもっと一般的に、君主の軍事的な力を強調することでもあった。兜はダビデのシンボルのひとつで、有名なゴリアトとの戦いの前に、サウルはこの若き英雄に青銅の兜を与えている（サム上一七38）。ダビデの盾は後に神殿において聖別されている（王下一一10）。ヘロデは聖書の伝統を反映させつつ、勝利をもたらす王を表現するために兜と盾を採用したのである。

ヘロデの硬貨の中には、ヘルメスの杖が一本だけ描かれたもの（図2・1）、左右対称の二本の豊穣の角に挟まれて描かれたもの（図2・14）の二例が見られる。これはギリシアの図像から借用されたものだが、ギリシア神話でそれを身につけている神、ヘルメスまたはアスクレピオスとの関係はユダヤという新たな文脈においてはまったく見出すことができない。これは非常に広い意味における幸運を想起させている。杖のシンボルはセム語系の地域においても広く用いられ、アンチレバノン山脈周辺の住民であるイトレア人の硬貨[60]や、フェニキアのさまざまなモニュメント[61]にも見出すことができる。

ヘロデは海洋に関するシンボルも何種類か用いている。治世第三年の硬貨には、船の艫《とも》を飾る「アフラストン」が描かれている（図２・７）。これは海上覇権のシンボルと理解され、フェニキアの硬貨、特にアラドスの硬貨から取り入れられた[62]。ガレー船が描かれた小型青銅貨（図２・16）や、錨が描かれたものもある（図２・13、15、20）。重要なのは、ヘロデの王国が地中海への出口を領有し、海に開かれていることが強調されていることである。Y・メショレールが示唆するように、これらのシンボルはカイサリアの港を示していると見ることもできる[63]。カイサリアが捧げられた皇帝アウグストゥスを想起させる月桂樹の間に置かれた錨はヘロデによる港の建設を記念したものなのかもしれない（図２・20）。その裏面の碑銘には「ヘロデ王」（ΒΑΣΙΛΕΥΣ ΗΡΩΔΗΣ）とあるが、〔所有を表す〕属格ではなく、〔動作主を表す〕主格形で記されている（図２・19）。つまり、硬貨の発行により、町を創建した王の名だけではなく、海辺のカイサリアという町の建設を祝っているのである。月桂冠はギリシアの硬貨の伝統に遡り、すでにハスモン朝の硬貨にも描かれているが、ギリシア神話との関連を想起させず、また生物でもないので、ユダヤ教において禁じられたものではない。

七枝のメノラと供えのパンの聖卓などの神殿の調度品が初めて硬貨に現れたのはアンティゴノスの時代である。このハスモン朝最後の王の硬貨にはギリシアからの影響のないユダヤの伝統的なものが描かれている。一方、ヘロデはギリシアの神域の調度品に影響を受け、より「目新しい」ものを好んだ。治世三年発行の硬貨に描かれた三脚鼎《かなえ》がまさにそうである（図２・３）。そのシンボルはアポロンの三脚鼎を模したものと考えられているが、その上に載せられているのはギリシアの硬貨では一般に三脚鼎と組み合わされるレベスと呼ばれる「大釜」を思わせる。しかし、ヘロデの硬貨にはデルフォイの神アポロンを思わせるものはなく、禁止規定に触れることなくギリシアの図像から借用された調度が思い起こさせるのはヤハウェの祭儀である。ヨセフスもためらいなく、この神殿の調度品をデルフォイのアポロン神殿のものと比較し、モーセが幕屋に設置したテーブルはデルフォイのアポロン神殿にあるものと類似していると述べている（『古代誌』三139）。このような比較は冒瀆行為ではなく、エルサレムの神域の価値を高めるためになされた。ヘロデの硬貨の三脚鼎は供えのパンの台のそばに置かれた香料の祭壇を表現したものかもしれない。しかし、図案として三脚鼎を選んだことは祭具を「新しいもの」にしたいという欲求のあらわれである。湾曲した三本脚の卓という表象からもその意図が確認できる（図2・9）。このタイプの卓はヘレニズム・ローマ時代の近東では一般的なものである。同じ種類の小さな調度品が前二世紀のマリサ〔マレシャ〕の墓に描かれている。[64] さらに三世紀のダマスカスの硬貨の裏面にもそれを確認できる。[65] これは器を支える台なのかもしれない。調度品を囲む二本のナツメヤシ、またはその枝は祭儀との関連を思わせる。これらの調度品はヘロデが再建した神殿という新しい建築物に対応している。そこからは自らの信仰心と新しさという二重のメッセージを読み取ることができる。ヘロデはユダヤ教の定めに背かないものであれば、積極的に時代の流行を取り入れる敬虔なユダヤの王であろうとしたのだった。

　裏面にレベスを載せる三脚鼎が描かれた治世第三年の硬貨の表面には、他にはなく、これまでのところ十分に満足できる説明がなされていない謎に満ちたモチーフが描かれている（図2・4）。この問題に取り組んできた歴史家たちはディオスクーロイ〔「ゼウスの息子たち」の意〕が被るピレウス帽〔縁のない円錐型の帽子〕型の兜であると主張している。ただし、J・メイシャンはピレウス帽型の兜で蓋をした香炉と主張している。しかし、この説は現代のアラブ世界で用いられる香炉との時代錯誤の比較を根拠としており、他の研究者には受け入れられていない。S・ブレナーはこのモチーフが天辺に飾りのついた兜であると指摘したこと以外にはあまり貢献していない。J・P・フォンタニーユとD・T・アリエルはこの硬貨についてのさまざまな解釈をまとめている。D・M・ヤコブソンはピレウス帽型の兜とする最も一般的な解釈を採用し、それを「異教の」シンボルとして、ヘロデのギリシアびいきと密接に関連づける。[66] 実のところ、ヤコブソンの分析は単純すぎて、硬貨によって広められた政治的言説と現実の間に存在するかもしれない隔たりを考慮していない。ヘロデの硬貨にあらわれるシンボルは、王の個人的な嗜好ではなく、拡散させようとした自らのイメージと理解すべきである。ヘロデは何よりも伝統的なユダヤの君主として自らを表現しようとしていた。この点からこの硬貨の兜の意味は説明されなければならない。では、ヘロデは治世第三年というこの年に、このモチーフによって何を主張しようとしたのだろうか。

この兜は天辺に六本の光を発する星を戴き、天板の両端が角のように曲がった低いテーブルの上に置かれている。その星には二本のナツメヤシの枝が左右対称でその先端を向けている。保存状態がよい例であれば、ブドウかツタの葉がその被り物の上に置かれているようにも見える。これは兜そのものに施された装飾か、その上に置かれた植物の冠であろう。おそらく頭飾り《ディアデーマ》と考えられる帯の両端がテーブルの両脚の間から垂れ下がっている。

この兜のモチーフはギリシアの図像からの借用で、カストールとポリュデウケースを指すディオスクーロイが身につけていたピレウス帽と呼ばれる被り物である。しかし、ヘロデの硬貨の場合、このモチーフの借用はギリシアの神話の二人の英雄、ディオスクーロイとまったく関連しない。ギリシアの硬貨ではピレウス帽は独特なもので、兜は必ず二つ描かれるからである。双子であるディオスクーロイ神話の根本原則は対であることだが、ここではそれが該当しない。つまり、ピレウス帽（兜）というモチーフはその起源であるギリシアの文脈から離れ、新しい意味を与えられていることになる。

ピレウス帽と同様、星もディオスクーロイの属性のひとつである。セレウコス朝の王たちが用いた図像では、王の胸像に描かれ、王《バシレウス》の超人性が強調されているとも考えられる[67]。

しかし、ユダヤという環境においては、支配者の神格化を示唆することはあり得ない。星は「主に油を注がれた者」、王としてのメシアと見なされるユダヤの君主への神聖なる油注ぎによって任命される王の権力を象徴している。実際のところ、星はダビデと関連しており、また、「私には彼が見える。しかし、今この時ではない。

私は彼を眺める。しかし、間近にではない。一つの星がヤコブから出て一つの笏がイスラエルから立ち上がりモアブのこめかみを打ち　シェトのすべての子らの脳天を砕く」（民数記二四17）というバラムの預言では王権と結びついている。この箇所の後には未来のイスラエルの王が実現する軍事的征服が列挙されている。ヘロデはユダヤの伝統が伝える戦う王として自らを示そうとしたのではないだろうか。星はダビデの王位とメシアとしての統治であるという主張を意図している(68)。

被り物について言えば、「主は正義を鎧として身につけ、救いの兜を頭にかぶり」（イザヤ五九17）というイザヤの預言にあらわれるように、兜が救済の象徴とされていると考えてみたい。救いの神とされるディオスクーロイのピレウス帽という選択は、それまで文学上のイメージでしかなかった「救いの兜」を表現するのに合致すると考えられたのかもしれない。ピレウス帽はギリシアの文脈から離れ、前三七年のエルサレム占領の際のヘロデが具現化しようとしたメシアである正義の王の属性となったのである。

しかし、この硬貨の意匠を全体として考えてみなければならない。すでに述べたように、この兜は両端が翼のようになっている低いテーブルの上に置かれている。この調度についてはヨセフスの著作に記述されており、神殿の調度品の中にテーブルと祭壇があったと言及されている（『古代誌』三140）。その両端は環状に加工され、祭司が運ぶことができるよう棒が通されていた。これがヘロデの硬貨に描かれた形状の環である。つまり、ヨセフスの記す調度品との比較により、兜が置かれているのは供物台と結論できるだろう。硬貨の裏面の治世第三年という銘文が示すように（図2・3）、前三七年に勝利を収めた直後、ヘロデは救済のシンボルとして神に捧げた兜を神殿に奉納したのである。神殿でヤハウェに品物を奉納するという慣習は広く行われていた。たとえば、ダビデの槍と盾がソロモンにより奉納されている（王下一一10）。また、ハスモン朝の王アレクサンドロス・ヤンナイオスは黄金製のブドウを奉納した（『古代誌』一四34）。

兜のモチーフは神がヘロデに命じたとされる地上での使命の成功を表現するために描かれたのかもしれない。

ヘロデは神に遣わされた者、ユダヤ人の解放者と自ら称していた。これはイザヤの預言におけるキュロスと比較される（イザヤ四四24－28、45）。ヘロデの政治的喧伝はこのペルシア人の征服者に関する言葉「キュロスについて、『彼は私の牧者で　私の望みをすべて実現する』と言い　エルサレムについて、『それは再建され　神殿は基が据えられる』」（イザヤ四四28）に特に影響を受けている。神殿の再建という預言もヘロデの政治的喧伝によって再び活性化された。文献と図像を検討することで、王の役割という観念と政治的な言説が徹底して首尾一貫していたことが明らかになった。

ユダヤの王権のシンボルとして用いられた古ヘブライ文字の「タウ」を別にすると、ヘロデの硬貨にあらわれる文字や碑銘はすべてギリシア語である。アレクサンドロス・ヤンナイオスからアンティゴノスまでのハスモン朝の硬貨の特徴である二言語併用は、ギリシア語だけを用いることで放棄されている。その結果は些細なものではなく、ハスモン朝の特徴であった君主の二重名が消失することになった。ヘロデはその名をギリシア語の「ヘーロデース」と記し、ギリシア・マケドニア系の王の称号「バシレウス」（王）を記すだけであった。

ほぼすべての硬貨で「ヘロデ王の（硬貨）」（ΒΑΣΙΛΕΩΣ ΗΡΩΔΟΥ）という銘文を読み取ることができる。小さな青銅貨ではスペースが足りないので、ΒΑΣΙΛ ΗΡΩ と短縮されることもある。主格で「ヘロデ王」（ΒΑΣΙΛΕΥΣ ΗΡΩΔΗΣ）と記された硬貨がひとつだけある（図２・19）。この硬貨は実のところ、王の死後、王の息子で、ユダヤ、サマリア、イドマヤにおける後継者となったアルケラオスの時代に発行されたと考えられている。通常、属格の場合は硬貨を造った王の名が示されているが、主格の場合は発行者が敬意を示す君主の名を表している。問題は発行した人物が言及されていないことである。

ヘロデの硬貨のうち、年代が特定できるのはすべて「ＬΓ」すなわち「第三年」と記されたものである。治世年を示す「Ｌ」という略記は、もともとプトレマイオス朝の硬貨における特徴だが、ヘロデにより取り入れられた。ヘロデは前四〇年にローマ元老院から王に任命されたので、治世第三年はエルサレム征服後、ユダヤの支配者として実質的な統治を始めた前三七年に相当する。治世第三年という記載によって、戦勝を記念すると同時に、アンティゴノスの治世（前四〇―三七年）を不当なものとして公式に抹消することができた。

注

（1） この問題については D. M. Jacobson, «King Herod's "Heroic" Public Image», *RB* 95, 1988, p. 386-403; Chr.-G. Schwentzel, «L'image officielle d'Hérode le Grand», *RB* 114, 2007, p. 565-593 参照。

（2） T. Ilan, «King David, King Herod and Nicolaus of Damascus», *JSQ* 5, 1998, p. 196-215; E. Parmentier-Morin, «L'usurpateur vertueux: histoire et propagande dans l'œuvre de Nicolas de Damas, historien d'Hérode», M. Molin (éd.), avec la collaboration de J.-Y. Carrez-Maratray, P. Gaillard-Seux & E. Parmentier-Morin, *Images et représentations du pouvoir et de l'ordre social dans l'Antiquité, Actes du colloque d'Angers (28-29 mai 1999)*, Paris, 2001, p. 91-100.

（3） ヘロデ一族の出自については N. Kokkinos, *op. cit.*, 1998, p. 129-146 参照。ヨハネ・ヒルカノス一世によるユダヤ化政策については A. Kasher, *Jews, Idumaeans and Ancient Arabs, Relations of the Jews in Eretz-Israel with the Nations of the Frontier and the Desert during the Hellenistic and Roman Era* (*332 BCE-70 CE*), *TSAJ*, Tübingen, 1988, p. 44-78 参照。

（4） S. J. D. Cohen, *The Beginnings of Jewishness*, Berkeley, 1999, p. 13-24.

（5） H. M. Cotton & J. Geiger, *Masada*, vol. II, *The Yigael Yadin Excavations 1963-1965, Final Reports*, Jerusalem, 1989, p. 133-150, nos. 804-816.

（6） Y. Yadin, *op. cit.*, p. 185.

（7） A. Schalit, *op. cit.*, p. 457.

(8) メシアのさまざまな意味については J. Coppens, *Le messianisme royal. Ses origines, son développement, son accomplissement*, Paris, 1968, p. 10-14 参照。

(9) R. de Vaux, *Les institutions de l'Ancien Testament*, vol. I. *Le nomadisme et ses survivances, institutions familiales, institutions civiles*, Paris, 1958, p. 155.

(10) O. Edwards, «Herodian Chronology», *PEQ* 114, 1982（p. 29-42）, P. 33. ヘロデの戴冠は神殿の丘で行われたというロッカの説には議論の余地がある。Rocca, *op. cit.*, p. 24.

(11) É. Nodet, «Appendice sur la version slavone de la Guerre», H. S. J. Thackeray, *Flavius Josèphe: l'homme et l'historien*, Paris, 2000, p. 170-174.『戦記』とそのスラブ語版の比較については H. & K. Leeming (eds.), *Josephus' Jewish War and its Slavonic Version. A Synoptic Comparison*, Leiden, 2003 参照。

(12) D. Goodblatt, *The Monarchic Principle. Studies in Jewish Self-Government in Antiquity*, *TSAJ*, Tübingen, 1994.

(13) 特にサム下六13と王上九25参照。

(14) P. Richardson, «Law and Piety in Herod's Architecture», *SR* 15, 1986, p. 347-360.

(15) これらの年代に関する諸問題については M. Sartre, *D'Alexandre à Zénobie, Histoire du Levant antique, IVe siècle av. J.-C.-IIIe siècle apr. J.-C.*, Paris, 2001, p. 353 参照。

(16) Chr.-G. Schwentzel, *Cléopâtre*, Paris, 1999, p. 77〔邦訳『クレオパトラ』118頁〕

(17) J.-S. Caillou, *Les tombeaux royaux de Judée dans l'Antiquité de David à Hérode Agrippa II. Essai d'archéologie funéraire*, Paris, 2008, p. 285.

(18) A. Lichtenberger, *op. cit.*, p. 154-155 ならびに D. M. Jacobson, *art. cit.*, 1988, p. 398.

(19) A. Negev, *The Architecture of Obodas. Final Report. Qedem* 36, Jerusalem, 1997.

(20) E. M. Smallwood, *op. cit.*, p. 94-95.

(21) G. Hölbl, *A History of Ptolemaic Empire*, London/New York, 2001, p. 105-111.

(22) Chr.-G. Schwentzel, «Les thèmes du monnayage royal nabatéen et le modèle monarchique hellénistique», *Syria* 82, 2005, p. 149-166.

(23) D. W. Roller, *op. cit.*, p. 214-238 参照。

(24) Chr. Saulnier, *Histoire d'Israël III. De la conquête d'Alexandre à la destruction du Temple (331 a. C.-135 a. D.)*, Paris, 1985 , p. 218-219. (J. Perrot との共著)

(25) M. Bernett, *Der Kaiserkult in Judäa unter den Herodiern und Römern*, *WUNT*, Tübingen, 2007, p. 146.

(26) L. Boffo, *op. cit.*, no. 17, p. 145-150; L. Tholbecq, «Hérodiens, Nabatéens et Lagides dans le Hauran au Ier s. av. J. -C. : réflexions autour du sanctuaire de Ba'alshmin de Si' (Syrie du Sud)», *Topoi* 15, 2007, p. 285-310.

(27) A. Bernand, *Les inscriptions grecques (et latines) de Philae,* I, 1969, no. 52.

(28) Chr. -G. Schwentzel, «Statues royales nabatéennes», *Rant* 3, 2006, p. 125-137.

(29) A. Kasher, *Jews and Hellenistic Cities in Eretz-Israel. Relations of the Jews in Eretz-Israel with the Hellenistic Cities during the Second Temple Period* (*332 BCE-70 CE), TSAJ*, Tübingen, 1990, p. 200.

(30) R. Wennig, «Das Nabatäerreich: Seine archäologischen und historischen Hinterlassenschaften», H. P. Kuhnen, *Palästina in griechisch-römischer Zeit*, München, 1990, p. 389.

(31) H. Ingolt, «A colossal head from Memphis Severan or Augustan?», *JARCE* 2, 1963, p. 125-142.

(32) R. R. R. Smith, *Hellenistic Royal Portraits*, Oxford, 1988, p. 104-105, 174.

(33) ヘロデの位置づけについては A. Schalit, *op. cit.*, p. 146-167 参照。ローマに従属する王の包括的な研究は D. C. Braund, *Rome and the Friendly King. The Character of the Client Kingship*, London/Canberra/New York, 1984, p. 23-24; D. C. Braund, «Client Kings», D. C. Braund (ed.), *The Administration of the Roman Empire*, Exeter, 1988, p. 69-96; E. Paltiel, *Vassals and Rebels in the Roman Empire. Julio-Claudian Policies in Judaea and the Kingdoms*

of the East, *Latomus*, Bruxelles, 1991, p. 199-205; D. M. Jacobson, «Three Roman Client Kings: Herod of Judaea, Archelaus of Cappadocia and Juba of Mauretania», *PEQ* 133, 2001, p. 22-38 参照。

（34）F. Millar, *Rome, the Greek World, and the East*, II, London, 2004, p. 229-245.

（35）J. -M. David, *La République romaine de la deuxième guerre punique à la bataille d'Actium, 218-31*, Paris, 2000, p. 114-117.

（36）A. Lichtenberger, *op. cit.*, p. 74-79.

（37）E. M. Smallwood, *op. cit.*, p. 83.

（38）R. R. R. Smith, *op. cit.*, p. 34-38. ヘレニズム時代の王については B. Virgilio, *Lancia, diadema e porpora. Il re e la regalità ellenistica. Studi Ellenistici*, Pisa/Roma, 1999 の総括を参照。

（39）Chr. -G. Schwentzel, «Images du pouvoir et fonctions des souverains hasmonéens», *RB* 116, 2009,（p. 368-386）, p. 384.

（40）J. Meyshan, «The Symbols on the Coinage of Herod the Great and their Meanings», *PEQ* 91, 1959,（p. 109-120）, p. 117; Y. Meshorer, *op. cit.*, 1998, p. 74. S. Rocca, *op. cit.*, p. 24-25. ロッカはXの印が神殿の丘で行われたとされるヘロデのユダヤ教式の戴冠式と関連していると指摘する。

（41）E. R. Goodenough, *Jewish Symbols in the Graeco-Roman Period*, vol. I, *The Archaelogical Evidence from Palestine*, New York, 1953, p. 132.

（42）『古代誌』八45。

（43）A. Lemaire, «Probable Head of Priestly Scepter from Solomon's Temple Surfaces in Jerusalem», *BAR* 10, 1984, p. 25.

（44）Chr. -G. Schwentzel, *art. cit.*, *RB* 116, 2009, p. 380.

（45）R. R. R. Smith, *op. cit.*, p. 34.

(46) L. Koenen, «The Ptolemaic King as a Religious Figure», A. Bulloch, E. S. Gruen, A. A. Long & A. Stewart (ed.), *Images and Ideology. Self-definition in the Hellenistic World*, Berkley/Los Angeles/London, 1993 (p. 25-115), p. 25-26.

(47) R. de Vaux, *op. cit.*, vol. I, p. 159; P. Bordreuil & Fr. Briquel-Chatonnet, *Le temps de la Bible*, Paris, 2000, p. 232.

(48) G. F. Hill, *op. cit.*, 1914, p. 227; J. Meyshan, *art. cit.*, p. 119-120.

(49) A. Ben-David, *Jerusalem und Tyros. Ein Beitrag zur palästinischen Münz und Wirtschaftsgeschichte (126 a.C.-57 p.C.)*, Basel/Tübingen, 1969, p. 7.

(50) J. Gutman, «The "Second Commandment" and the Image in Judaism», J. Gutman (ed.), *No Graven Image. Studies in Art and the Hebrew Bible*, New York, 1971, p. 3-16. また J. Quellette, «Le deuxième commandement et le rôle de l'image dans la symbolique religieuse de l'Ancien Testament. Essai d'interprétation», *RB* 74, 1967, p. 504-516 参照。

(51) E. E. Urbach, «The Rabbinical Laws of Idolatry in the Second and Third Centuries in the Light of Archaeological and Historical Facts», *IEJ* 9, 1959, p. 149-165.

(52) G. Fuks, «Josephus on Herod's Attitude toward Jewish Religion: the Darker Side», *JJS* 53, 2002, p. 238-245. この硬貨について、ヘロデが前一一年に再建した神殿の落成を記念したと示唆している。

(53) M. Goodman, *Rome et Jérusalem, le choc de deux civilisations*, Paris, 2009, p. 366.

(54) J. Ouellette, *art. cit.*, p. 516.

(55) P. Prigent, *Le judaïsme et l'image*, *TSAJ*, Tübingen, 1990, p. 14.

(56) S. Rozenberg, «Appendix 4: Wall Paintings of the Herodian Period in the Land of Israël», E. Netzer, *The Architecture of Herod, the Great Builder*, *TSAJ*, Tübingen, 2006, p. 373. 同じく S. Japp, «Public and Private

Decorative Art in the Time of Herod the Great», N. Kokkinos (ed.), *The World of the Herods, vol. 1 of the International Conference held at the British Museum, 17-19 April 2001*, Stuttgart, 2007, p. 227-246.

（57） P. Richardson, *art. cit.*, 1986, p. 347-360.

（58） J. Meyshan, *art. cit.*, p. 109-120.

（59） Chr.-G. Schwentzel, «Les cornes d'abondance ptolémaïques dans la numismatique», *Cahier de Recherches de l'Institut de Papyrologie et d'Égyptologie de Lille* 21, Lille, 2000, p. 99-103.

（60） D. Herman, «Certain Iturean Coins and the Origin of the Heliopolitan Cult», *INJ* 14, 2000-2002（p. 84-98）, p. 97.

（61） S. Moscati, «Les stèles», S. Moscati（éd.）, *Les Phéniciens*, Paris, 1997（p.364-379）, p. 369.

（62） G. F. Hill, *Phoenicia, BMC*, London, 1910, p. 39, no. 322.

（63） Y. Meshorer, *op. cit.*, 1998, p. 75.

（64） J. P. Peters & H. Thiersch, *Painted Tombs in the Necropolis of Marissa*, London, 1905.

（65） M. Rosenberger, *The Coinage of Eastern Palestine and Legionary Countermarks, Bar-Kochba Overstrucks*, Jerusalem, 1978, nos. 61-62, p. 32.

（66） J. Meyshan, *art. cit.*, p. 111; S. Brenner, «Coins of Herod the Great: Star or Crest?», *The Celator* 14, p. 40-47; D. T. Ariel & J.-P. Fontanille, «The Large Dated Coin of Herod the Great: the First Die Series», *INR* 1, 2006, p. 73-86; D. M. Jacobson, «Military Helmet or Dioscuri Motif on Herod the Great's Largest Coin?», *INR* 2, 2008, p. 93-103.

（67） 特にアンティオコス四世エピファネスの表象を参照。R. Fleischer, *Studien zur Seleukidischen Kunst*, vol. I, *Herrscherbildnisse*, Mainz, 1991, p. 46.

（68） これについてはW. Wirgin, «On King Herod's Messianism», *IEJ* 11, 1961, p. 153-154 参照。

第3章
宮廷、行政機構、王国の財政

ヘロデは複数の宮殿を保有し、頻繁に王国内を移動していた。「宮廷《アウレー》」という概念は特定のひとつの場所に結びついているのではなく、その時々に王がいる場所を示す。宮廷は地理的というより政治的な意味で、権力の中心、国家の頂点、決定が下される場と認識される。王に付き従い、王が滞在するさまざまな場所に随伴する者たちでそれは構成される。

N・コキノスが指摘したように、(1) ヘロデはヘレニズム諸王に匹敵する非常に組織化、序列化された宮廷の中で日々を過ごしていた。宮廷を構成していたメンバーは主として、王族、「友人たち《フィロイ》」、使用人、賓客という四つの集団に分けられる。ヘロデはその中から王国の行政と運営に携わる高位公職者を登用していた。

1 宮廷

宮廷を構成する人びと

ヘロデには一〇人以上の妻がいた。前三七年、ヘロデは自らの即位を正当化するため、最初の妻であるイドマヤ人のドリスを離縁し、ハスモン家のマリアンメと結婚した。マリアンメはヨセフスの著作では「妻《ギュネー》」と記されるだけなので（『古代誌』一五185、237）、「王妃《バシリッサ》」という称号を担うことはなかったようだ。つまり、ヘロデは王妃のいない王だったのである。ヘレニズム諸王国の基本的な特徴の一つは「王《バシレウス》」と対をなす女性の「王妃《バシリッサ》」が少なくとも公式の言説においては権力を共有していることであったが、ヘロデはそうしなかったのである。プトレマイオス朝では、アルシノエ二世フィラデルフォスが、弟であり夫でもあるプトレマイオス二世の統治にかなり政治的影響力を及ぼしていた。その後、クレオパトラ一世、クレオパトラ三世、さらに有名なクレオパトラ七世が代々実質的な権力を行使したが、これはセレウコス朝やアッタロス朝の王妃も同様だった。(2) このような王妃の例外的な地位は聖書の伝統の中に見られないことではなかったが、あるひとつのタイプの支配者に限られている。すなわち、王の母である。ダビデの王国においては王の妻は基本的に副次的な役割しか果たしていない。(3) ソロモン王の母であるバトシェバは息子の王座の傍らに着座したし（王上二19）、ユダ王アサの母マアカも一定の権力を享受していた（王上一五13）。王妃の地位はハスモン朝時代に再び確立され、アレクサンドロス・ヤンナイオス王（前一〇三―七六年）の妻である王妃サロメ・アレクサンドラが夫の死後、息子たちの摂政となった例を示すことができる。ヘロデはハスモン家とは決別しつつ、それよりも強くダビデとソロモンに倣うことを望んでいたので、実生活でもプロパガンダにおいても、妻と権力を分け合うことを望んでいなかった。

マリアンメを処刑した後、ヘロデは八人の妻を娶った。アルケラオスとアンティパスの母マルタケ、フィリポスの母クレオパトラ、マリアンメ二世、パラス、ファイドラ、エルピス、それに名は知られておらず「従姉妹」と「姪」とのみ伝えられる二人の女性である。また、最初の妻ドリスを呼び戻し、宮廷に住まわせた。このようにヘロデは九名の妻と同時に暮らしていたので、一夫多妻であった。ヨセフスは一夫多妻が律法で認められていると断言しているが（『古代誌』一二14、『戦記』一477）、王が多数の妻を持つことを禁じている申命記と矛盾するように思われる（申命一七17）。しかし、すべてはこの箇所をどのように解釈するかによる。実際のところ、申命記ははっきりと一夫多妻を咎めているのではなく、王が持つ妻の数を制限するように勧めるだけである。つまり、ヘロデはほんの九人の妻しか持っておらず、列王記の編者によれば七〇〇人の王妃と三〇〇人の側室がいたとされるソロモンよりも少ないので（王上一一3）、違反の状態にないことになる。ヘロデの妻たちは王の子を生まなければ、特別な影響力を持つことはなかった。[4]

　その一方で、ヘロデは母キュプロスには多大なる敬意を払い続けた。しかし、彼女が王妃の地位につくことはなかったし、王の相談相手でもなかった。ヘロデは単に息子が母にするように彼女のことを心にとめていただけで、常にそば近くに置いていた。前四〇年にローマへ向かったときのように、母親のそばを離れなければならないときには、マサダ要塞で彼女の安全を確保するよう配慮している。

　ヘロデの宮廷で実質的な影響を持ち続けた唯一の女性は王の妹サロメだった。彼女は王に対する実際の陰謀、あるいは陰謀の嫌疑を暴くため、監視を止めることはなかった。彼女は事実上、宮廷の女主人であり、彼女ほどの影響力を持つ女性はいなかった。また、サロメはヘロデの治世を通じて、どうすれば王の信頼を保てるかを心得ていた。王の死後、彼女の信頼は報われることになる。王国の一部を継承し、銀貨五〇万枚と三つの町（イアンミア〔ヤムニア〕、アゾトス〔アシュドド〕、ファサエリス）を得たのである。

　ヘロデの兄ファサエルはアンティパトロスからエルサレムの統治者に任命されたが、前四〇年に死んだ。前三八年には弟のヨセフがアンティゴノスとの戦争の最中にエリコで殺される。それ以後、ヘロデの兄弟で残っていたのは、ペレアの四分領主に任命された弟のフェロラスだけであった。しかし、フェロラスは愛情から妻とした使用人の女性との離別を拒否したことで宮廷から追放された。ヘロデの息子たちも、少なくとも不興をこうむるまで行政に関与していた。たとえば、ドリスとの息子アンティパトロスが副王の役割を果たしていた時期もある。

　王に助言を与える側近たちは「友人たち《フィロイ》」という宮廷での称号を保持していた。ヘロデはセレウコス朝やプトレマイオス朝の宮廷のシステムを継承、あるいは少なくともそこから着想を得たのである。[5]「友人たち」は内的なヒエラルキーをもっており、ランク分けされていた。王と「友人たち」の関係が一方的なものであることに注意するべきである。ヘロデは「友人たち」を選び、意のままに罷免することができた。陰謀への関与の発覚、あるいはその疑いを理由に追放することも死に追いやることもできた。ヨセフスは「友人たち」あるいはそのような人物として一八名の名前を挙げている。[6]

アレクサス――ヘロデの妹サロメの最後の夫。王の死の直後、エリコの円形闘技場に部隊の派遣を命じていることから、ヘロデの治世末期には軍の最高指揮官であったと考えられる（『古代誌』一七193―194）。

アンドロマコス――ヘロデの最も古い「友人」の一人。ヘロデの息子アリストブロスとアレクサンドロスの後見人《トロフェウス》であったため、王子たちが企てたとされる陰謀の後に罷免された（『古代誌』一六241―245）。

アンティパトロス・ガディアス――コストバロスの反乱を支持したために処刑された（『古代誌』一五252―266）。

アンティフィロス――王の息子アンティパトロス側近の知識人で、ヘロデに対する陰謀を企んだとされる（『古代誌』一七70―77、『戦記』一592）。

コストバロス――イドマヤとガザの行政官であり、ヘロデの妹サロメの二番目の夫。任地の王になろうという野心を抱き、ヘロデに対し陰謀を企てた（『古代誌』一五252―266）。

ディオファントス――アレクサンドロスの筆跡を偽造（『古代誌』一六319、『戦記』一529）。アレクサンドロスはおそらくそれにより死に追いやられた。

ドシテオス――おそらくコストバロスの反乱を支持したために処刑された人物。ヘロデの『備忘録』のうち、唯一現存する断片（*FGH*, 236）では、ヒルカノス二世の処刑に何らかの役割を果たしたと伝えられる。

エイレナイオス――優れた弁論家にして、前四年にヘロデ・アンティパスの弁護人を務めた（『古代誌』一七226、『戦記』二21)。

ゲメルス――ヘロデの最も古い「友人」の一人で、アンドロマコスとともにアリストブロスとアレクサンドロスの後見人となる(『古代誌』一六241―245)。

ヒッピコス――戦死したヘロデの重要な「友人」(『戦記』五162)。彼を記念して、エルサレムの王宮の北側に建立させた三つの大きな塔の一つを「ヒッピコス」と名づけた。

リュシマコス――コストバロスの陰謀に加担したため、処刑された(『古代誌』一五252、260)。

ダマスカスのニコラオス――王の助言者にして歴史家。[7] アントニウスとクレオパトラに仕えていたが、前三〇年頃にヘロデの宮廷に移った。アウグストゥスに重用され、ヘロデと皇帝の間を仲介した。ヘロデの死後はアルケラオスを支持した。

オリュンポス――アントニウスとクレオパトラに仕えていた医師で、前三〇年頃にヘロデの宮廷へと移った。アリストブロスとアレクサンドロスの逮捕をアウグストゥスに伝えた(『古代誌』一六354、『戦記』一535)。

フィロストラトス――歴史家。クレオパトラの側近だったが、アクティウムの戦いの後、ヘロデの宮廷に赴いた(『アピオーンへの反論』一144)。

プトレマイオス――財務担当行政官《ディオイケーテース・トーン・プラグマトーン》(『古代誌』一六191)。ヘロデの「最も重要な友人《プロティモメーノス》」(『戦記』一473)。前四〇年にロドスで出会った後に仕え、ヘロデの遺言執行人となった。

ダマスカスのプトレマイオス――ダマスカスのニコラオスの兄弟。ヘロデの死後はアルケラオスに敵対するアンティパスを支持した(『古代誌』一七225、『戦記』二21)。

サピノス(サピニオス)――プトレマイオスと同様、前四〇年にロドスでヘロデと出会う(『古代誌』一五204―208)。

ソアイモス――管区長官《メーリダルコス》(『古代誌』一五204―208)。ハスモン家のマリアンメの護衛として信頼されていた。ヘロデがオクタウィアヌスとの会見のため王国を離れたときも保護を委ねられた。王の帰還後、彼女と関係をもったと疑われ、死罪となった。

ヨセフスは陰謀に関与したとされる使用人についても述べている。買収されて大祭司の夕食の席でアンティパトロスに毒を盛ったヒルカノス二世の酌人が知られている（『古代誌』一四280―282）。また、ヘロデの時代には、ヘロデの妹サロメに買収され、莫大な報酬を約束されてヘロデの杯に毒を入れるようマリアンメに唆されたと告発させられた酌人もいる（『古代誌』一五223―224）。ヨセフスはさらに、宮廷の陰謀に関与したトリュフォンという名の王の理髪師についても述べている（『古代誌』一六387、『戦記』一547）。

ヘロデの身の回りの世話をしていたのは宦官《エウヌーコス》であった。「エウヌーコス」という語は文字通りには「寝所の見張り」を意味し、この特別な使用人は主人との親密な関係によってその役割を正当化される。宦官は出生時または幼児の段階で去勢された奴隷で、その伝統はアケメネス朝ペルシアの大王たちにまで遡るが、プトレマイオス朝末期の宮廷にも存在していたことがわかっている。彼らは身体的に女性となり、時には女性の格好をし、王の性的な生活に興を添えた。宦官が王の特別な秘書や相談相手という役割を果たすこともあった。また、王の妻たちへの奉仕を命じられることもあった。ヘロデはマリアンメに死刑を宣告する前に、マリアンメの宦官を拷問にかけている（『古代誌』一五226）。

ヘロデの宦官にボゴアスというものがいるが、この名前は明らかにアケメネス朝ペルシアの宮廷に実在していた二人の宦官に由来する。一人はアルタクセルクセス三世（前三五九―三三八年）の、もう一人はダレイオス三世（前三三八―三三〇年）の寵愛を受けた宦官である。(8) ユディト記に登場するホロフェルネスの宦官の名前もボゴアスである（ユディト一二11）。実のところ、ヘレニズム時代にはこの名は否定的な意味をもつようになり、性悪で残忍な宦官の典型を示すようになった。(9) ヘロデは反語法によって逆の意味で宦官にこの名を与えた。

ヘロデが「パイディカ」に分類されるカロス――またはカルス――という者を特に寵愛したとヨセフスは伝え

ている。パイディカは宦官とは異なり、去勢されていない青年を指す。彼らは受動的な立場で壮年の愛人と性的な関係を結んだ[10]。ヨセフスによれば、カロスは奴隷であったが、この上なく美しい若者だったという。彼の名はラテン語で「寵児」を意味する。おそらくヘロデがイタリアに滞在したときに買われたのであろう。

宮廷に滞在した賓客では、コス島のエウアラストスが知られている。おそらく自身の都市の外交使節として王の周辺で活動していたのであろう（『古代誌』一六312、『戦記』一532）。スパルタのエウリュクレスはヘロデの宮廷にしばらく滞在し、陰謀に巻き込まれたが、ヘロデから大金をかすめ取るのに成功した[11]。プルタルコスによれば、エウリュクレスは前三一年にスパルタ人の部隊をアクティウムに派遣し、巧みにオクタウィアヌスに取り入ったという（『英雄伝』「アントニウス伝」67）。後に皇帝アウグストゥスとなったオクタウィアヌスはこの功績に謝意を表している。エウリュクレスの陰謀と密計についてはストラボンも伝えており（『地理誌』八5・5）、尊敬に値しない人物ではあるが、前一世紀末の数年間、ギリシアで最も影響力を有する人物の一人であったとしている。また、おそらく賓客であったと考えられる人物として、M・ヴァレリウス・メッサラ・コルウィヌスなど数名の名前を加えることができる。コルウィヌスはローマの修辞家で、ホラティウスとティブルスと親しく、ヘロデを元老院に紹介し、アンティパトロスとその息子ヘロデへの称賛を読み上げた人物である。その後にユダヤ王ヘロデのもとを訪ねたことは十分に考えられる。同僚の元老院議員L・センプロニウス・アトラティヌスについても同じことが言える。地理学者ストラボンも近東への旅行中、前二〇年にしばらくの間、ヘロデのもとに立ち寄ったようである。

ヨセフスは宮殿で催された饗宴について言及しているが、そのいくつかは殺害の現場となった。ヘロデの父アンティパトロスがある酌人に毒殺されたのはヒルカノス二世の饗宴の最中の出来事である。また、ハスモン家のマリアンメの弟、アリストブロス三世がヘロデの命令により水浴場で溺死させられたのもエリコでの宴に招かれた時だった。さらに、福音書もヘロデ・アンティパスの誕生日の祝宴の終わりに洗礼者ヨハネが処刑されたと伝えている。

宮廷での生活は恐怖や残虐さ、死と同じである。ヨセフスは華麗な文体でヘロデの治世末期の死に覆われた雰囲気を記しているが、むしろ想像しているというべきか。そこではヘロデは常に暗殺を恐れる孤独な暴君として描かれている。

狂気の嵐が宮廷の人びとに襲いかかると（彼らは他に何ができたであろうか？）、それまで親しい友人であった者たちが、お互いにいがみ合い残忍に振る舞うようになった。というのも、彼らには真実を立証して自分を弁護する機会も与えられず、裁きを受けることなく破滅の道を辿るしかなかったからである。ある者は投獄されたことを嘆き、ある者は悲嘆のうちに処刑された。またある者は、刑の宣告を待たねばならなかった。沈黙と陰鬱が宮殿から歓喜をすべて追い払った。ヘロデにとっては、全生活が耐えられないものとなった。精神は動揺し、もはや信頼できるものは誰一人いなかった。彼は不安に襲われ、剣を手にした息子が目の前に立ち、あるいは彼に襲いかかってくるという妄想にしばしばとらわれた。その精神は日夜激しい強迫観念にとらわれていた。このように、彼は狂気におそわれ、錯乱状態に陥ったのである。[12]

（『古代誌』一六258―260）

王　宮

ハスモン家はエルサレムに二つの邸宅を持っていた。ひとつは神殿に近い上の町の中心に建設された宮殿、もうひとつは岩の丘の上に建てられ、神殿の丘と北側で接する「バリス」（堅固な砦）と呼ばれる城砦である。この四角形の高い塔には多くの居室があることから、ヨセフスはこれを実際の宮殿と見なした（『戦記』一402）。その城壁内にハスモン家は多くの祭服と儀式で用いる宝飾品の数々を保管していた。

ヘロデは前三七年から前三五年にかけてバリスを改築し、アントニウスを称えてアントニア要塞と名付けた。

前二八年から前二三年に上の町の西側に建てた壮大な宮殿が完成するまで、ヘロデはそこに居住していた。

この途方もない規模の宮殿は、今日ではアルメニア神学校の庭園内に認められる遺構を除くと、ほぼ失われてしまったが、ヨセフスがこれについての情報を提供してくれている。(13)


彼（ヘロデ）は上の町に宮殿を建設した。そこには広大な広間が設けられ、金や大理石を用いた豪華な様式で飾られていた。それらの部屋はすべて、饗宴に来た多くの客を泊めるための寝台を備え、それにふさわしい規模で、カエサルの間、アグリッパの間などと名づけられていた。（『古代誌』一五318）

この宮殿はおもに二つの建物で構成され、一つはアウグストゥス（カエサル）、もう一つはアグリッパに捧げられた。宮殿の全長は約三三〇メートルで、高さ一四メートルの城壁で囲まれていた。ヨセフスは『戦記』の中で、王宮に隣接する庭園についてもいくつかの手がかりを与えてくれている。そこにはさまざまな樹木の森があり、それに沿って伸びる並木道や運河、貯水池、また、その青銅製の噴き出し口から豊かに水が噴き出す泉が設けられたという（『戦記』五181―182）。

宮殿の北側はヒッピコス、ファサエル、マリアンメと名づけられた三つの大きな塔で防御されていた。これらはヘロデと関係の深い三人の人物――ハスモン家から迎えた妻マリアンメ、アンティゴノスとの戦いの中で死んだ兄ファサエル、ヨセフスによれば王の非常に近い「友人」とされるが詳細のよくわかっていないヒッピコスなる人物――を記念している。ヒッピコスはヘロデが敬意を表すことを望んだのだから、両者の関係は非常に密接であったに違いない。コキノスは同性愛の関係であったと指摘するが、根拠は何もない。(14)

三つの塔のうち、ヒッピコスの塔は最も西に位置し、高さは約三七メートルであった。ファサエルの塔は高さ約四二メートルで、三層構造になっていることから、アレクサンドリアの有名なファロスの灯台を思い起こさせる。今日エルサレム旧市街のヤッフォ門近くに現存する「ダビデの塔」をその遺構とする説はあるが、可能性は低い[15]。実のところ、ヨセフスはこの三つの塔が七〇年のローマ人による破壊を免れたと伝えている（『戦記』七2）。マリアンメの塔は高さ二五メートルと最も低く、三つの塔のうちでは最も東に位置する。

王宮はその驚くべき規模により、ヘロデ朝時代のエルサレムにおいて神殿に次ぐ第二の中心となっていた。神殿と王宮はそれぞれ高い丘の上に向き合って建っていた。神殿の丘は海抜七四三メートルで、その南西の王宮があった丘は海抜七七三メートルである。王が神殿の広場に移動するときには、テュロペオンの谷に架かる橋を渡り、発見した一九世紀のイギリス人考古学者の名で通称される「ウィルソン・アーチ」の上を通った。

さらにヘロデはエルサレム以外にも複数の王宮を所有していた。前一二五年から前一一五年頃、ハスモン家の大祭司ヨハネ・ヒルカノス一世はエリコのオアシスに王宮を築かせた。そこはワディ・ケルト左岸のナツメヤシやバルサムの木が植えられた約五〇ヘクタールの広大な土地の中心であった。この地の気候からすると、ヒルカノス一世やその後継者たちはここを冬の宮殿としていたのだろう[16]。アレクサンドロス・ヤンナイオスの治世の始めには王宮の東に二面の大きなプールが造設された。前三六年に、ヘロデの命令により、このプールのどちらかでマリアンメの弟アリストブロス三世が溺死させられている。サロメ・アレクサンドラは摂政を務めていた時期（前七六―六七年）に新たに二つの王宮を建設させた。その大きさはほぼ等しく、E・ネツェルによれば、二人の息子ヨハネ・ヒルカノス二世とアリストブロス二世の力の均衡を維持するためだった。二人は王妃であった母サロメ・アレクサンドラが住むヨハネ・ヒルカノス一世によって建てられた王宮の両側にそれぞれの住居を構えていたことになる。

さて、ヘロデ自身はエリコに三つの王宮を建造させている。ひとつ目は前三五年頃、ワディ・ケルトの右岸に築かれた。建物に備えられていた複数のミクヴェ（儀礼用の浴槽）はヘロデのユダヤ教の祭儀への熱心さを強調しているように思われるが、その一方でローマ式の浴場はヘロデが当時の流行や当世風の奢侈《しゃし》に惹かれていたことを示している。ヘロデのエリコにおける最初の王宮の発見が明らかにしたのは、豪華でありながらユダヤ教の規律と両立しうる生活がそこには存在していたということである。

前三一年、アクティウムの海戦後、ヘロデはアントニウスとクレオパトラがバルサムの木を植えさせたオアシスを完全に所有することになる。この時、ワディ・ケルト左岸の地震により倒壊したばかりのハスモン家のかつての邸宅の西側で二番目の王宮の建設に着手している。

だが、エリコでのヘロデによる最大の建築物は、王が命じて建設させた第三の宮殿であることは間違いない。宮殿は両岸にまたがり、建造物の中央に河川が流れていた。ネツェルは、周囲の自然に組み込まれた宮殿という特徴を、アウグストゥスの時代にローマで流行した風光明媚な風景の中に邸宅を築くという手法と関連づけている。(17) 左岸にはいくつもの空間が並び、なかでも巨大な宴会場《トリクリニウム》と半円状の部屋が注目される。橋でつながれた対岸には列柱廊《ポルティコ》に囲まれた壮大なテラスや小劇場があった。東側には縦九二メートル、横四〇メートルの池を掘らせ、ボートで遊覧したり、おそらく模擬海戦をしたりした。丘の上に設けられた円柱状の建物は給水塔で、そこから人工的に築かれた滝に水が送られ、ワディ・ケルトへと流れるようになっていた。

この第三宮殿については、いたるところで水が流れていることに驚かされる。滝を造り、水の流れを手中に収め、ワディ・ケルトの流れを建物と統合したことは、建築上目覚ましいものと評価できるだろう。エリコの一帯が砂漠であるだけに、ヘロデはこの偉業を誇示することができた。この王宮は水を支配するものとして自らを象徴的に誇示する場として利用されたのである。これはヘロデの権力表現において重要な主題であった。王権は富や豪奢と関連づけられるが、水も黄金のようなものとして、その一部と見なされていたのである。

エリコの宮殿の発掘はヘロデがユダヤ教の禁止規定を守った生活をしていたことを明らかにしている。ミクヴェの存在は、ヘロデ一家が律法の清浄規定を尊重していたことを示す。また、「異教」に関連するものはまったく発見されていない。十戒の「第二戒」に従い、モザイクで描かれているのは幾何学模様だけである。ドー

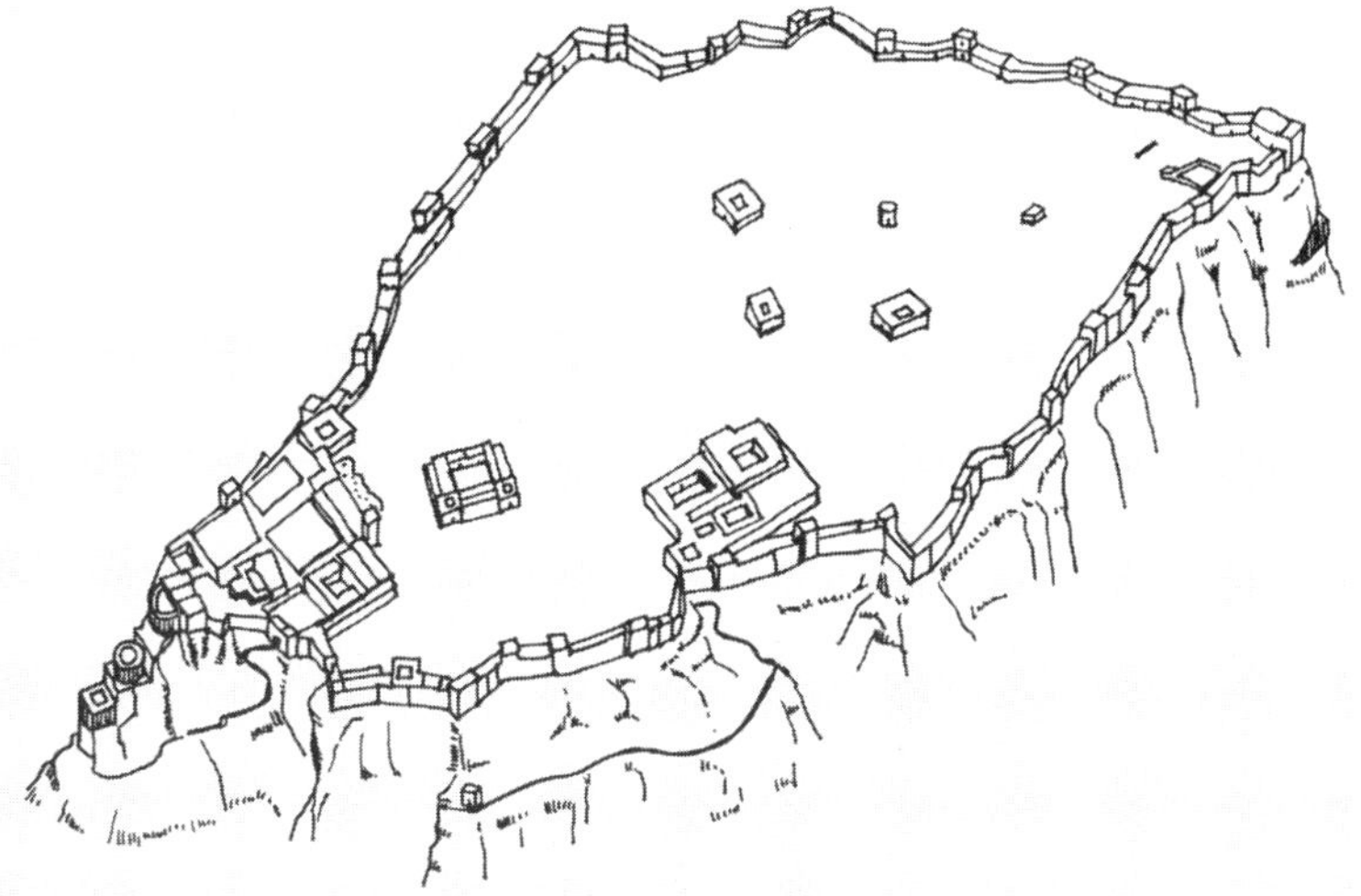

図３　西から見たマサダ要塞の復元図（ネツェルによる図より）

リア式のコーニスや、コリント式の柱頭など、建築様式にはギリシアの影響が見られるものの、Ｊ・グットマンが偶像崇拝に強く反対する特徴を持つと強調したヘレニズム時代のユダヤ教には反してはいない。[18] コーニスのメトープは簡素なロゼッタ紋様で飾られていることも指摘されている。つまり、ギリシア建築の影響は律法に反するものを除いた借用であった。これはヘロデのヘレニズム文化への憧憬を示すのではなく、統治におけるユダヤ教の肯定である。ヘロデがヘレニズム時代の諸王と共通している点は、豪奢な生活と建造物の壮麗さだけなのである。ヘロデは豪華な状況設定や生活様式を求めたが、律法には従順だった。

マサダの岩山の頂上部にはヨセフスによれば、ハスモン朝初期に建造物が築かれていたとされるが〔『戦記』七285〕、同地で行われた発掘はその時代のものとされる遺物はあまり見つかっていない。実際、マサダの建造物のほとんどはヘロデの治世に建設された（図３）。宮殿と思われる複合建築が西と北に見られる。[19] 西の宮殿は遺構の入り口に建てられており、その前方部には衛兵の駐留区が設けられていた。宮殿には応接間と、ミクヴェとして使用されたと思

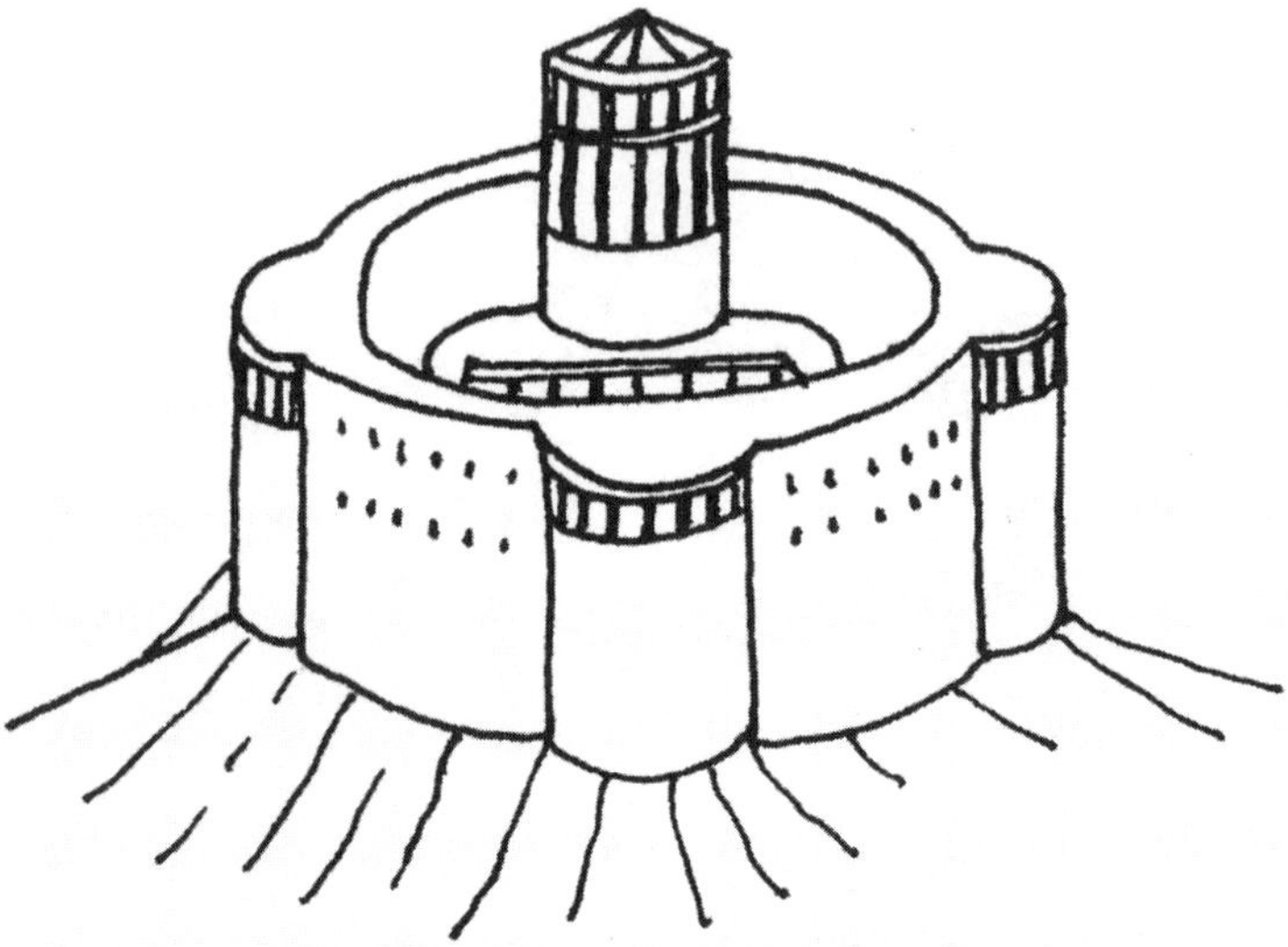

図４　ヘロディオンの要塞、予想復元図

われる浴槽がある。

その少し北には城壁に組み込まれた小規模なシナゴーグがある。このシナゴーグはユダヤ大蜂起（後六六―七三年）の際にシカリ派によって用いられたが、その建造はヘロデの治世に遡ると考えられ、先に述べたようにヘロデのユダヤ教への熱心さを証言している[20]。

北の宮殿はマサダで最も印象的な建物であり、変化に富んだ形状の三段のテラスに建てられている。最上段には王の寝所を含む部屋が四室あり、二重の列柱廊を巡らせて半円形のテラスを形作っている。床には黒と白からなる幾何学模様だけのモザイクが敷き詰められ、壁面を彩るフレスコ画も幾何学模様あるいは花の模様だけで描かれていた。中段はトロスという円形の構造物を上に戴く応接のためのスペースで占められていた。下段はコリント式の列柱が並ぶ長方形の広間で、その脇には浴室か設置されていた。この三段の特別なテラスに入ることができたのは、高位の賓客に限られたと考えられる。エリコと同じように、自然を克服した建築技術は、このような特別な宮殿に住むことができるのは力を持った王だけであるとして、王の権威を喧伝する材料となった。ヘロデは高所に身を置き、そこから周辺の景観――マサダにおいては死海、エリコではワディ・ケルト川――を支配した。この宮殿は王が国と民を掌握していることを示すメタファーとして機能していた。

ヘロデはヘロディオンが建てられた場所に特別な愛着を示していた。それは前四〇年にこの地でアンティゴノスの軍勢と刃を交えたからであった。この建造物に自らの名を与えたことはヘロデの個人的な思い入れを伝えている。

ヘロディオンは二つの建造物に分かれている。ひとつは一部を人工的に造成した丘の頂上部に築かれた霊廟と要塞であり、もうひとつは丘のふもとに築かれた建造物である。要塞は直径六三メートルの円形である（図４）。D・W・ローラーによれば、同じ形状を持つローマのアウグストゥス廟をモデルにしていたとも考えられる。[21] ヘロデは前一七年にローマに滞在した際、皇帝のために建てられた墳墓を見ている。しかし、この説には年代的な問題がある。ヨセフスの記事を参照すれば、ヘロディオンの建設は前二五年から前二二年にまで遡るからである（『古代誌』一五317―333）。建築好きであったヘロデがローマに滞在する以前に、アウグストゥス廟の設計図をユダヤに送らせていた可能性も考えられる。

要塞の内部は列柱に囲まれた中庭が多くを占め、その周囲に王の住居が設けられている。この宮殿には北東から大階段で入るが、その途中には二〇〇七年にネツェルが発見し、ヘロデ廟と考えた建物もある。

麓の施設は庭園の中央に設置された水浴施設で構成される。縦六九メートル、横四五メートルの長方形のプールには角に階段が設えられており、入浴者が容易に入れるようになっていた。プール中央には人口の小島があり、その上に建てられたトロス（円形の建造物）には泳いで行くか、小舟で行かねばならなかった。儀式や饗宴のときにはプールの西側に建造された八角形のホールに玉座が設置されたのではないかとネツェルは考えている。[22] 南西にはレスリング場を併設した大浴場が建設された。また、長さ三五〇メートル、幅三〇メートルのテラスには大宮殿が張り出すように建てられており、ヨセフスが記すヘロデの壮大な葬儀はここで行われたとされる（『古代誌』一七196―199）。

ヘロデの宮殿は壮麗だが、ローマ時代の近東では特別なものというわけではなかった。近年ブラウン大学が行ったナバテア王国の中心都市ペトラの下の町での発掘調査では、列柱が並ぶ大通りの南側から大きな建物が出土し、「大神殿」と呼ばれてきた。[23] 今ではこの建物は聖域ではなく、マリコス一世（前五八―三〇年）あるいはオボダス三世（前三〇―九年）が建立した長さ一三六メートル、奥行き五五メートルの謁見の広間であったことが明らかになっている。建物は二層造りになっており、下層階は王に謁見する者が待機する「待機の間」である。ネツェルの提案する復元図によると、上層階は玉座の支配者が訪問者と会う場であった。[24] 謁見する者は王のもとへ上ることになるので、階級関係が建築物に巧妙に組み込まれていると言える。謁見の間には「王の楽園《パラディソ》」と呼ばれる豪奢な庭園が隣接していた。[25] そこのプールはヘロディオンの下の町のものと同じように、中央には人工島があり、円形のあずま屋も設けられていた。庭園や遊水池を組み込んだペトラの「楽園」は君臨する支配者の豊かさと権力を象徴している。このようにナバテア王は当時の有力な支配者たちの中で自らの足場を固めていた。ヘロデと同じように、宮殿建設を権力の表象として利用していたのである。

権力の「舞台」

ヘロデは特別な機会には自ら表舞台に登場した。君主制というものは通常、それ自体で見世物である。臣民ははそうした機会に王や宮廷の高位の人びとを目にする。ヘロデ王がそうした「舞台」としておもに選んだのは神殿の広場だった。そこは祭司だけに入ることが許されていた神域とは対照的に、万人に開かれていた。

ハスモン家はその権威を神殿と密接に結びつけており、その支配の始まりは伝統的な祭儀の復活と一致している。前一六五年あるいは前一六四年の一二月、ユダ・マカバイは神域を清め、七つの枝の燭台にかけられたランプに明かりを灯し、祭壇で香を焚き、犠牲として牛を捧げた[26]。その後、ユダは八日間にわたり「光の祭り」を祝った。これはハヌカーと呼ばれ、その後、新たな王朝の始まりのしるしとして毎年祝われることになる。また、ハスモン朝は神殿の広場で平民集会としての役割を持つ民衆の大集会を習慣として定着させていた。

ヘロデは自らの正当性を示すべく、この聖なる場を自分のために利用した。ソロモンやゼルバベル、ユダ・マカバイがしたように、「民族の」神域と密接な関係を築くことなしにユダヤ人を統治し、新たな王朝を創始することは不可能なように思われた。神殿はヘロデによるプロパガンダにおいて中心的な役割を担っていた。神殿の広場はヘロデが大演説を行い、自らの栄光を称える儀式を開催するために選んだ場所であった。前一二／一一年、王による新しい神殿の完成を祝う大祭が催され、ヘロデは三〇〇頭もの牛を捧げた。人びとの一体感を生み出し、一致の場とさえなる稀な機会である宗教的な祝いを利用すれば、多くの民衆を集めることができた。この大祭はヘロデによる政治的喧伝のうち、最も成功したもののうちのひとつである。ヘロデは新たな神殿の完成を自らの即位の記念日と併せて祝うようにした。その後、この二重の記念日は毎年盛大な行列により祝われ、ハスモン家にとっての光の祭典と同様、ヘロデの栄光を称える政治的喧伝の毎年行われる重要な儀式となったのである。

ヘロデ大王はヨセフスが「円形劇場」と呼ぶ複合的な建物をエリコに建てた[27]。この建物はヒッポドローム（競馬競技場）の形をしており、縦三〇〇メートル、横八〇メートルの長方形の競技場が劇場と一体化したものだった。この場所で繰り広げられた見世物はどのようなものだったのだろうか。ヨセフスの一節はこの円形劇場が、軍が集結する場所に使われたことを明らかにしている（『古代誌』一七194－195）。ヘロデの死を知らされると、兵士たちは新たに王となるヘロデの息子アルケラオスに忠誠を誓うためにそこに集まったのである。ヘロデの治世末期にかけて、「円形劇場」は収容所や法廷としても使用されていた。王に敵対する者はそこに収容され、判決を待った。有罪とされた者はその場で火あぶりにされるか、あるいは罪人を罰するため集められた市民や兵士たちによって石を投げつけられて殺された。

ヒッポドロームも神殿の広場と同様、権力者がその権威を高めるための舞台装置のひとつであった。しかし、それぞれの場には固有の用途が割り当てられていた。神殿の広場は政治的喧伝を見せつけるために人を集める場だったが、エリコの円形劇場は懲罰を公開するために用いられていたのである。

最後にヘロディオンの下の町の長さ三五〇メートル、幅三〇メートルの大テラスに言及しておく。そこで王の壮大な葬儀が行われたとヨセフスは伝えている(『古代誌』一七196—199)。もしかしたら、ヘロデは自らの葬儀という究極の目的のためにこのテラスを整備したのかもしれない。

ヘロデの墓

ヘロディオンの要塞に通じる大階段は、考古学者E・ネツェルによって二〇〇七年に〔丘の中腹で〕発見され、ヘロデの墓であろうとされている霊廟《マウソレイオン》にもつながっている。[28] 遺構はユダヤ大蜂起のときに破壊され、その全体像は不明だが、少なくとも部分的に円形であったことが分かっている。それは一〇メートル四方の基壇の上に築かれ、イオニア式の列柱と〔屋根の頂上に据えられた〕壺で飾られている。壺は葬礼のシンボルで、この表現は同時代のナバテア人の墓地でも確認されている。ネツェルが発見した十数個の赤みを帯びた石灰岩の破片からは、花輪のフリーズで装飾が施された長さ二・五メートルの王の石棺の胴部を復元できる。しかし、被葬者をはっきりと特定する銘文がないことから、ネツェルの発見は論争の対象となっている。D・M・ヤコブソンは発見された石棺がヘロデのものであることに懐疑的である。[29] 実のところ、用いられていた石灰岩は貴重なものではなく、ヨセフスが伝える壮大な王の葬儀と矛盾しているように思われる(『古代誌』一七196—199)。したがって、その棺はヘロデ王自身のものではなく、誰か王族の石棺である可能性はある。

ギリシア文化における死者の英雄視や神格化はユダヤ教ではあり得ないが、ヘロデの霊廟はプトレマイオス一世がアレクサンドリアに建立したアレクサンドロス大王の神殿墓《セーマ》とよく似た役割を果たしている。王の権力を象徴するヘロディオンの建物やその装飾は、〔ハスモン朝最後の王〕アンティゴノスを打ち破ったヘロデ朝の創始者による英雄的な戦いを記憶する場でなければならなかった。ヘロデは墳墓を築くために選んだ場所を自らの勝利の記憶を記念するために捧げようとした。ヘロディオンが後継者たちの時代にも王朝の権威を表す場であり続けることをヘロデは望んでいたかもしれない。しかし、ヘロディオンでは英雄や王家を祀る儀式はまったく行われなかったので、正式には英雄のための聖域でも神格化された王の墳墓でもなく、ただの記念建築にすぎなかった。しかしながら、一神教であるユダヤ教とヘレニズム時代の近東における多神教の対比にもかかわらず、ヘロデの記念建造物には、実際、アレクサンドロス大王や他の神格化されたヘレニズム時代の諸王の墳墓に比肩する王朝の権威を喧伝する機能があった。王家の墓所は、それが聖域と見なされたか否かは別として、一般民衆の上に立つ君主を賛美する場であった。ヘロデ自身が自分のことを真の現人神と見なしていたのか、単に神に選ばれた支配者と見ていたのかは別として、その違いは臣民の見方次第なのである。

2　王国の統治

行政機構

王の「友人たち」は多くいたが、定期的に集められたり、決まった時に助言を求められたりしたのではなかった。すべては支配者の意向次第である。実際にはただ一人の人間が専制的に権力を行使していたので、「行政機構」について語ることは適切ではない(30)。せいぜい数人が王に助言するものの、日々の命令を出し、決定を下すのは王だけだった。ヨセフスによると、アレクサンドロスとアリストブロスを遠ざけた後、ヘロデが助言を求めたのは、当時副王の役割を果たしていたアンティパトロスとその母ドリス、そして行政のトップである宰相のプトレマイオスだけだった（『古代誌』一六191）。プトレマイオスは財務担当行政官《ディオイケーテース・トーン・プラグマトーン》という称号を保持していた。この称号はプトレマイオス朝エジプトの行政機構における第一人者であるディオイケーテースや、同じく碑文史料からその存在が知られるセレウコス王国の高位公職、国事担当官《エピ・トーン・プラグマトーン》にその起源を持つ。(31) ディオイケーテースは行政府の大臣というより、私有財産の管理者と理解されている。

ヘロデの王国は地方長官《ストラテーゴス》という行政官に委ねられた地域に分割されていた。ヘロデ自身も当初はガリラヤ、コイレ・シリア、サマリアの地方長官であり、彼の兄ファサエルは「エルサレムの長官」の称号を与えられ、ユダヤで同じ任務を果たしていた。(32) それ以前には、ヘロデの祖父である大アンティパトロス、父である小アンティパトロスもイドマヤの地方長官を務めていた。しかし、ヘロデの時代になると、イドマヤはユダヤに併合される。

地方長官は地方の知事であり、主要な役割はその称号が示すように軍事的なもので、管轄地域における治安維持と辺境の守備だった。しかし、同時に民政官でもあり、王の代理として、地方行政を統括し、裁判を行い、経済活動を管理した。ヨセフスの記述によると、ガリラヤの地方長官であったヘロデは支配地の「盗賊たち」の追討に明け暮れており、その任務を完璧に遂行していたと言えるだろう。

ヘロデの弟フェロラスはペレアでヘロデと同じ役割を果たしたが、称号はより権威のある「四分領主《テトラルコス》」だった。この称号を与えたのは前二〇年にシリアに滞在していたアウグストゥスであった。地方長官が王族ではない者に与えられる高位公職であるのに対し、四分領主は地方領主や副王のような地位である。ヘロデとファサエルの二人は、前四一年にアントニウスから四分領主に任命された。これは明らかな昇格であり、ヘロデにとって、後に与えられる王位への決定的な一歩であった。

王国内はトパルキアと呼ばれる郡に分割され、郡長《トパルコス》の権限下に置かれた。A・シャリートはユダヤとイドマヤには一一の郡があったとしている。[33] 郡は村《コーメー》（複数はコーマイ）に区分され、村長《コーマルコース》が管理していた。村に居住する農民たちは自由民で、ある程度の自治を享受していた。コーメーという語は集落を示すだけでなく、農作業を組織し、王に年ごとの貢納を払う小規模の村落共同体を意味する。農民たちの間のトラブルや時折起こる契約の不履行はこの共同体内で解決された。

非ユダヤ人の居住地域は管区《メーリデース》と呼ばれ、管区長《メーリダルコス》の権限下に置かれた。名称の違いは王国の二元性を強調する効果がある。律法が効力を有する地域と、その他の地域に区分された。シャリートはヘロデの王国内の非ユダヤ人の管区として、ガザ、アンテドン、ヨッパ〔ヤッファ／ヤッフォ〕、カイサリア、セバステ〔サマリア〕、ガダラ、ヒッポスの七管区を特定している。[34]

軍　隊

ヘロデの父アンティパトロスは配下の部隊のおかげで頭角を現すことができた。軍隊は権威の源泉であり、権力の根本的な支柱となる。ヘレニズム時代の諸王のように、ヘロデは軍隊の最高司令官であり、自ら兵士たちの先頭に立って戦ったのである。ヘロデ王家の政治的喧伝はダマスカスのニコラオスに負うところが多いが、その中でヘロデは優れた戦士として描かれている。

指揮官には王家の人間も含まれる。ヘロデの兄弟ヨセフは前三八年にエリコで戦死するまで、イドマヤの部隊を率いていた。サロメの夫のうち、二人が軍の上層部で重要な役割を果たしていた。まず、コストバロスはイドマヤ人の騎兵隊を指揮していたし、ヘロデの治世末期には〔三人目の夫〕アレクサスが軍隊の最高位に上りつめた。アレクサスはその地位にある者として、エリコの「円形劇場《ヒッポドローム》」に集まった部隊の前でヘロデの告別の書簡を読み上げたのである。

ヘロデの軍隊は多岐にわたる機能をもっていた。まずは主君の警護を保証することである。ヘロデは私的な衛兵に取り囲まれていたが、彼らは他の軍隊とは異なり、多くの外国人傭兵で構成されていた。彼らの出身地は非常に多様である。ヘロデの葬儀で行進した兵のうちにはトラキア人、ゲルマン人、ガリア人がいた。ヨセフスが伝える衛兵の指揮官の名前として、ナバテア人コリントス、イトレア人ソアイモス、また、ラテン語の名であることからおそらくイタリアから来たことが示されているイウクンドゥスが挙げられる。つまり、衛兵は隣国（ナバテア、イトレア）だけでなく、はるか遠くのヨーロッパの東部や西部（トラキア、イタリア、ゲルマニアなど）の出身者であった。報酬や待遇がよかったので、彼らは王に愛着を抱いた。外国出身であることが忠誠を保証すると見られていた。衛兵たちは国の人びとと接触する機会がほとんどないので、民衆が蜂起した場合、王を裏切る要因がないからである。それにもかかわらず、ヘロデの治世の間、四人の衛兵指揮官が陰謀で告発され、処刑されている。近衛兵は少なくとも一部が「槍持ち《ドリュフォロイ》」で構成されていた。なぜそう呼ばれたのかは明らかではない。おそらく身長や能力を基準に、王の特別な警護のために選ばれたエリート兵士を指すと思われる。

軍隊の第二の役割は弾圧である。部隊は領土の各地に配備され、住民を統制し、反乱を鎮圧し、反抗する者をはるかに奥深い場所まで追跡した。兵士は秩序を維持する側が「盗賊」と呼ぶ者たちを鎮圧した。実際のところ、それは反ローマ闘争を起こした反徒、それに対する各地の同調者、また債務に苦しんで蜂起した貧困層だったかもしれない。

ヘロデの兵士たちは外敵とも交戦し、必要に応じて王国の境を越えて遠征にも出た。前三二／三一年にはヘロデ自らアラブ人に対する遠征を指揮し、デカポリス北部のディオン、さらにアウラニティスのカナタへと赴いた。二度目は前九年のナバテア遠征である。状況は違えども、王がもたらすのは成功だけだった。その成功により、ヘロデは父アンティパトロスの軍事的能力を受け継いでいるというイメージを広げることができた。

しかし、ヘロデの兵はローマの東方における補助軍の一部でもあった。[35] 補助軍への参加はローマによって要求された。たとえば、ヘロデは前二六／二五年にエジプト総督アエリウス・ガルスが率いるアラビア遠征に参加させるために五〇〇人の精鋭からなる部隊を派遣している。前一四年にはボスフォラス王国への遠征に参加するため、自らアグリッパの部隊に合流している。

軍隊の民族構成ではユダヤ人が大部分を占めていた。前三二年のアラブ人に対する遠征に先立ち、兵士たちに向けたヘロデの演説は明らかにユダヤ人にも向けられたものである。軍隊にはユダヤ人だけでなく、イドマヤ人など王国の他の地域の出身者も含まれていた。同様に「ギリシア人」、つまりカイサリアやセバステなどの都市の市民である兵士もいたと考えられる。兵士は出身地に従って編成された。ヨセフスはイドマヤ人とセバステ市民の部隊に言及している。

Ｉ・シャツマンはヘロデが戦力として一万六〇〇〇人から二万人の兵を動員できたと見積もっている。(36) しかし、この数は前三七年のエルサレム攻囲での兵力としてヨセフスが記している三万人よりも少ない（『古代誌』一四469）。ヘロデの軍隊はヘレニズム様式であったが、ローマを手本に編成されていた。このような事例は珍しいことではなく、アンティオコス三世（前二二三―一八七年）以降のセレウコス朝の諸王はローマの軍隊の特徴をいくつか取り入れてきた。アレクサンドロス大王以来のマケドニアの「密集戦術《ファランクス》」の一部を過去のものにしたローマ軍の戦術の実効性は証明されていた。しかし、特に騎兵に関するものなど、多くはヘレニズム時代の形式のままだった。

ヘロデ時代の軍隊は重騎兵、軽騎兵、重装歩兵、軽装歩兵に分類される。ヨセフスはこれら四種の戦術単位の数に言及している。ヒッパルキアと呼ばれる騎兵大隊は騎兵隊長《ヒッパルコス》に率いられ、二、三のイレー（複数形イライ）という中隊からなる。この中隊はそれぞれ約一二五名で構成され、中隊長《イラルコス》の指揮下に置かれた。

騎兵は鉄製の胸当てをつけ、硬貨に描かれたヘロデとアルケラオスのように頬当てがついた兜をかぶっていた。兜の頂上には羽飾りがある場合、ない場合があった。剣や槍を武器とし、小さな盾で武装していることもある。右手で武器をもち、左手で手綱を操っていたが、盾は肩に固定されていて邪魔にはならなかった。軽騎兵部隊は槍で武装し、ヘレニズム時代には斥候の役割を果たした。ヘロデがこの部隊を保有していた可能性はある。しかし、ヘロデの軽騎兵はおもに騎乗の弓兵で構成され、特に民衆反乱の鎮圧や「山賊」の掃討に用いられた。

　重装歩兵はローマの軍団をモデルに編成された。ヨセフスが用いるギリシア語のメーロスはラテン語ではレギオ、すなわち軍団の訳語である。セバステ人のメーロスの例が示すように（『古代誌』一九364―365）、一メーロスは約三〇〇〇人で、それが五一二人のロコス（複数形ロコイ）という部隊に分けられる。各ロコスはロコス長《ロカゴス》の指揮下に置かれた。歩兵は甲冑を身につけ、槍と盾を武器とした。ローマの軍団をモデルとしていたので、機動力ではかつてのヘレニズム諸王国の部隊より優れていた。軽装歩兵の部隊はテーロスと呼ばれる。約二〇〇〇人の槍兵、弓兵、投石兵で構成され、特に伏兵として用いられた。

　ヘロデはトラコニティスに軍隊を入植させた。この玄武岩質の台地には近づくことが難しく、反徒の巣窟となっていた。この地域の現在のアラビア語名アル・レジャは「隠れ家」を意味し、今なおその記憶をとどめている。前二〇年に、アウグストゥスは支配の回復という使命とともにこの地域をヘロデに託した。それはまた、毎年バビロニアのユダヤ人からエルサレム神殿に銀が送られてくるバビロンとアンティオキアを結ぶルートの特に脆弱な区間を保護することでもあった。ヘロデは特にバテュラ、サウラ、ダナバといった村に軍の入植地を作らせた[37]。バビロニア出身のユダヤ人兵士五〇〇名が軽騎兵隊の弓兵ザマリスに統率され、各自の家族とともにこの地に入植した（『古代誌』一七23―29）。彼らは王から地所と農地を与えられ、それが毎年の収入を保証し、俸給の代わりになっていた。この種の軍事入植者は「区分地所有者」を意味するクレールーコスと呼ばれる。この制度は前五世紀のアテナイ帝国で発展し、ヘレニズムの諸王にとって代られるまでつづいていた制度を模範としている。クレールーコスによる入植地《クレールーキア》の設置は土地の農業を発展させ、秩序の安定ももたらすことになったので、ヘロデにとっては一石二鳥となった。クレールーコス自身は農業に従事することはなく、農民を雇い、国に税を支払っていた。それでも手元にはうらやむような収入が残され、それにより特権階級となっていく。ヘロデはこの好待遇を通して、軍隊の王朝に対する全面的な献身、忠誠を確保できたのである。クレールーコスの地位は息子が父親の役職を受け継ぐことに応じれば、世襲相続が認められ、それが一般的となった。クレールーコスを統括する将校（ストラトペダルケース）も父から息子へと継承された。ザマリスはその指揮権を息子のイアキモスに譲り、イアキモスも息子のフィリポスに受け継がせた。フィリポスは一世紀後半にアグリッパ二世に仕えた。この軍事入植によって数世代にわたり兵士の忠誠は維持されていたのである[38]。

ハスモン朝はユダヤ、イドマヤの東部に、北はヨルダン渓谷から南の死海西岸にかけて、数珠つなぎのように連続する一連の要塞を建設した。これらはすべて人里離れた荒野の、雨がほとんど降らない山地の頂上部に建造された。その山はたいていが円錐状である。

要塞は北から南にアレクサンドリオン、ドク、古代名未詳のヌセイブ・ウェイシラ〔エリコ付近〕、キュプロス、ヒルカニア、マカイロス、マサダの併せて七か所である[39]。ヘロデは前五五年にガビニウスが破壊したものについては再建し、破壊されなかったものは規模を拡大した。キュプロスの要塞については徹底的に改修を行い、母親の名をつけて完成させた。マサダについては建造物のほとんどがヘロデ時代に建てられたことが考古学調査で明らかになっている。

一連の要塞群はいくつかの機能をもっていた。東の国境からの潜在的な侵入者を防ぐことがそのひとつである。しかし、ヘロデのおもな敵は国内にいた。それゆえ、ヘロデは身の安全を確かなものとするには、以前のハスモン家の人びとと同様、自分の臣民に警戒する必要があった。内乱が勃発したときにまず問題となるのは、自分と家族の避難場所を確保することである。要塞にはそれぞれ、武器や食糧が備蓄されていた。また、精巧な水利システムにより雨水を集め、貯めておくことができた。そのため、万一の場合は長期の攻囲を持ちこたえることができた。例えば、七三年のマサダにおいて、ローマの司令官フラウィウス・シルウァはそこを占領すべく城砦に侵攻するまでに一一か月かかり、少なくとも一万五〇〇〇の兵を要したのである。

一連の要塞は住居としても使われていた。それぞれの要塞には豪華な王宮とはいえなくとも、王のための居住区が備わっていた。王と側近、それに招かれた客は抜群の風景を堪能していたに違いない。王の間からは驚嘆すべき谷底や狭谷の眺望を見下すことができただろう。地階は牢獄として整備され、敵対する者が収監され、処刑の時を待っていることもあった。福音書によると、洗礼者ヨハネはマカイロスに投獄され、そこでアンティパスの饗宴の間に斬首されている〔マルコ六25―27、『古代誌』一八119〕。要塞の一部は埋葬の場ともなった。アレクサンドロスとアリストブロスはアレクサンドリオンに埋葬されたが、そこにはすでに彼らの母方の親族が埋葬されていたとヨセフスは伝えている〔『古代誌』一六394〕。

3　ヘロデ時代の経済事情

さまざまな土地

ヘロデの王国は他の古代地中海世界と同様、基本的に農村社会で、人口の少なくとも八〇%が土地を耕し家畜を飼育する農業に従事していた。手工業者の数は非常に限られており、商業活動は副次的なものにすぎない。それゆえ、主要な富の源泉は土地とそこからの収穫物だった。王は王国で最大の土地所有者である。理論上、王は領土を自分に帰属するものとして所有する。しかし、王が直接その土地を利用することはなかった。土地は、都市や民族集団などの共同体、あるいは個人にその利用が認められていた。農地とその生産物に課されるさまざまな税が王国の財政への非常に大きな収入源であった。

当時のヘレニズム的な王国をモデルとすれば、ヘロデの王国の土地はいくつかの種類に分類できる。王に帰属する土地は「王　領《コーラー・バシリケー》」と呼ばれ、その大半は村や孤立した農地が点在する土地である。農民は共同体の中で生活し、その土地ではなく、自分が依存する村に帰属する。土地利用の仕方は比較的自由であった。プトレマイオス朝エジプトの統制経済はヘロデの王国では採用されず、セレウコス朝の土地政策の方に影響を受けていたようである。農民の唯一の義務は村ごとにまとめて徴集される貢ぎ物を毎年納めることだった。

ヘロデは王に直接仕える者たちが利用する広大な土地を特にガリラヤ、イドマヤ、サマリアに所有していた。[40]「大平原《メガロン・ペディオン》」と呼ばれたもっとも広い領地はサマリア山地の北にある。タルムードはこの土地について、「王の山《ハル・ハメレク》」という表現で記憶にとどめている。[41] この領地はヘロデのものとなる前は、代々の地域の支配者、プトレマイオス朝、セレウコス朝、ハスモン朝に属していた。ヘロデはこの土地から財力のほとんどを得ていた。

王族や「友人たち」に割り当てられた土地もあった。所領を持つということはそこから報酬や俸給として収入を得るということである。この「贈与《ドーレアイ》」の仕組みはプトレマイオス朝エジプトでは一般的だった。所領の重要度はそれを保持する者の地位や王に対する奉仕度に比例する。ヘロデのおもな廷臣で、宰相に相当する地位にあったプトレマイオスもサマリアの村アルース近郊に広大な土地《ドーレア》を所有していた（『古代誌』一七289、『戦記』二69）。

区分地所有《クレールーキア》の仕組みも所有者が兵士であること以外は同じ原則に基づいていた。「贈与《ドーレアイ》」と同じように、区分地《クレーロス》の面積は兵士の階級に比例していた。しかし、区分地所有《クレールーキア》の制度は王国全体に広がっていたわけではなく、王が農業を発展させようとした地域でのみ実施されていた。大多数の兵士は軍務に従事している間は俸給を受け取り、退役するまで土地が割り当てられることはなかった。

都市《ポリス》の市民団や土地の民族集団《エトノス》といった王国内の共同体に属す土地もあった。こうした土地はそれを所有する共同体の人びとが居住する町の周辺にあった。たとえば、ユダ族の民族集団はエルサレム周辺の土地を所有していた。神殿に属す「神聖地《ゲー・ヒエラ》」（神殿領）は祭司たちに収入をもたらした。それ以外の土地は小規模あるいは中規模の個人の土地《ゲー・イディオクテトス》（私有地）であった。

王国内の都市、特にカイサリア、セバステ、さらにガザ、ヒッポス、ガダラ、パネアスのカイサリア（フィリポ・カイサリア）はそれぞれ、都市の市民に属す土地で構成される「都市領《コーラー・ポリティケ》」をもっていた。同様に、民族集団の土地は「共有地《コイノス・トポス》」と呼ばれた。割り当てがされていない土地については民族《エトノス》集団や都市の指導者によって、入札を経て貸与されることもあった。

農業生産

ヘロデの王国は間違いなく繁栄していた。特に小麦の生産性が高く、一粒の種につき五倍から十五倍の収量があった。たいていの農民たちは自由民で、それぞれ帰属する村落単位で定められていた税を王に支払いさえすれば、生産物の残りは自分たちのものとなった。また、雇われて働く農耕従事者もいた。彼らは村には住んでおらず、町に居住していた。農民たちの手助けをしに来ると、彼らを雇う共同体が仕事量や労働日数に応じて対価を支払った。農村では奴隷の存在は珍しい。一般的に奴隷には畑での労働ではなく、家内労働が割り当てられた。例外として債務奴隷の存在に注目すべきである。彼らは債務を支払えなかったことで奴隷とされた農民である。最長で六年間奴隷とされるが、その間、村の外に売られることはなかった。ユダヤ人であれば、ユダヤ教の戒律を守ることを認めるユダヤ人の主人の下にいることができたのである。課された労働期間の後には自由が回復された。一世紀にはこのような一時的な奴隷の数が増えたことで社会の不満が高まった。六六年に蜂起した者たちが債務の記録が保管されていたエルサレムの文書庫を襲撃したのは偶然のことではなかったのである。

ヘロデ時代には王国のいたるところでさまざまな作物が栽培された。複数の作物を生産できることで、交易が限定的であった時代でも、それぞれの村落は自給自足を確保することができた。村落間の小規模な商業的結びつきで生産物を補い合っていた。地域の市場や定期市がわずかにあり、余剰物を流通させることができた。しかし、王国内の交易活動の規模については歴史家たちの論争の的となっている[42]。農民の余剰生産物はごくわずかで、商業活動は小規模であったとして、「初段階」であったとする見方が全体として優勢である。ヘロデ時代の王国の経済は住民の生活を最低限維持するためのものであり、商業のための余剰を生産することを目的とはしていなかった。交易で利益を得る機会は非常に限定的だったのである。

おもな栽培作物は地中海世界の他の地域と同じように、小麦、葡萄、オリーブの三つだった。小麦は最も重要な作物で、それゆえ王の最も重要な収入源であった。収穫物の一部はフェニキアに輸出されることもあった。大麦はイドマヤで栽培され、パンの材料にはなったが、あまり評判はよくなかった。それゆえに安価であったので、貧しい人びとの食料となっていた。ユダヤとガリラヤのオリーブからは良質のオリーブ油が豊富に取れ、王国外のシリアのユダヤ人に売られていた。カルメル、リュッダ、ガザなどの地域では素晴らしいワインを産したことに注目せねばならないが、それを消費したのはエリート層に限られていた。大多数の人びとは油に浸したパンを主食として、ヒヨコマメ、ソラマメ、レンズマメ、そしておそらくインゲンマメ、キャベツ、カボチャなどの野菜が添えられる程度の貧しい食生活であった[43]。そこに山羊や羊の乳で作られたチーズや、ナツメヤシ、クルミ、レーズンといったドライ・フルーツや木の実が加えられることもあった。ガリラヤ湖周辺に住む人びとはこのようなメニューに魚を添えることができた。しかし、一般に魚は干したり塩漬けにして食べていた。余裕のある人びとには、それが安息日の祝いの食事である。なかでも、ニゴイが特に好まれた。ローマ帝国の他の地域と同じように、ガリラヤでも塩漬けの魚から魚醤《ガルム》が製造されていた。肉食は珍しく、年老いたり畜獣として役に立たなくなった牛や、羊、ヤギなどの家畜が食用のために加工された。

工芸品と商業

農業に比べると規模は小さいが、工芸品も王にとって見逃すことのできない収入源となっており、特に前一世紀には盛んだった。前五〇年代には、ガラスの製造技術が一新された。吹きガラスの技法が鋳型による製法にとってかわるという技術革新があったのである。N・アヴィガドによって発掘されたものなどエルサレムではガラス工房がいくつか発見されているが[44]、そこでは日常的に用いられる容器が大量に製造されていた。ガラスはもう贅沢品ではなくなっていたのである。

さらに工房では地元での使用を目的とした黒や灰色の釉薬を用いた日用的な食器に加えて、考古学者には「東方シギラタA型土器」（Eastern Sigillata A）として知られる、さらに良質な赤色の土器が作られていた[45]。その土器片は遠くシチリアやオーストリアでも発見されていることから、輸出も行われていたことがわかる。一方で、東方シギラタA型土器が西方の様式、特にイタリアのものに影響を及ぼしたとする見方も排除できない。

ガリラヤでは亜麻布が広く製造されていたが、ユダヤでは毛織物が特徴的な産品で、職工の組合が組織されていた。この職業が重要だったことはエルサレムやティベリアスに自分たちのシナゴーグを持っていたことからもわかる[46]。

さらに他の加工品についても記すことができる。ヨルダン渓谷に生えるパピルスはエジプトと同様、あらゆる種類の公文書、文学的な文書のために用いられる「紙」〔パピルス紙。paper などの欧語の語源はパピルス〕を製造する原料となった。エリコに生えるバルサムモミから抽出される香料は、バラやユリのエキス、アラビアから輸入された没薬《ミルラ》、ナルド、乳香などと同様、化粧品に加工された。これらの贅沢品は国内のエリート向け、あるいはイタリアへの輸出に充てられた。

商業活動はカイサリアに港が建設されたことによって活発になったものの、全体として規模はかつてよりも小さくなっていたようである。しかし、国外との交易の重要性については歴史研究者たちの活発な議論が続いている。ヘロデは可能な限り、小麦、オリーブ油、ナツメヤシなどの余剰農産物を輸出した。しかし、この地域の国際交易はナバテア人に支配されており、ヘロデが果たした役割は小さかった。ナバテア人はアラビアやインドからもたらされる香辛料や香料をはじめとする東方からの商品のローマやイタリアへの供給をほぼ独占していた。あらゆる商業活動が集中して活況を呈し、ストラボンが「世界最大の市場」と呼んだアレクサンドリアに比べれば、カイサリアは付随的な中継地にすぎなかった（『地理誌』一七13）。

輸入もやはり、あまり行われていなかった。前二三年の飢饉のとき、例外的に小麦が輸入されたが、それを除けば輸入はエリート層のためのものでしかなかった。すでに言及したマサダ出土のアンフォラに刻まれた銘文が示すように、〔ユダヤ教の戒律で認められた〕「カシェルの」イタリア産ワインが王のために取り寄せられた。[47]あとは神殿祭司たちが神殿での祭儀に用いる香を購入していた程度である。

ヘロデの青銅硬貨はあらゆる地域での交易に用いられたが国外では流通しなかった。高額の買い物には、神殿への貢納と同様、フェニキアの町ティルスで造られたシェケル銀貨が基準貨として用いられた。この硬貨は異国で発行され、「異教」のシンボル（ヘラクレス＝メルカルト神の胸像とゼウスの鷲）が描かれていたが、銀の含有率が非常に高く（九三％から九六％）、価値が高いとされていた。Y・メショレールが明らかにしたように、ヘロデは前一八／一七年以降、模倣したティルスのシェケル貨をエルサレムで造らせていたようである。[48]同じタイプの硬貨がかなりの数、イスラエルで発見されているが、それまでに発行された硬貨よりも刻印が不鮮明という点で異なっている。ヘロデはティルスが発行する本物だけでは毎年の神殿への貢納に足りなくなると、ローマの了解を得て、独自の「ティルス硬貨」を製造した。

税と財政システム

農民は収穫の三〇％から四〇％を王に納めねばならなかったと算定されているが、この割合についても研究者たちの議論が続いている。R・A・ホースレイが四〇％超の過酷な税であったとする説を主張する一方で、E・P・サンダースはより楽観的に、税は大抵の場合、生産物の二八％を下回っていたと算出している。[49]実際のところ、ヘロデ王国の経済事情全体を描写できるだけの十分な文書史料も考古資料も欠落している。個別の特殊な事例を絶対的な基準としないよう注意する必要もある。

ヨセフスがユダヤの収税について定めたユリウス・カエサルの命令に言及している[50]（『古代誌』一四202—210）。この文書は前四六年に公布されており、ヘロデの治世以前のものだが、数年のうちになぜ状況が劇的に変化したのか、その理由は明らかではない。農村部の共同体あるいは個々人はローマへの毎年の貢納として「四分の一税《テタルトーン》」を支払った。これは実際の収穫量の四分の一ではなく、播種量に応じて査定される生産量が基準である。さらに「十分の一税《デカテー》」を領主とその一族に納めた。これで計算上、予想される収量の三五％になる。これらに加え、状況に応じて課される税や賦役などがさまざまにあった。たとえば、借りた種籾《たねもみ》の返済をしなければならない農民もいた。また、いずれにしても、次の年に植え付けをするには、生産物のおよそ五分の一を保管しておかなければならなかった[51]。実際のところ、この税が占める割合は収穫量の総量に左右されることになる。豊作であれば、余剰は農民のものになるので、農民の取り分は自動的に多くなる。農民は事前に算定された収穫量に応じて税を払うのであって、実際の収穫量が基準ではないからである。この仕組みには間違いなく働く者のモチベーションを高めるという利点がある。しかし、干ばつなどの自然災害で不作となった場合、状況は危機的なものとなり、農民は破滅の危機に直面する。こうしたリスクに加え、ユダヤ教徒は七年に一度、耕作をしない安息年の習慣を守らなければならなかった。その結末はたいてい悲惨なことになり、前三七／三六年と前二二／二一年の安息年は大飢饉となった。そこで王が事態の収拾に乗り出し、特例として一部の税の減免を布告することもあった。ヘロデは前二二／二一年（税を三分の一の減免）と前一五／一四年（同じく四分の一に減免）の二度実施している。総じて見ると、ヘロデは早急に小麦を輸入して民衆に供給し、種を畑に蒔き直すことで不作の危機や飢饉に上手く対処した。ヘロデの支配した三三年の間、王国は明らかに繁栄していた。二度にわたる深刻な危機も短期的なものだったのである。ヘロデは年によっては余剰となった小麦をフェニキアに輸出することさえしている。

農業はヘロデにとって主要な富の源泉であったが、他にも収入源はあった。港では関税をとり、国内では通行税を徴収していた。ヒルカノス二世の時代からヨッパ〔ヤッファ〕で課せられていた投錨税は無視できない額の収入となっていた（『古代誌』一四206）。このことはハスモン朝とヘロデ朝の硬貨に多く錨のシンボルが描かれていることに示されている。商品の取り引きも課税されていた。ヨセフスによれば、ユダヤで果物の売り上げに課されていた税がローマ総督ウィテリウスによってユダヤ人への贈り物として免除されたことがあったという（『古代誌』一八90）。各戸ごとに徴収される税もあり、やはりヨセフスの記述から、アグリッパ一世が治世の始めにその税を免除したことが知られている（『古代誌』一九299）。

王の役人に納められた税は一部が王のものとなり、残りがローマに支払われたが、ユダヤ人はさらに神殿にも税を払わなければならなかった。まず挙げられるのが毎年課せられた二分の一シェケル銀貨の税であり、これはティルスの硬貨で払わなければならなかった。納入の数日前から両替商がエルサレムに出店していたという。また、ユダヤ教徒は毎年、祭司に十分の一税、つまり、自分の収入の十分の一を納めなければならなかった。それは通常、献金として神殿の倉庫に収められた。この二つの税、十分の一税と二分の一シェケルの税はディアスポラのユダヤ人も納めていた。祭司は祭儀のための香や犠牲獣のために支出するだけだったので、途方もない財力をもつことになった。

後六年、ヘロデの子アルケラオスが支配者の地位を追われた後、ユダヤはローマの直轄下に置かれることになり、帝国属州の一般的な制度にあわせて、税制は若干修正された。徴収されることになった税は二種類であった。一つは土地の生産に課された地税《トリブートゥム・ソリ》で、すでにヘロデ時代に課税されていたが、以降はローマに納めることになった。もう一つは人頭税《トリブートゥム・カピティス》（カピタティオ）が新たに課せられた。これは〔属州総督〕キリニウスが男性人口の調査後に創設したもので、自由民の男性は毎年払わなければならないとされた。税を徴収するのはたいていユダヤ人で、帝国の権力から税の徴収を委ねられ、その権利を入札で取得した個人が徴税請負人として働いていた。徴税人はファリサイ派から「不浄」と見なされ、民衆からは憎悪されたことが福音書に見える（マタイ九11、マルコ二16）。

注

（1）N. Kokkinos, «The Royal Court of the Herods», N. Kokkinos,（ed.）, *op. cit.*, 2007, p. 279-303.

（2）I. Savalli-Lestrade, «La place des reines à la cour et dans le royaume à l'époque hellénistique», R. Frei-Stolba & A. Bielman（éd.）, *Les femmes antiques entre sphère privée et sphère publique*, Lausanne/Neuchâtel, 2000-2002, p. 59-76.

（3）N. E. A. Andreasen, «The Role of the Queen Mother in Israelite Society», *CBQ* 45, 1983, p. 179-194.

（4）コキノスの非常に徹底した研究参照。Kokkinos, *op. cit.*, 1998, p. 216-245.

（5）ヘレニズム諸王国の「友人たち」についてはI. Savalli-Lestrade, *Les philoi royaux dans l'Asie hellénistique*, Paris/Genève, 1998参照。

（6）これについてはD. W. Roller, *op. cit.*, p. 57-65, およびN. Kokkinos, *art. cit.*, 2007, p. 293-296参照。

（7）彼の作品のうち、一四三の断片が現存している（*FGH*, 90）。E. Parmentier-Morin, *op. cit.* 参照。

（8）P. Briant, *Histoire de l'Empire perse de Cyrus à Alexandre*, Paris, 1997, p. 279-285.

（9）M.-Fr. Baslez, *op. cit.*, p. 87.

（10）F. Buffière, *Éros adolescent*, Paris, 1980, p. 21.

（11）G. W. Bowersock, «Eurycles of Sparte», *JRS* 51, 1961, p. 112-118.

（12）A. Kasher & E. Witztum, *op. cit.* A・ケイシャーとE・ウィッタムはヘロデの「心理学的自伝《サイコビオグラフィ》」という研究手法により、王がさまざまな精神的不調、特に偏執病《パラノイア》に苦しんでいたという仮説を提示している。
（13）A. Lichtenberger, *op. cit.*, p. 93-98; E. Netzer, *op. cit.*, 2006, p. 119-132; N. Kokkinos, *art. cit.*, 2007, p. 283-289.
（14）N. Kokkinos, *art. cit.*, 2007, p. 285.
（15）H. Geva, «The "Tower of David", Phasael or Hippicus?», *IEJ* 31, p. 57-65.
（16）E. Netzer, *op. cit.* vol. I, 2001, p. 2.
（17）E. Netzer, *op. cit.*, 2006, p. 54-71.
（18）J. Gutman, *art. cit.*, p. 3-16.
（19）マサダの発掘についてはY. Yadin, *op. cit.* 参照。
（20）Y. Yadin, *op. cit.*, p. 185.
（21）D. W. Roller, *op. cit.*, p. 165.
（22）E. Netzer, *op.cit.*, 2006, p. 252.
（23）M. S. Joukowsky, *Petra Great Temple. I. Brown University Excavations 1993-1997*, Providence, 1998.
（24）E. Netzer, *Nabatäische Architektur. Insbesondere Gräber und Temple*, Mainz, 2003, p. 81.
（25）L.-A. Bedal, *The Petra Pool-Complex: A Hellenistic Paradeisos in the Nabataean Capital. Near Eastern Studies*, Piscataway (NJ), 2003.
（26）年代に関する問題についてはM. Sartre, *op. cit.*, p. 553 参照。
（27）E. Netzer, *op. cit.*, 2006, p. 72-80.
（28）E. Netzer, «Le tombeau du roi Hérode à l'Hérodium», *Archéologia* 446, juillet-août 2007, p. 6-7.
（29）D. M. Jacobson, «Has Herod's Burial Place Been Found?», *PEQ* 139, 2007, p. 147-148.
（30）A. Schalit, *op. cit.*, p. 183.

(31) L. Robert, *Nouvelles inscriptions de Sardes*, Paris, 1964, p. 11-14; Ph. Gauthier, *Nouvelles inscriptions de Sardes*, II, Genève, 1989, p. 43-45.

(32) A. Schalit, *op. cit.*, p. 217-218.

(33) A. Schalit, *op. cit.*, p. 208-212.

(34) A. Schalit, *op. cit.*, p. 215.

(35) G. L. Cheesman, *The Auxilia of the Roman Imperial Army*, Chicago, 1975.

(36) I. Shatzman, *The Armies of the Hasmoneans and Herod. From Hellenistic to Roman Frameworks*, Tübingen, 1991, p. 193-195.

(37) G. M. Cohen, «The Hellenistic Military Colony. A Herodian Example», *TAPA* 103, 1972, p. 83-95.

(38) ザマリスについてはS. Applebaum, *Judaea in Hellenistic and Roman Times, SJLA*, Leiden/New York/Copenhagen/Köln, 1989, p. 47-65 参照。

(39) E. Netzer, *op. cit.*, 2006, p. 203-217 参照。ネツェルはヘロディオンについて、ヘロデを記念する建造物として特別な地位をもつので、一連の要塞群から除外している。

(40) D. A. Fiensy, *The Social History of Palestine in the Herodian Period: The Land is Mine*, Lewiston/Queenston/Lampeter, 1991, p. 21-73.

(41) S・アップルバウムによる。S. Dar (ed.), *Landscape and Pattern. An Archaeological Survey of Samaria 860 B.C.E.-636 C.E.*, vol. I, Oxford, 1986, p. 257-269. シャロン平野とサマリアの王領についてはS. Applebaum, *op. cit.*, 1989, p. 97-110 参照。

(42) P. A. Harland, «The Economy of First-century Palestine: State of the Scholarly Discussion», A. J. Blasi, J. Duhaine & P.-A. Turcotte (eds.), *Handbook of Early Christianity: Social Sciences Approaches*, Walnut Creek, 2002, p. 511-527.

（43）　S. Applebaum, «Economic Life in Palestine», S. Safrai & M. Stern（eds.）, *The Jewish People in the First Century. Historical Geography, Political History, Social and Cultural Life and Institutions*, Assen, 1976, vol. II, p. 631-700.〔S・サフライ／M・シュテルン編『総説・ユダヤ人の歴史――キリスト教成立時代のユダヤ的生活の諸相』長窪専三・土戸清・川島貞雄訳、教文館、一九八九―一九九二年〕

（44）　N. Avigad, «Excavations in the Jewish Quarter of the Old City of Jerusalem», *IEJ* 22, 1972, p. 193-200. この地域全体のガラス工芸についてはO. Dussart, *Le verre en Jordaine et en Syrie du Sud*, Paris, 1998参照。

（45）　P. W. Lapp, *Palestinian Ceramic Chronology, 200 B.C.-70 A.D.*, New Haven, 1961.

（46）　G. Alon, *The Jews in their Land in the Talmudic Age, 70-640 C.E.*, Cambridge（Mass.）/London, 1989, p. 170.

（47）　H. Cotton & J. Geiger, *op. cit.*

（48）　Y. Meshorer, *op. cit.*, 1966（revised version 1982）, p. 7-8.

（49）　R. A. Horsley & J. S. Hanson, *Bandits, Prophets and Messiahs: Popular Movements in the Time of Jesus*, Harrisburg, 1999, p. 52-65; E. P. Sanders, *Judaism: Practice and Belief, 63 BCE-66 CE*, Philadelphia, 1992, p. 146-169.

（50）　E. Dabrowa, *op. cit.*, p. 153.

（51）　D. E. Oakman, *Jesus and the Economic Questions of His Day*, Queenston, 1986, p. 68-72.

第4章

ヘロデの後継者たち

ヨセフスの記述が正しければ、ヘロデは前四年、息子アンティパトロスを処刑したわずか五日後に死んだ。彼は最後に遺言を残し、王国はサマリア人の妻マルタケとの間にもうけた息子ヘロデ・アルケラオスに遺贈された。同じマルタケとの間の子ヘロデ・アンティパスにはガリラヤの四分領《テトラルキア》を与え、そこにペレアを加えた。エルサレム出身のクレオパトラとの子フィリポスにはトラコニティス、ガウラニティス、バタネアを四分領として組織し、この地を与えた。妹のサロメはイアムニア、アゾトス、ファサエリスの町に加え、銀貨五〇万ドラクマを受け取った。

ヘロデは決してローマの支配者のことを忘れたわけではなかった。遺言の有効性を認めるのはアウグストゥスであるが、皇帝には金銀の容器、貴重な調度品、そして一〇〇〇万ドラクマが贈られた。その額はサロメに遺贈された額の二〇倍で、この差は注目に値する。また、アウグストゥスの妃、皇后リウィアには五〇〇万ドラクマが贈られた。

1　ヘロデ・アルケラオス

民族統治者（前四―後六年）

ヘロデの死が正式に布告されると、アルケラオスはサロメとアレクサスの補佐を受け、盛大な葬儀を執り仕切った。ヘロデに虐殺を命じられていたエリコのヒッポドローム〔本書155頁参照〕の囚人たちは解放され、少なくとも数千人の囚人たちが家に帰された後、軍隊に編入された。軍の最高指揮官であるアレクサスが演台の上から軍に向けてヘロデの書簡を読み上げた。そこには兵士たちの忠誠に対する王の謝意が記されていた。次いで財務行政官のプトレマイオスが王の遺言を公表した。兵士たちは新たな王としてアルケラオスを歓呼で承認し、息子にも父と同じく忠誠を誓った。

ヘロデの死が公表されてすぐに兵士たちは葬儀のために招集されたので、権力の空白が生じることはなかった。アルケラオス、サロメ、アレクサス、プトレマイオスにとって、軍隊の支持を確保することが重要だった。マケドニアやセレウコス王国では、武装した臣民が王の即位を承認するという手続きが伝統的に行われていたが、ヘロデの儀式はこれを模倣したものである。権力は何よりも軍事力の上に成り立つのだ。

しかしながら、軍隊の承認を得た新たな支配者はエリコに姿を現さなかった。アルケラオスはヘロデの遺言を確実にする事実上、唯一の権威であるローマ皇帝の不興を買わぬよう配慮せねばならなかった。必要とされる皇帝の承認がないうちには法的な価値のない儀式からは念のため距離をとっていたのである。アルケラオスは軍隊に向けて宣言を出し、兵士たちが自分を王と認めたことに満足しているが、すぐにその王位に就くことができないと明言している。

その後、アルケラオスは父親の葬儀を営んだ。彼は後継者としてではなく、息子としてそれに出席した。ヘロデの遺体は豪華な衣に包まれていた。頭には王のしるしとして頭飾り《ディアデーマ》と金の冠をつけていたが、すでに述べたように、これらは王国の二面性を表現するものであった。頭飾りはギリシア・マケドニアの伝統における「王《バシレウス》」の特徴であり、冠は伝統的なユダヤの王「メレク」の徽章と見なされていた。遺体の右手側には王笏が置かれた。紫の衣を掛けられた遺体はさまざまな高価な宝石が散りばめられた金の輿で運ばれた。

葬列はヒッポドロームでの一連の儀式に引き続いて行われ、参列者は同じだった。王の息子たちが王の遺体の側を随行し、それに近親者として王族と「友人たち」が従った。その後には軍隊の行進が続いた。王の衛兵が最初に姿を現し、その後に「槍持ち《ドリュフォロイ》」、トラキア人、ゲルマン人、ガリア人の傭兵が続いた。そこには元はクレオパトラの兵だったが、アクティウムの海戦後、オクタウィアヌスがヘロデに与えた傭兵も含まれていた。その他の武装した部隊はその後に続いた。このように力が誇示された後は、富が示され、五〇〇人の奴隷が運ぶ高価な香料の列で行列は締めくくられた

この葬儀は全体としてヘロデ王国の軍事的特徴を強調するもので、宗教的な特徴は少なくとも一時的にぼかされていた。ヘロデの埋葬場所の選定さえも軍事的な象徴体系と関連づけられている。ヘロディオンはヘロデがかつてアンティゴノスの軍に勝利した場所の近くに築かれた。

葬儀と七日間の服喪の後、アルケラオスはエルサレムの神殿に赴き、そこで民衆の歓呼に迎えられ、「王」と認められた。エリコでの儀式は新しい王に軍隊の支持をもたらしたが、その時点ではアルケラオスは依然として宗教的な正当性を欠いていたのである。ヘロデの息子は神殿の広場に姿を現し、かつて父親がしたように演説を行った。ヘロデの黄金の玉座に着座し、統治の構想を示すため、アルケラオスは民衆に向けて最初の演説を行った。それはまったくのプロパガンダであった。アルケラオスは民の幸福を真の優先事項とし、その実現のためにはいかなることでも実行すると約束した。自らの善意と権力を示すため、囚人の釈放、年ごとの貢納の減免、通

行税と物品税の廃止など、一連の恩恵を施した。演説が終わると、儀式は神殿での一連の犠牲式で幕を閉じたが、アルケラオスは父に倣い、遠くから参列しただけだった。

アルケラオスによる権力の掌握は用意周到に実行された。当初の目的は父の軍隊からの全面支持を獲得し、治世の始まりを人びとへの約束を果たすかに見せることで達成された。神殿への巡幸では敵対する動きは見られず、それにより父が追求し続けたものに匹敵する宗教的正当性を得ることができた。すでに考察したように、ヘロデ大王は犠牲を捧げるという役割を果たすことはなく、ユダヤ人を支配するために神に選ばれているということにしていた。アルケラオスは神殿との関係も含めて、ヘロデのふさわしい後継者であると主張していたのである。アルケラオスは間違いなく、ヘロデの死からしばらくの間、多大な人気を誇ったが、順風満帆の日々は長く続かなかった。

ある日アルケラオスはファリサイ派の代表の訪問を受けた。彼らはヘロデの死の直前に火刑に処されたユダとマタティアに近い立場の人びとだった。彼らは新たな主人に対して、神殿の鷲の一件後の虐殺に関与したヘロデの役人を死罪とすることで誠意を示すように求めた。アルケラオスは皇帝に王位を認めてもらうためのローマ訪問を控えていたので、その前に難題が持ち上がるのを望まず、明確な返答を保留した。処罰の可能性を示唆しながら、すべてはイタリアからの帰国後としたのである。しかし、ファリサイ派は多くの熱心な信徒が過越祭を祝うためにエルサレムにやって来ることを利用し、神殿に集まった群衆を扇動した。反乱の機運がエルサレム全体に広まった。アルケラオスの兵士たちが襲撃され、群衆によって殺害されると、アルケラオスは部隊を派遣し、流血をもって暴動を鎮圧した。ヨセフスによると、死者は三〇〇〇人にのぼったという。

虐殺の後、アルケラオスはローマに向けて出発したが、同時にヘロデ・アンティパスもローマへ向かった。彼は以前の遺言では自分が後継者に指名されていたと主張し、ヘロデが記したという最終的な遺言の有効性に異議を唱えていた。王位を主張する二人は、それぞれが有力者を随員として伴っていた。ダマスカスのニコラオスがアルケラオスの擁護者となり、ニコラオスの兄弟プトレマイオスとヘロデの「友人」エイレナイオスはアンティパスを支持した。

ローマに向かう二人の兄弟の代表団に第三の集団が加わった。それは五〇名からなるユダヤ人のグループで、八〇〇〇人のローマに住むユダヤ人をはじめとするディアスポラのユダヤ人の多くがそれを支持していた。ローマのユダヤ人共同体の一部はローマ化され、エリート層を形成していたので、無視できない勢力となっていた。この第三の使節団は王制を廃止し、ユダヤをシリア属州に併合するように皇帝に求めた。彼らの目にはヘロデの独裁政よりローマの直接統治の方が好ましいものに映っていたのである。反王政派のユダヤ人たちはどの勢力に属したのだろうか。ローマのディアスポラのユダヤ人の支持を受けていたことが示すように、彼らは一般民衆ではなく、指導者層の意向を代表していたのだろう。そこにサドカイ派が含まれた可能性も考えられる。しかし、さまざまな人びとが結びついたと考えるのが妥当であり、ファリサイ派が加わっていた可能性も排除できない。実際のところ、おそらく王政拒否という利害で一致した人びとが結集した集団であったと思われる。

さらにまた一人、王位を主張する人物がイタリアにやって来た。彼はヘロデとハスモン家のマリアンメの息子、アレクサンドロスを自称したが、その容姿は三年前に処刑された王子に驚くほど似ていたのだ。偽アレクサンドロスはメロス島とクレタ島をはじめとしてギリシアのいくつかのユダヤ人共同体の支持を得ることに成功した。しかし、アレクサンドロスのかつての側近により偽りが暴かれ、さらに少年時代のアレクサンドロスを宮廷に呼び寄せていたアウグストゥス自らがそれを確かめると、皇帝はこの僭称者に罰として「ガレー船の漕ぎ手とする」漕役刑を科した。

アウグストゥスはそれぞれの主張を聞いた後、最新の日付の遺言を有効とするニコラオスの主張を受け入れ、アルケラオスを支持する判断を下し、この問題に決着をつけた。アルケラオスはユダヤ、サマリア、そしてイドマヤの領土を認められたが、許された称号はエトナルコス、すなわち「民族《エトノス》の統治者」だけだった。これは反王政派の代表の意見が一部聞き入れられたことを示している。エトナルコスという称号は明らかに王よりも下位に位置づけられる。アルケラオスは王となるために、自らがそれに相応しいことをさらに示さなければならなかった。ヘロデ・アンティパスは予想通り、ガリラヤとペレアの四分領主《テトラルコス》に、フィリポスはトラコニティス、ガウラニティス、バタネアの四分領主に任命された。サロメはイアムニア、アゾトス、ファサエリスに加え、ヘロデが贈与した五〇万ドラクマを受け取った。アウグストゥスはそれにアスカロンの王宮を加え、亡き王の遺産から自分に与えられたもののうちからわずかに受け取っただけで、残りの贈与品、特に貴重な調度品や器物は民族統治者《エトナルコス》と二人の四分領主に贈った。ガザ、ガダラ、ヒッポスの三都市はおそらくそれぞれの町の有力者の求めに応じてシリア属州に併合された。

一方、ユダヤでは新たな反乱が勃発していた。アルケラオスがローマに旅立って間もなく、ユダヤ人が過越祭の五〇日後の「七週の祭り《シャヴオート》」（五旬祭、ペンテコステ）を祝っていた時のことだった。シリア総督ウァルスがユダヤに侵攻して反徒を鎮圧し、サビヌス指揮下の軍団をエルサレムに駐留させた。しかし、反乱は完全に終息したのではなかった。新たな暴動がエルサレムに広がり、そこにガリラヤ、イドマヤ、ペレアから七週の祭りを祝うために来ていたユダヤ人を巻き込んでいった。そのほとんどは弓や投石器といった貧弱な武器しか持っていなかったが、数で優り、エルサレムに駐留する軍団を包囲した。ウァルスは結果として兵士やサビヌスを解放するため、ユダヤへ戻らざるを得なくなり、動員できるすべての兵力に加え、フェニキア人とナバテア人の補助軍を招集し、大規模な遠征に着手した。

しかし、さらなる反乱がかつてのヘロデ王国の各地で勃発し、前四／三年にはほぼ全土に広がった。カリスマ性を帯びた人物が複数現れ、圧政に耐える群衆の心をつかみ、王を自称した。彼らはそれぞれ自らを新たなダビデとして体現し、ユダヤ人が待ち望むメシアであると称したのである。

王としてのメシアによる反乱

ヨセフスは、メシアを先頭に立てた反乱が起こったおもな原因の一つに、カリスマを通して人びとの希望を一身に集める「土着の王《バシレウス・オイケイオス》」の不在を挙げている――「人びと《エトノス》を大いなる狂気が襲ったが、それは優れた徳によって統治する自分たちの王を持たなかったためである」(『古代誌』一七277)。

この問題についての情報は限られるが、反乱の首謀者たちは概してダビデ王家の伝統を継承する形での王権を目論んでいたようである。王としてのメシア待望は王位を僭称する者が権威を正当化する常套句となっていた[1]。

ガリラヤでは、かつてヘロデと戦い、処刑された「盗賊」エゼキアスの息子ユダが一党を組織した〔『戦記』一204、二56〕。彼は王家の兵器庫から武器を奪い、セフォリスを襲撃し、地域におけるヘロデ家の広大な領土を奪うための拠点とした。セフォリスは反乱軍の拠点となり、ユダはこの成功に乗じて王を自称する。M・ヘンゲルによると、彼は自分が神に選ばれたとし、その主張の根拠とした。ユダは字義どおりには「神による統治」を意味する真の神権政治《テオクラティア》を確立させようという野心を抱いていた。彼が設立しようとしていた新しい国では、君主の役割は地上における神の代理人と規定されていた[2]。これはユダがおもな創始者の一人であったとも考えられる熱心党《ゼーロータイ》のイデオロギーの特徴である。しかし、この前四/三年の反乱は挫折した。九年後の後六年、ユダはファリサイ派のツァドクの協力を得て、今度はユダヤにおいて新たな反乱の首謀者として再び表舞台に姿を現す。この二人の結びつきは熱心党がファリサイ派の武装集団、あるいは少なくともその急進派であったという見方を裏づけるかもしれない。

神の絶対的な統治を前提とし、神を唯一の真の王と見なす神権政治はユダヤ教の規律に最も適応するものとして、熱心党をはじめ、疑いなくファリサイ派の多数に支持される政治体制である。この点についてのヨセフスの曖昧さは注目される。熱心党を盗賊と同一視し、その後のユダヤ人の不運、特に七〇年のローマ人による神殿の破壊の責任を彼らに負わせ、厳しく処断している。しかし、ヨセフスは「神権政治」をユダヤ人にとっての理想的な政体とし（『アピオーンへの反論』二165）、イデオロギー的にはそれに同意している。このように、ガリラヤ人ユダは伝統的なユダヤ教の復興者を自称し、その目的を達成するために占領軍やユダヤ人で協力する者に対する戦闘を主張していたのである。

同時期にペレアで人びとの心に火をつけたのはシモンという人物である。この人物のことはヨセフスとローマの歴史家タキトゥス（『年代記』五９）の記述から確認できる。[3] シモンの権威は、その身体的な美しさと並外れた強さに基づいていた。美丈夫という外見的な特徴はダビデだけでなく、サムソンのような聖書の英雄の姿を思い起こさせた。その堂々とした風貌を利用して、シモンは王位を僭称したのである。

> 彼（シモン）はヘロデの奴隷であったが美しい人で、背の高さと強靭な肉体に恵まれ、それが彼に自信を与えていた。当時の混乱した状況に乗じた彼は大胆にも頭に王の頭飾り《ディアデーマ》を戴こうとした。人びとを糾合し、その狂気の中で彼は王と宣言された。彼自身、自分が誰よりもその称号にふさわしいと考えていた。
> （『古代誌』一七273―274）

シモンは、かつてダビデがゴリアトやペリシテ人と戦ったのと同じように、ローマとの戦いの先頭に立つために、神自らが自分を立ち上がらせたのだと公言し、民衆を熱狂させた。しかし、ヨセフスは他の反徒と同じように、シモンを単なる盗賊と記している。シモンはエリコの王宮などの王の邸宅を配下の者たちとともに略奪し、焼き払った。ヨセフスはそう記すが、彼の行為は正当化できるかもしれない。彼が攻撃したのはヘロデの権力の象徴、すなわち王の富の象徴であった。「民族主義者」の反乱は社会的な色合いを帯びる。それゆえ、外国支配と同様に、排除されるべきローマの手下と見なされたエリート層が攻撃の対象となったのだろう。

同じ頃、ユダヤではアスロンゲースというカリスマ性を備えた牧夫がユダヤ人を蜂起させていた。[4] この人物についてのヨセフスの証言は非常に簡潔ではあるが、メシアを自称する人物の言説を垣間見せてくれるため、大変興味深い。

さらにアスロンゲースという人物がいた。祖先の地位、品性の卓越さ、富の豊かさのどれもなかったが、卓越した人物であった。まったく無名の羊飼いであったが、人並外れた身長と腕っぷしの強さで衆目を集めた。彼は大胆にも王になろうと望んだ。というのも、王になれば、何でも自由にできると考えたからである。彼は頭に王の頭飾り《ディアデーマ》をつけ、なすべきことを討議する評議会を開いたが、自らすべてを決定した。この人物は長く力を維持した。王号を称し、その方針を阻むものは何もなかったからである。

（『古代誌』一七278、280―281）。

アスロンゲースもシモンと同じように、頭角を現すために長身で強靭な肉体を持つという並外れた身体を有効に利用した。彼の名前はペルシア語からヘブライ語に入ってきた「アスロンカ」に由来するのかもしれない。アスロンカはメロンなど大きな果実の果物を意味する。アスロンゲースという名はこぶしの大きさから「こぶしの代わりにメロンを持つ者」という意味なのかもしれない。このような隠喩によってアスロンゲースにはボクシングやレスリングの王者に見られるような神が呼び起こした並外れた能力があることを強調しているのである。

アスロンゲースが牧夫だったことは決して偶然ではない。ダビデ以来の伝統では、牧夫は王と同義ととらえられた。(5)牧夫が反乱を起こしたということは神の働きかけの徴であり、アスロンゲースが神に選ばれた証しであると見なされた。ユダヤで起こった反乱の首謀者は「わたしは彼らのために一人の牧者を起こし、彼らを牧させる。それは、わが僕ダビデである」という預言者エゼキエルの言葉を念頭に置いていた（エゼキエル三四23）。後世のジャンヌ・ダルクも神の霊感を受けた羊飼いである。オオカミから羊を守る術を知る羊飼いであれば、敵の攻撃から人びとを救う資格も与えられていたのである。

アスロンゲースが実際に牧夫であったのかどうかは別としても、その権威はダビデやヘブライ語聖書の諸書との明らかな関連づけに基づいていた。また、N・ベライシェが指摘したように、アスロンゲースはユダヤ人の解放者としてのイメージを強めるためにマカベア家のこともモデルにしていた。彼は四人の兄弟に囲まれ、それぞれに部隊を委ねていた（『古代誌』一七279）[6]。アスロンゲースは最終的に王を称したが、一世紀にあらわれた王としてのメシアの中では最も精巧に工夫されたプロパガンダを前面に押し出し、闘争を進めたように思われる。

反乱の首謀者らはグラトスに率いられたかつての王の兵士たちと対峙していた。シリア総督ウァルスとその部隊が援軍としてすぐに来ることになっていた。ウァルスは大規模な遠征軍を率いてガリラヤに侵攻し、セフォリスを占領すると、そこを焼き払った。ユダは敗北したが、配下とともに逃亡に成功する。出身地のガウラニティスのどこかに身を潜めていたようである。しかし、ユダはあきらめることなく、九年後に今度はユダヤで新たな反乱のリーダーとして出現した。ユダを王として、また解放者として受け入れていたセフォリスの住民は奴隷とされ、奴隷商人に売却された。その後、ウァルスがサマリア、次いでユダヤの支配を回復すると、エルサレムはすぐに陥落した。反乱は大規模だったので、ローマのその後の対応は穏やかなものであった。ほぼ全住民が蜂起するか、反乱を支持したが、ウァルスは首謀者として二〇〇〇人を有罪とし、十字架刑としただけで、他は赦免した。首謀者の中にはアウグストゥスの名において公式に許された者もいた。皇帝はウァルスに、通例どおり反乱の意欲を弱め、再発を防ぐため、寛容と抑圧をうまく組み合わせた指示を与えていたのである。ウァルスの「穏便」の背後には皇帝の意思があったのだ。ウァルスは任務が完了するとアンティオキアに帰還した。彼はエルサレムに軍団を残し、その後の町の治安維持を期した。その間に、グラトスはペレアでシモンの反乱を鎮圧し、反徒である「王」シモンは断首された。最も長きにわたりローマに抵抗したのがアスロンゲースだった。彼は戦闘で四人の兄弟を失い、疲労と病に侵された後に降伏し、おそらく十字架に架けられて刑死した。

アルケラオスはエルサレムに戻ると、ボエトスの子ヨアザロスに代えて、その兄弟のエレアザロスを新たに大祭司に任命した。ヨアザロスが反乱を支持したことで処罰したのかは明らかではない。実際のところ、アルケラオスは父ヘロデがそうしたように、神殿の権限を掌握したことを示そうとしたのだろう。そのすぐ後にも今度はエレアザロスを罷免し、セエの息子イエスを祭司に任命している。しかし、全体的に見て、アルケラオスは権力を確固としたものにすることはできなかった。逆説的ではあるが、このヘロデの子に当初において王の称号を許さず、その力を弱める原因を作ったのは皇帝であった。アルケラオスが父の称号を継承できなかったという事実はアウグストゥスの側からの否定と見なされ、それが一挙に広まっていたのである。

ヨセフスが民族統治者《エトナルコス》アルケラオスのものとした業績はわずかに、反乱の際に損害を受けたエリコの宮殿を再建し、ナツメヤシの林を整備させたことと、アルケライスという集落を建造したことのみである。そこには彼の威信の欠如を回復させるようなものは何もない。

さらにヨセフスは、アルケラオスが最初の妻マリアンメを離縁し、カッパドキア王アルケラオスの娘グラフュラと恋に落ち、妻にしたと伝えている（『古代誌』一七341）。アルケラオスの行動はグラフュラが王族であることをおもな動機としており、この結婚により王位の獲得が容易になると考えたに違いない。というのもグラフュラはカッパドキアの王女であり、その上アレクサンドロス大王とペルシアの大王たちの血統であることを誇っていたからである。しかし、この目論見は賢明なことではなかった。二人の関係は子をもうけた兄弟の妻を娶ることを禁じたユダヤの法に違反していた。アルケラオスの異母兄弟アレクサンドロスの未亡人であるグラフュラの場合はまさにそれだったのである。この結婚はアルケラオスのカリスマ性を高めることにはならず、反対に彼のユダヤにおける権威をさらに低下させる原因となった。

アルケラオスの治世が始まってから九年あるいは一〇年目の後六年、ユダヤ人とサマリア人からなる一団がローマへ行き、皇帝にアルケラオスの罷免を求めた。この時初めてユダヤとサマリアのユダヤ人の協調が最高潮に達した。宿敵同士を団結させてしまったのだから、アルケラオスはやはり領国を統治する能力を欠いていたというべきなのかもしれない。この一〇年で、さまざまな集団が反君主連合を形成し、それが膨れ上がっていた。そのすべてがアウグストゥスを納得させるまで一致してアルケラオスの横暴な統治を訴えたのである。皇帝はアルケラオスをローマに召喚すると、ガリアのビエンナ〔現ウィーン〕に追放した。グラフュラはすでに亡くなっていて、彼の側にはいなかった。

アウグストゥスはローマに迎えた代表団が切望したユダヤ、サマリア、イドマヤの直接統治という試みをこの時になって選択する。この三地域はシリア属州に統合され、総督Ｐ・スルピキウス・キリニウスが人口調査を実施した。それは帝国に新しい地域が統合される際に通常行われる過程であった。ローマ当局はカピタティオ、またはトリブートゥム・カピティスと呼ばれる人頭税を課すために男性人口を正確に把握しようとしたのである。ユダヤの統治のために皇帝によって長官《プロクラトル》に任命され、ユダヤに派遣されたコポニウスがキリニウスの業務を補佐した。長官は序列上はシリア総督の管轄下に置かれるが、その権限は民政、軍事、司法など広範に及んだ。コポニウスはエルサレムに代って地域の首府とされたカイサリアに常駐した。ユダヤ、サマリア、イドマヤは新たな属州として統合されることにはならず、ヨセフスが述べているように（『古代誌』一八2）、シリア属州に付随するものとされるにとどまった。長官はラテン語では「プラエフェクトゥス」（代理として行使する者）とも記されるが、ギリシア語で記された公式文書では「エパルケイア」（郡）と表現された地域を皇帝の代理として統括する。

コポニウスが着任したのはガリラヤ人ユダが再び姿を現した時期である。ファリサイ派の指導者ツァドクと結託したユダは人口調査をユダヤ人の隷従の始まりと非難し、ユダヤ人の一部を蜂起させた。「民族主義的」と呼ぶべきこの反乱の目的はユダヤをローマの支配から解放することだった。激しい戦闘が勃発し、それが地方にも広がったため、深刻な食糧不足が引き起こされた。コポニウスは最終的にはユダヤ全土を再び掌握したが、ヨセフスはこのユダの蜂起を六六年に勃発するユダヤの大反乱の始まりと見なすべきとしている。

ヘロデ・アルケラオスの硬貨

アルケラオスの硬貨はヨセフスの記述に興味深い情報を加えてくれる。それを通して、民族統治者《エトナルコス》であったアルケラオスの主張をある程度理解することができる。(7) 銘文はとりわけこの点について雄弁に語ってくれる。

王の称号を名乗れなくなったことにより、硬貨製造についてはまったく新しい状況がアウグストゥスにより強いられ、アルケラオスは王の称号なしで硬貨を造らなければならなかった。王の称号を失ったことに対処するため、アルケラオスは民族統治者「エトナルコス」の称号を用いた、ありとあらゆる図像的な可能性を探らせた。そこで青銅貨の裏面にこの称号を「エトナルク」(EΘNAPX)と略記させ、硬貨中央にギリシア文字のX(カイ)が来るようにして際立たせている(図5・2)。これはおそらく古ヘブライ文字のタウを意図的に想起させるためであろう。すでにヘロデの硬貨で示されたように、この文字の形はギリシア文字のカイと同じである。その意味を振り返ると、タウの文字は悪霊を除き、君主の守護を意味する印とされている〔本書119頁参照〕。バビロニア版タルムードによると、王や祭司の冠にもつけられていた(ケリトート篇五b)。ヘロデの硬貨におけるタウのように、カイの文字を強調することで、アルケラオスは自らも聖書の時代の伝統を受け継ぎ、それを強調する効果を期待したのである。

同じ硬貨で左から右へという読み方の順が一定していないことにも注意しなければならない。最初の三文字EΘNは普通に読めるが、続く行ではAとPが逆に並んでいる(図5・2)。ここでは唐突に牛耕式(ブーストラフェドン方式)の表記がされて、右から左に記す古ヘブライ文字の影響が見られる。この二行目の明らかな誤りは意図的なものかもしれない。ギリシア語の表記順を間違えることで、ギリシア語文字から古ヘブライ文字へ切り替えようとしたとも考えられる。この二行目は冒頭のギリシア文字と、真の意味でのタウと読ませたい偽りのカイの間で、ギリシア文字からヘブライ文字への移行を助ける役割を果たしたのである。

そのほかのアルケラオスの硬貨は父の発行したものに類似しており、可能な限り王朝の継続性を印象づけようとする意図が明白である。アルケラオスの名が刻まれた硬貨はなく、ヘロデの名が属格形あるいは主格形で、またしばしば省略された形で示されているだけである。つまり、アルケラオスは自分が「ヘロデ家の一員」である

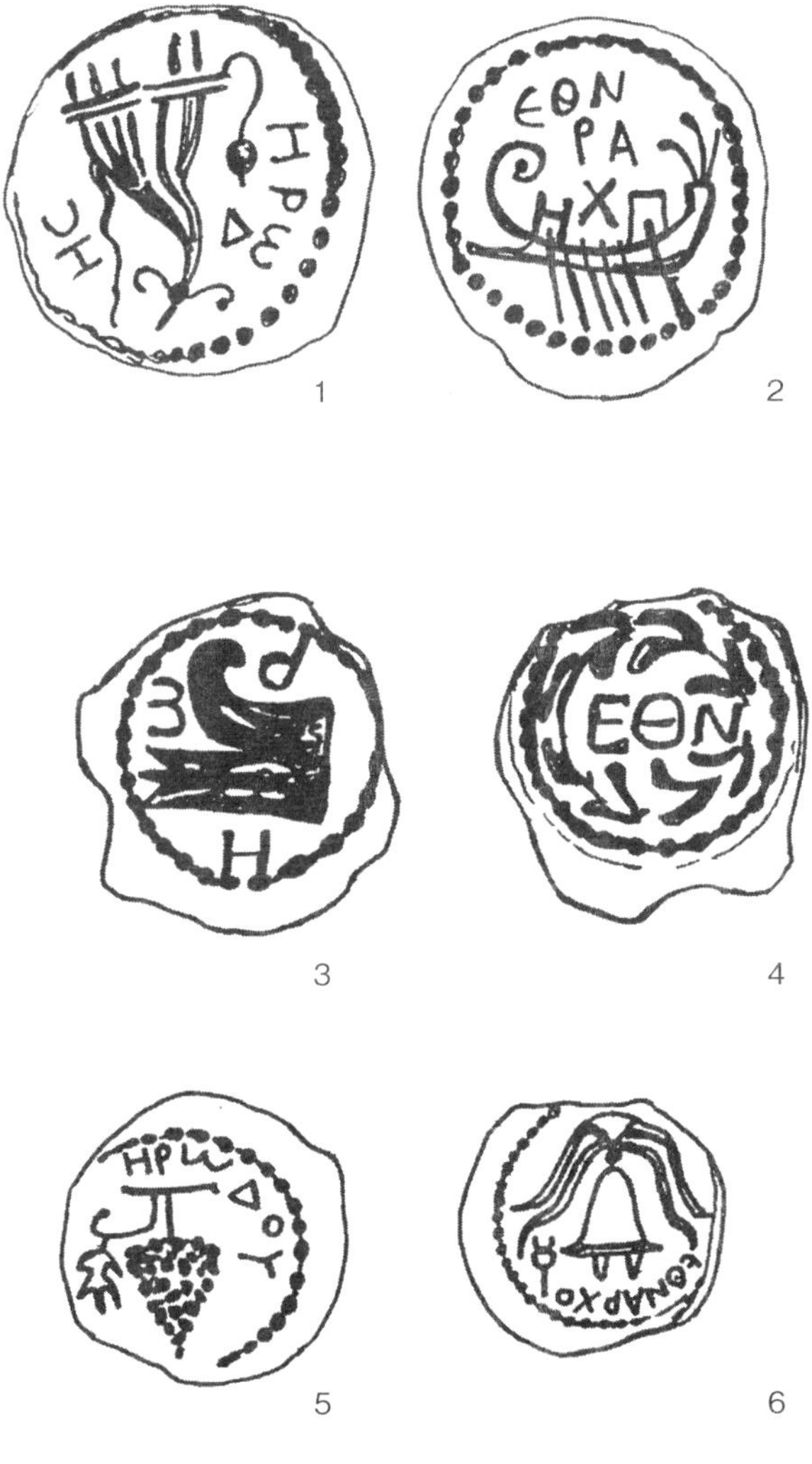

図５　ヘロデ・アルケラオスの青銅硬貨

①二本の豊穣の角、②船、③船の衝角、④月桂冠と「ＥΘＮ」の文字、⑤葡萄の房、⑥兜

（G. F. Hill, D. Hendin 文献所収図版をトレース）

こと、より厳密に言えば「ヘロデ二世」であると主張しているのだ。主格でヘロデと記された硬貨はアルケラオスが王朝の創始者である父に敬意を表したものと考えられる（図５・１）。この仮説は表に「ヘーロデース」と主格で記され、裏面にはＨという文字があらわれていることで支持されるだろう（図５・２）。表面の碑銘がヘロデ大王を示し、裏面の頭文字は息子の名前と考えることができる。

アルケラオスの硬貨に描かれたシンボルは基本的にヘロデ大王の硬貨からとられたものである。海に関するものでは、ガレー船の船首だけを描いて海上での勢力の総体を比喩的に示したものや（図５・３）、船全体が描かれ、衝角、船首飾り、五本並んだ櫂、甲板上の船室まで見分けることができ、前方部にはヘロデの頭文字Ｈが読み取れるものもある（図５・２）。これらのシンボルは沿岸部の港カイサリアと関係するだろう。

植物のモチーフでは左側に葉が添えられた葡萄の房に注目すべきである（図５・５）。このモチーフは神殿祭儀と関連している。葡萄は聖書の伝統ではノアの物語と関連しており（創世記九20）、ヘロデが再建した神域の門の装飾彫刻にも葡萄の枝が見られる（『戦記』五210）。ハスモン朝の君主アレクサンドロス・ヤンナイオスも、金銀細工の傑作とされる黄金製の葡萄を神殿に奉納した（『古代誌』一四34）。また、「民族統治者《エトナルコス》」の省略形 ΕΘΝ を月桂樹の冠で囲んだものもある（図５・４）。

アルケラオスは豊穣を示す二又の角のモチーフを採用している。左右対称に置かれた二本の角それぞれにたくさんの果実が溢れ、角の端が帯で束ねられている（図５・１）。中央にケリュケイオン〔ヘルメスの杖。二匹の蛇が絡まっている杖の意匠〕が描かれるものもある。(8) 二重の羽飾りを備えたマケドニア風の兜が描かれた硬貨は、民族統治者《エトナルコス》としての軍事力を表していると考えられる（図５・６）。また、このマケドニア風の兜はアルケラオスという名が「武装した人びとの統率者」という意味であり、マケドニアに起源することを示唆している可能性も考えられるかもしれない。しかし、アルケラオスという名そのものが現れている硬貨がなく、アルケラオスが好んで自らを「ヘロデ二世」として示したことを考えると、この解釈はかなり疑わしい。この兜にケリュケイオン〔聖なる力を象徴する杖〕が添えられることにも注目すべきである。実際のところ、その意匠はEΘNAPXOY（「エトナルコスの〔硬貨〕」）の最後の文字「Y」（イプシロン）を表現している。宥《なだ》めを意味するケリュケイオンは、すでに見たように、ヘロデ大王の硬貨にも見られたが〔本書127頁参照〕、その後継者の称号とも巧みに結びつけられている。この巧みな図像利用の目的は「民族統治者《エトナルコス》」という称号の価値を高めることであった。

アルケラオスは王を称することができないという状況において、自身を父ヘロデの後継者と表現しようとした。ヘロデの名を強調することで王朝の継続性を訴え、亡き王の硬貨と喧伝の主たるポイントを採用することでイデオロギー的にも父王からの継承性を表そうとしたのである。

イエスの誕生とユダヤにおける人口調査——解決しがたい歴史上の問題

ヨセフスはローマによる人口調査はアクティウムの海戦の三七年後、つまり後六年に実施されたと証言する（『古代誌』一八26）。アルケラオスの治世は『ユダヤ戦記』によると九年（『戦記』二115）、『ユダヤ古代誌』では一〇年続いたとされるので、ヨセフスの提示する年代は妥当と言えよう。両書の間の小さな違いはアルケラオスが民族統治者となる前の数か月間、ローマに滞在したことに起因する。統治の開始をエリコのヒッポドロームで歓呼をもって迎えられた前四年とするのか、皇帝に承認され、エルサレムに帰還した前三年とするのかの違いである。父ヘロデにも同じように、治世の開始を前四〇年に元老院から王に任命された時点とするか、前三七年に実質の単独の王となった時期とするのかという問題がある。通常、公式には年代の早い方を治世の始まりと見なすが、ヨセフスは遅い方を始まりと見ている。

ルカによる福音書はキリニウスに委ねられた人口調査についての記憶を伝えるが、その記述にはいくつかの問題がある。

そのころ、皇帝アウグストゥスから全領土の住民に、登録をせよとの勅令が出た。これは、キリニウスがシリア州の総督であったときに行われた最初の住民登録である。人々は皆、登録するためにおのおの自分の町へ旅立った。ヨセフもダビデの家に属し、その血筋であったので、ガリラヤの町ナザレから、ユダヤのベツレヘムというダビデの町へ上って行った。身ごもっていた、いいなずけのマリアと一緒に登録するためである。（ルカ二1―5）

ルカによれば、キリニウスによる人口調査はイエスが生まれた年に行われたことになっている。ヨセフはマリアを伴ってナザレを離れ、ユダヤのベツレヘムで自分の名前をローマ当局に登録するための旅をする必要があったとされているのだから、これは些末な情報ではない。

しかし、ルカはイエスよりも数か月早く生まれたとされる洗礼者ヨハネの誕生を「ヘロデの御代」のこととしている（ルカ一5）。つまり、ヨハネは遅くともヘロデの治世末期、前五／四年には生まれていなければならない。その一方で、マタイ福音書はヘロデが「幼児虐殺」の間にマリアの子を殺そうしたことを非難している（マタイ二16）。

イエスがヘロデの治世の最後の年（前五／四年）に生まれ、人口調査の期間（後六年）にも生まれたということはあり得ないので、ヨセフス、ルカ、マタイの記述をどう調和させればいいのだろうか。

J・ウィナンディが提唱する説では、ルカ福音書の記述はガリラヤ出身の人イエスがユダヤで生まれた理由を説明しようとした人物による改竄《かいざん》とされる。(9) その人物はルカよりも後世の人物だが、ルカと違って、二つの出来事の年代を混同し、誤って一〇年間の時間差がある二つの出来事を一緒にしてしまったというのである。この説明はあり得ないことではないが、実証はできない。

É・ノデは別の説を提示する。アルケラオスの治世はヨセフスの記述に反して、九年または一〇年も続かず、わずか数か月だったとし、属州シリアに併合されたユダヤの人口登録をキリニウスが命じられたのは後六年ではなく、前三年だったとする説である。ただし、この説が問題をまったく解決することにはならない。イエスの誕生がヘロデ大王の治世末期で、キリニウスの任期ということはあり得ず、この間にはアルケラオスの治世を入れなければならないからである。それでも、このノデの仮説はヘロデの死から人口調査までの時間差を一〇年ではなく、約一年にして、ルカの「誤り」を小さくしている。したがって、ルカの一節を改竄とする必要もなくなる。

しかし、この説は別の問題を生じさせる。キリニウスについて、前四／三年に人口調査のときの属州シリア総督を務め、後六／七年にもう一度、総督を務めたとしなければならなくなるのである。これもあり得ないことではないが、ほぼ実証できない。

歴史家の視点から考えると、ルカの記述は年代の問題を引き起こすだけではない。そこにはローマの行政についての理解不足が見られる。ローマ支配下の人口調査は属州だけを対象にしており、居住する場所で実施されていた。ナザレはアンティパスの「領国《テトラルキア》」であるガリラヤにある。人口調査はアルケラオスのかつての「領国《エトナルキア》」の住民のみを対象に行われたので、ヨセフはまったく無関係だったのだ。登録のためにベツレヘムに行く必要もなかっただろう。さらに言うと、調査の対象は男性に限られていた。それゆえ、反乱が勃発しそうな不安定な時期に長く危険な旅となりそうな状況の中、妊娠している妻マリアを伴っていく理由はなかった。歴史家がなすべき説明はルカもマタイも歴史家ではないということである。彼らは正確な年代や話の合理性には関心がない。ルカがナザレのイエスをベツレヘム生まれとしたのは、「救いの主キリストが、今日、ダビデの町でお生まれになった」（ルカ二11）とあるように、そこがダビデの町だったからである。ルカはイエスの生まれた場所がダビデに遡る起源との関係を強めると考えたのである。

「幼児虐殺」

前述のマタイ福音書における「幼児虐殺」のエピソード（二16）は、中世から一七世紀にかけてキリスト教の図像に枯れることないインスピレーションを与え、ヘロデ王の名を広く知らしめる役割を果たした。

ヘロデはイエスの誕生を聞くと、メシアである「ユダヤ人の王」に取って代わられるのではないかという不安を抱いた。そこで二歳未満のすべての男児を殺害するように命じた兵をベツレヘムに送り込んだ。しかし、ヨセフはそれを天使からあらかじめ知らされ、マリアとイエスを連れてエジプトへ脱出する。こうしてイエスは殺害を免れた。その後しばらくしてヘロデが死ぬと、天使がヨセフの夢に再び現れ、今やアルケラオスが統治しているユダヤに戻れるようになったと伝えた。

このエピソードはマタイ福音書やマタイが用いた資料によって作られているので、歴史的な根拠を探るのは無益なことかもしれない。虐殺とエジプトへの逃避という二つの主題を関連づけることで、「救いの主」としてのイエスとモーセ、「残虐な迫害者」としてヘロデとファラオという並行関係が生み出されている。マタイは出エジプト記の冒頭でファラオが新たに生まれたヘブライ人の赤子をナイル川に投じて殺害するようエジプト人たちに命じたことにインスピレーションを受けた（出エジプト一22）。この虐殺のエピソードからマタイはイエスをエジプトへ逃避させ、イエスとモーセの並行関係が逆になっていることを強調できた。イエスはエジプトへ逃れ、モーセはミディアンの地――後のイドマヤ――に逃れたからである。しかし、虐殺の話はただの作り話ではない。福音書記者はメシアを自認したヘロデのプロパガンダと王としてのヘロデの暴政という歴史上の現実をそこに重ね合わせている。一世紀の読者はヘロデが自分の子であるアレクサンドロス、アリストブロス、アンティパトロスを殺させていることを思い出したに違いない。マタイは「幼児虐殺」をヘロデの治世最末期、つまりアンティパトロスが処刑された時期に位置づけることで、自ら創作したエピソードに歴史的な真実味を与えたのだった。

2　四分領主――ヘロデ・アンティパスとフィリポス

ヘロデ・アンティパスの統治

ヘロデ・アンティパスは父ヘロデの死後、ガリラヤとペレアの四分領主《テトラルコス》の称号を与えられた(10)。後六年、アルケラオスが皇帝に解任されたとき、アンティパスは民族統治者の領土が手に入ると期待したが、それは実現しなかった。アルケラオスの追放はアンティパスにいかなる変化ももたらさなかった。アンティパスはガリラヤとペレアを維持し、兄弟のフィリポスは自身の四分領の支配者の地位のままだった。しかし、それはすっかり過去のものとなってしまったヘロデ王国の残骸にすぎなかった。アンティパスは自身の利益のため、その復興を絶えず求め続けることになる。

しかしながら、アルケラオスが解任された後、エルサレムはアンティパスの領地には含まれなかったが、ユダヤの住民を含むユダヤ人とローマ皇帝との仲介役を務めたことは、彼にとって多少の慰めとなった。また、そのことから、後六年以降、神殿の管理者となった。アンティパスはサンヘドリンの評決をはじめとして、そこで起こることを総覧する権利を手にした。ローマの総督は祭儀、信仰、ユダヤの伝統にかかわるあらゆる件についてアンティパスに相談するようになった。

フィロンによれば、アンティパスはエルサレムで行われた律法に反する行為に抗議している（「ガイウスへの使節」299―305）。ティベリウス帝の時代に総督ピラトがかつてのヘロデの宮殿に設置した盾が律法に反するので撤去するように求めたユダヤ人の代弁者となったという。

ヨセフスはアンティパスの政策について簡単に触れるだけである。父ヘロデと比べても、その治世は長いにもかかわらず（前四―後三九年）、アンティパスに関する情報は非常に限られている。間違いないのは、アルケラオスの放逐から学んで、常にローマへの服従を喧伝していたことである。

アンティパスはペレアにあるベタランフタ〔ベト・ハラン〕という古くからの町に新しい町を建設し、アウグストゥスの娘でティベリウス帝の妃であるユリアを称えてユリアスと名付けた。また、ガリラヤ人ユダ討伐時にウァルス〔シリア総督〕によって破壊されたセフォリスを再建し、アウトクラトリスという新たな名で復興した（『古代誌』一八27）[11]。この名はローマ皇帝の称号のひとつで、皇帝を意味するギリシア語「アウトクラトール」からつけたもので、アンティパスはローマの支配者への服従の意思を表すために、このような地名を選んでつけたのである。

しかし、一四年にアウグストゥスの後を継いだ皇帝ティベリウスのために、ガリラヤという最も豊かな地域のガリラヤ湖畔に建てさせたティベリアスの町のことは特筆すべきであろう。この新たな町は二三年に完成し、アンティパスの四分領の中心都市となった。ヨセフスは町の建造の際に人骨が発見され、町の一部がかつての墓地の上に築かれたと伝えている（『古代誌』一八36―38）。律法に従えば、遺骸に触れるのは不浄とされることから、そうした土地に居住することは許されない。さらには、遺体の発見からアンティパスがこの町に多くの貧者や解放奴隷を移住させ、彼らに家屋や周辺の土地を与えたことの説明がつくとヨセフスは述べている。つまり、アンティパスはこのような住民なら町を離れることはないだろうと確信していたのだ。この話が事実かどうかはともかく、相当数の人がティベリアスに強制的に移住させられたと言えそうである。アンティパスはこの町を四分領の首府に相応しく人口二万から三万の規模にしたかった。そのために土地を与えることで人びとに刺激をもたらし、強制的に移動させたのである。ティベリアスへの移住は最貧困層にとって家屋や畑を手に入れる機会となり、彼らの社会的上昇を可能にしたのだった。

ティベリアスの人口増加を阻むために、アンティパスの敵対者が町の建設中に人骨が発見されたという風聞を流布させることは不可能ではなかっただろう。それが事実なら、人びとの不安や迷信を巧みに利用したことになる。

ティベリアスの町はギリシア風の都市《ポリス》であったと見なされている。アテナイなどのギリシア都市の多くと同じように、六〇〇人の評議員《ブーレウテース》からなる「市民議会《ブーレー》」が定期的に開かれていた。実際のところ、それは町の参事会のようなものであり、権限は町にかかわる問題に限定されていた。政治は領主であるアンティパスの専権であった。つまり、ヘレニズム時代の諸王国のように、古典期ギリシアの制度をそのまま形式的に模倣したものにすぎない。ギリシア風の行政官も創設された。「指揮官」を意味するアルコンが町の行政機構において第一位の地位を占めた。アゴラノモスはその名が示すように、中央広場「アゴラ」で決まった日に開かれる市の組織や管理に従事していた。

したがって、ティベリアスでは律法は効力をもたなかった。ヘロデの王国における海岸のカイサリアと同様、ギリシア的な飛び地と見なされていた。こうした位置づけはアンティパスの宮殿に十戒の「第二戒」に反する動物の表象——おそらくライオンや鷲——があったことからも確認できる（ヨセフス『自伝』65）。しかし、アンティパスは多くの臣民がローマを拒絶していることに気づいており、非常に用心深かったように思われる。M・バーネットはアンティパスが新たに建設した町々で、像を用いない皇帝礼拝を行わせていたという仮説を立てた[12]。アウグストゥス、ティベリウス、ユリアへの礼拝は行われていたが、ヘロデがカイサリアに建立したローマ女神とアウグストゥスの有名な巨像のような像を彼らのために造ることまではしなかった。アンティパスが造らせた厳格に偶像崇拝を避けている硬貨にはティベリアスで造られたものもいくつかあるが、それを検討することによって、この仮説は確認できる。

ヘロデ・アンティパスの硬貨が語ること

硬貨の考察はアンティパスと臣民の関係について貴重な情報をもたらしてくれる。臣民の大半はH・W・ヘーナーがその熱狂的な信仰心を強調するガリラヤ人である。特に上ガリラヤ地方のユダヤ人は律法を厳格に遵守したので、ユダヤ人の目には狂信的とも映っていたかもしれない。[13] アンティパスが前四／三年に継承したのはエゼキアスの子ユダの反乱を総じて支持していた地域だった。

アンティパスが最初に発行した硬貨は、四分領主となって四年目に造らせたもので、D・ヘンディンが最近発見したものである[14]（図6・1、2）。この小さな青銅貨の表面《おもて》には枝を広げたナツメヤシの下に「ヘロデ」（ΗΡΩΔΗΣ）を略記したΗΡΩという文字が描かれ、裏面には小麦または大麦の粒が「四分領主の第四（年）」を意味するΤΕΤΡΑΡΧΗΣ Δという銘文に囲まれて描かれている。

これらのシンボルは形状の点でも意味の点でも驚くべきものではない。偶像表現の禁止、つまり「第二戒」は尊重されており、ナツメヤシは儀式で用いられるルラブ〔本書126頁参照〕とガリラヤの農産物の豊かさをも想起させる。麦の粒は供犠で捧げるパンが作られるという暗喩をそこに見出すことができる豊穣のシンボルである。この硬貨にみられる主題はガリラヤ人の熱心な信仰心と完璧に合致したものである。

しかし、この硬貨は多くの問題を示している。何よりもまず、名が主格形で用いられていることに驚かされる。この硬貨はアンティパス個人が発行したものではなく、彼に捧げられたものであることを表現している。それゆえ、この青銅貨を公式に発行したのは誰なのかが問われる。アウトクラトリスという名で再建されたばかりのセフォリスの町だろうか。そうかもしれない。また別の問題もある。治世年数を示すデルタの文字（Δ）の前に本来記されるべきラムダの文字（Λ）が抜けており、デルタの文字が治世年数を示すとは限らないという問題である。つまり、デルタの文字がどんな意味で用いられているのかを確認できないのである。実際のところ、スペースがなかったことがラムダの文字がない理由だろう。このタイプの硬貨は今のところ一例しか知られていな

図6　ヘロデ・アンティパスの青銅硬貨
①ナツメヤシ、②麦の粒、③ナツメヤシの枝（ルラブ）、④月桂冠と「TIBPIA Σ」（ティベリアス）の文字
(G. F. Hill, D. Hendin 文献所収図版をトレース)

いので、D・ヘンディンはアンティパスの許可なく造られたのではないかと考えている。

この硬貨の銘がヘロデの名のみで、「アンティパス」とは記されていないことにも注目せねばならない。兄アルケラオスと同様、アンティパスは何よりも父ヘロデ大王との親子としてのつながりを強調しようとした。つまり、彼もまたヘロデ家の人間であり、ヘロデの名をもつ三人目の「新たなヘロデ」なのである。また、いつの日か父の遺領すべてを継承することを強く望んでいた。この硬貨がアンティパス第四年のものであるとすれば、アンティパスが父の名ヘロデを名乗ったのはアルケラオスの失脚後と主張するヘーナーの説は誤りということになる[15]。実際、「ヘロデ」の名は王家の中で継承される称号であり、まずアルケラオスのものとなるべきものであった。つまり、アンティパスが皇帝からヘロデの名の使用を認められたのは、兄に代わって神殿の管理者となり、地位がわずかに向上した後六年であったはずである。この硬貨はアンティパトロスの愛称であるアンティパスがニックネームにすぎなかったことを示唆する。

後になると、アンティパスの新たな拠点となったティベリアスで別のタイプの硬貨が造られた。それらはすべて、まるでエルサレムで発行されたかのように律法の決まりが几帳面に守られている[16]。

これについては二種類が知られている。最初のタイプは表面に祭儀上の重要性についてすでに述べたナツメヤシの枝が描かれ、ルラブを連想させる（図6・3）。ナツメヤシの形は様々だが、一連の硬貨を見ると、程度の差はあれ様式化されていると言えるだろう。治世四年の硬貨とは異なり、この硬貨の銘は属格形で「四分領主ヘロデの（硬貨）」（ΗΡΩΔΟΥ ΤΕΤΡΑΡΧΟΥ）となっている。ここでもやはり四分領主の称号とヘロデの名のみが記され、ニックネームのアンティパスは記されていない。また、年代として、第一七年を示す「ΛΙΖ」も見える。裏面には「ティベリアス」（ΤΙΒΕΡΙΑΣ）の銘が月桂冠で囲まれている（図6・4）。この製造地の記載はその名を称えて新たに町が建設された皇帝ティベリウスの名を間接的に想起させようとしていた可能性がある[17]。アンティパスは婉曲的にローマへの服従と庇護下にある領主としての自らの立場を表現していたのだった。

アンティパスの三番目のタイプの硬貨は第二のタイプの変化形である。表面は単純なナツメヤシの枝ではなく、ナツメヤシの木で飾られている。[18] 裏面にはカリグラ帝を称えて、「ガイウス・カエサル・ゲルマニクスに」（ΓΑΙΩ ΚΑΙΣΑ [ΡΙ] ΓΕΡΜΑΝΙΚΩ）という献辞が冠に囲まれて表現されている。

アンティパスの硬貨は長い治世にもかかわらず、アルケラオスのものほど多くなく、種類も少ない。この単調さは治世の間に見せたアンティパスのある種の慎みのためかもしれない。ヘーナーはアンティパスには野心がなく、王位と父の遺産すべてを要求するようけしかけたのは二番目の妻ヘロディアだったと考えている。[19] しかし、ヘロディアの役割を過大評価すべきではなく、ヘロディアがいなくともアンティパスはもとから野心家であった。そのことはヘロデの遺言に異議を申し立てるためローマを訪れた前四年の時点ではっきりしている。

アンティパスが示した外見上の慎みはすべて打算づくのものであろう。自らの四分領主としての地位を皇帝がいつ取り上げるかわからないことに気づいていたのである。アンティパスの硬貨から傲慢さが感じられないのはアルケラオスの硬貨が民族統治者《エトナルコス》の称号を強調していたのとは対照的である。アンティパスは表向き、一種の消極的姿勢を取ると決めていたのである。

コス島とデロス島出土のヘロデ・アンティパス像

アルケラオスはギリシア世界のどの碑文からも知られていない。それゆえ、彼が父ヘロデの恩恵施与政策を継承したかどうかは明らかではない。

それに対して、二基の彫像台座の銘文はヘロデ・アンティパスの対外的な名声を示している。第一のものはコス島で発見された台座で、「ヘロデ王の子、四分領主ヘロデ（の像）。彼の賓客にして友人であるニコンの一族でアグラオスの子フィロンが奉納した」とあり、アンティパスの彫像であることを示す奉献辞と、一市民であるアグラオスの子フィロンにより奉納されたことが記されている（*OGIS* 416）。

デロス島のヘロデ・アンティパス像は当時デロス島を管轄下に置いていたアテナイの市民団《デーモス》によってアポロン神に奉納されたもので、そこには「アテーナイの市民と島の居住者がヘロデ王の子、四分領主であるヘロデ（の像）を、人びとに対する彼の善行と好意のゆえに、アポロンに奉納した［……の］子アポロニオスがエピメーレーテースを務めた年［……］」と記されている（*OGIS* 417）。エピメーレーテースのアポロニオスは、この島を管理するアテナイの公職者であり、この職を後六年から一〇年にかけて務めたが、この事実が記念碑の年代を厳密なものにしている。フィリップ・ブリュノーはこのアンティパスの像をデロス島の重要なユダヤ人共同体と関連づけているが、この仮説には議論の余地がある。すでに述べたように、利益を受ける町にディアスポラのユダヤ人共同体が存在したかどうかはヘロデ大王の恩恵施与政策とは関係ないからである。[20]
ギリシアの都市や神域における恩恵施与はヘロデ・アンティパスを経てヘロデ一族の伝統となり、この後見ていくように、カルキスのヘロデやベレニケ王妃をはじめ、一族の他の統治者に踏襲されていった。[21]

四分領主フィリポス（前四―後三四年）

フィリポスはトラコニティス、ガウラニティス、アウラニティス、バタネアを四分領としてヘロデから継承した。その領地の中心はかつてパネアス（パニオン）と呼ばれたカイサリアだが、海辺のカイサリアとの混同を避けるため、通常フィリポ・カイサリア（フィリポスのカイサリア）と呼ばれている。フィリポスはガリラヤ湖の北西にあるベトサイダを再建し、アウグストゥスの娘である皇妃ユリアを称えてユリアスと名づけた。ヘロデ大王の時代と同様、皇帝への服属と領内の都市化は「ローマ化」政策と不可分の特徴であった。

ヨセフスはフィリポスを公正と平等を心がける穏和で節度のある君主として描いている。領内を巡回判事のように行き来し、審問時に座る玉座を持ち運ばせていたという。このようにフィリポスは過去のユダヤの支配者、特にソロモンによって具現化されていた裁き《ショーフェート》を行う者という伝統的な役割を復活させていたと見ることもできる。[22] しかしながら、王権に関する稀有なギリシア人思想家のひとりで、その著作が部分的にしか残されていない新ピュタゴラス派の哲学者ディオトゲネスによれば、法は軍隊の指揮と神々への礼拝とともにヘレニズム君主の三つの根本的な役割の一つと定義される。[23] それゆえ、支配者の司法上の機能という伝統はギリシアとユダヤに共通するものと考えられるので、ヨセフスの証言からフィリポスの統治が聖書的な性格をもつかどうかについて結論を下すことはできない。

フィリポスについての文字史料はごくわずかで、シアで発見された碑文と、シリア砂漠の岩に掘られたサファ語の刻字だが、歴史家にはさほど重要なものではない。[24] しかし、異母兄たちの硬貨と同様、フィリポスの硬貨は非常に興味深い。アルケラオスとアンティパスの硬貨との間には一見してかなりの違いがあることに注目すべきである。フィリポスの硬貨は「第二戒」を尊重していない点でユダヤ的なものとは言えない。[25] 律法に反して、アウグストゥス、後にはティベリウスの胸像が描かれているのである。最初のものには「尊厳なる者《セバストス》、皇帝に《カエサル》」（ΣΕΒΑΣΤΩ ΚΑΙΣΡΙ）、二番目のものには「尊厳なる者《セバストス》ティベリウス」（ΤΙΒΕΡΙΟΣ ΣΕΒΑΣΤΟΣ）という銘が皇帝の肖像に添えられている。主格形と与格形が用いられて、二代にわたるローマ帝国の主人に捧げたものであることを示している。

これらの硬貨の裏面には四本の円柱が支える神殿のファサードが描かれている。これはヘロデがパネアス、すなわちフィリポ・カイサリアに献じたアウグストゥスの神殿、カエサレイオンと躊躇なく認められる。裏面には「四分領主、フィリポスの（硬貨）」（ΤΕΤΡΑΡΧΟΥ ΦΙΛΙΠΠΟΥ）と、名前と称号が属格形で記され、その発行者を示している。神殿の柱の間には「L　IB」とあり、フィリポスの統治第一二年、つまり後八／九年に発行されたものであることがわかる（図7・1）。

四分領主としての治世第五年（後一／二年）に発行された硬貨の中に非常に珍しいものがある。そこにはアウグストゥスの神殿ではなく、フィリポスの彫像が描かれている（図7・2）。こうして彼はその彫像が硬貨にあ

1

2

3

4

図７　四分領主フィリポスの青銅硬貨

①フィリポ・カイサリア（パネアス）のアウグストゥスの神殿、②フィリポスの胸像、

③ユリアの胸像、④麦の穂をつかんだ手

（G. F. Hill, J. Maltiel-Gerstenfeld 文献所収図版をトレース）

らわれる最初のユダヤの支配者となった。[26] 皇帝ではなくフィリポスの肖像が描かれた硬貨は多くはないが、その場合も裏面にはカエサレイオンのファサードが描かれている。[27] フィリポスの頭部には王の象徴である頭飾り《ディアデーマ》など王の権威を示す象徴はまったく付けられていない。銘文は「四分領主フィリポスの（硬貨）」（ΤΕΤΡΑΡΧΟΥ ΦΙΛΙΠΠΟΥ）とその名と称号が記されている。治世三一年（後二七年）と三七年（後三三年）に作られた硬貨には、やはり頭部に何もつけられていないフィリポスの胸像が表に描かれ、四分領主の称号なしで、「フィリポスの（硬貨）」（ΦΙΛΙΠΠΟΥ）と添えられている。裏面には治世年代として「L ΛΑ」（三一年）、「L ΛΖ」（三七年）がそれぞれ月桂樹の冠の中に記されている。[28]

　フィリポスは母親の名クレオパトラから推測されるように、おそらく両親そろってユダヤ人という生まれではない。彼女がエルサレム生まれであったとしてもユダヤ人だったということにはならない。むしろ彼女は、コキノスによれば、フェニキアあるいはイトレアのヘレニズム化した家系の出身だったようである。[29] そうであるとすれば、フィリポスは母親の出自に関連する地域を継承したことになる。しかしながら、後世と違って、当時はユダヤ教信仰の継承において母親は重要な役割を果たしていなかったことを思い起こすべきであろう。[30] ヘロデ大王自身も母親はユダヤ人ではないナバテアの王女キュプロスだが、鷲をあしらった硬貨を除けば、偶像を用いた硬貨は発行していない。それゆえ、フィリポスの硬貨に選ばれたモチーフをその出自から説明すべきではない。実際、フィリポスがユダヤ教の律法を尊重していないことは外見上明らかだが、だからといって律法に反していたとは言えない。状況は一見しただけの見かけよりも複雑である。フィリポスは実のところユダヤを統治していたのではないし、律法を遵守しなければならない地域を統治していたのでもなかった。また、アルケラオスはエルサレム神殿の管理人であり、アンティパスも後六年からはそれを務めたが、フィリポスはそうではなかった。もっぱら地域的な使用を目的としたフィリポスの硬貨は、律法という観点からは、ヘロデ大王のシアの彫像と比較できる。「第二戒」の尊重は地理的に限定された地域に限られ、トラコニティス、ガウラニティス、アウラニティス、バタネアといったユダヤ人、ナバテア人、イトレア人、ギリシア系の市民が共住する地域はそれに該当しないと理解されていたので、それを理由に非難されることはなかったのである。(31) フィリポスが律法を尊重しなかったことは事実であっても、間違ったことではなかった。彼には公的にユダヤ教徒の君主として振る舞う義務も意思もなかったのである。フィリポスはヨセフス以来、歴史記述において寛容な支配者とされていることはすでに述べたが、そのイメージからもこの仮説は確認できるように思われる。

また、フィリポスはアウグストゥスの娘でティベリウスの妃ユリアに捧げた小さな青銅貨を作っている。それはかつてのベトサイダの地に彼女を称えた町の建設を記念するものであった。(32) この硬貨がフィリポスのものと確かめられるのは「第三四年」(L ΛΔ)という統治年数のみからである。表面にはドレープをまとったユリアの胸像が「尊厳なる者《セバステ》ユリア」(ΙΟΥΛΙΑ ΣΕΒΑΣΤΗ)という銘文と共に描かれている。裏は三本の麦の穂をつかんだ手が描かれている(図7・3、4)。「果実をもたらす者」(ΚΑΡΠΟΦΟΡΟΣ)という銘文は女神デーメーテールの称号だが、ユリアが新たな町の運命《テュケー》を具現し、繁栄と豊穣を保証するとされている。ユリウス・クラウディウス朝の皇妃はデーメーテール――ローマ人にとってのケレス――と同じように、ギリシアの女神テュケー――ラテン語ではフォルトゥナ――としばしば同一視される。(33) それゆえ、カエサレイオンのファサードが描かれた硬貨と同じように、ユリアの胸像の硬貨は皇帝一族への崇拝を示し、自ら忠実な臣下であろうとするフィリポスの意思を表している。フィリポスもアンティパスと同様、ローマの庇護下にある君主という立場を常に思い起こし、自らの四分領の情勢をよく理解していることを図像で表現したのだった。

三四年、フィリポスは三七年間にわたる穏やかな治世の後、ユリアスで死んだ。ヨセフスによると、壮麗な墳墓に埋葬されたという。フィリポスには後継ぎがいなかった。ヘロデ大王とマリアンメ二世との間の子ヘロデ〔ヘロデ・フィリポス。後述〕とヘロディアの娘で、幼い姪のサロメと結婚していたとヨセフスは記すが(『古代誌』一八137)、子はなかった。サロメは出産するにはあまりにも幼かったのだろう。その最初の夫であったフィリポスが死んだ三四年には一二歳になるならずであった。ヘロデ家では王女たちが出産適齢期を迎える前に、結婚、あるいは少なくとも婚約させていた。それゆえ、高名なベレニケ王女が一二歳か一三歳でアレクサンドリアのアラバルコスの子マルクス・ユリウス・アレクサンドロスと結婚した例が示すように、すでに思春期の始めに未亡人となるということもありえた。三四年、サロメもまた、乙女のまま未亡人となったのである。

ヘロデ・アンティパスとヘロディア

アンティパス（ヘロデ・アンティパス）は自身の利益のために父親のかつての王国の再興を夢見て、皇帝からユダヤの統治を委ねられ、王位を認められることを熱望していた。これらの要求を実現するため、アンティパスはサドカイ派をはじめとする有力者を周辺に置き、福音書に三度言及されているヘロデ党という政治的党派を形成していた[34]（マルコ三6、一二13、マタイ二二16）。

フィリポスの死から数か月後、アンティパスはついに好機が到来したと考え、ティベリウスに拝謁するためローマを訪れた。ヨセフスはこの旅の動機を伝えていないが、皇帝にヘロデ大王の遺領を任せてくれるよう願い出たことは明らかである。しかしながら、ティベリウスは満足のいく回答を与えてはくれなかった。アウグストゥスとは対照的に、庇護下にある国の維持に積極的ではなかったのである。ティベリウスはフィリポスの死を利用して、その領地を属州シリアに併合した。

アンティパスはローマへの旅の始めに、マリアンメ二世の子で、異母兄弟のヘロデのもとに立ち寄り、その邸宅に宿泊した。アンティパスが義理の姉妹にして姪であるヘロディアに誘惑されたのはこの時のことである（『古代誌』一八109）。彼女はアリストブロスの娘で、ヘロデ大王とハスモン家のマリアンメの孫娘であり、ハスモン家と同様にヘロデの血も受け継いでいた。アンティパスは彼女の魅力ではなく、むしろその家柄に魅了されたのかもしれない。ヘロディアとの結婚によって、将来皇帝から王位を認めてもらうという主張を有利に進めることができるかもしれないからである。ただ王位を求めるという動機に忠実であったアンティパスは姪であるヘロディアに求婚した[35]。ヘロディアは叔父の勢威に魅了されていた。このままでは王妃になるチャンスがまったくないことはわかっていた。夫のヘロデはマリアンメ二世の子で、ヘロデ大王が遺言にその名に言及しなかったため、公的な役割を持つことができずにいたのである。アンティパスはローマからの帰国後の結婚をヘロディアに約束した。王女ヘロディアにとって、それは夢の実現への確約であった。

だが、アンティパスは治世の始めにすでに結婚していた。相手はファサエリスというナバテアの王女で、アレタス四世の娘であったが、二人の間に子はなかった。ファサエリスは密かに夫を見張らせていた。アンティパスがローマへ向けて旅立つと、密偵たちはアンティパスがヘロディアと関係し、近いうちに彼女との結婚を考えていると報告した。ファサエリスはこれを聞くとすぐに父のもとに帰り、自分が受けた耐え難い恥辱を打ち明けた。ナバテア王は娘の恨みを晴らすべく、軍勢を率いてアンティパスの領土に侵攻し、ローマに滞在していたアンティパスの部隊を圧倒した。

アンティパスの敗北は、多くのユダヤ人にはアレタス四世を道具に用いた神による報復と受け止められた。神はアンティパスが数年前に洗礼者ヨハネを死に追いやったことについての罰を下したというのである。

ティベリウスはアレタス四世に激怒し、シリア総督ウィテリウスを指揮官としてナバテアへ懲罰部隊を派遣しようとした。しかし、三七年の皇帝の死により派兵は白紙に戻され、思いがけない形でナバテア王の王座は存《なが》えられることとなった。

福音書のなかのアンティパス——洗礼者ヨハネの死、サロメの踊り、イエスとの対峙

ヨセフスは多くの歴史家がその史実性を認めている箇所（『古代誌』一八116）において、洗礼者ヨハネに言及しているが、福音書はいくつもの点でヨセフスの証言と矛盾しているので、それを諸史料と整合させるのは不可能

ではないにせよ、非常に難しい。

マルコ福音書（六17）とマタイ福音書（一四3）では、ヘロディアの最初の夫はアンティパスの兄弟フィリポスとされている。ところが、ヨセフスによると、フィリポスという人物は四分領主のフィリポスしかおらず、彼はヘロディアの娘サロメと結婚している。フィリポスが母と娘を立て続けに妻としたとは考え難い。とくに福音書はサロメをフィリポスの娘としているので、そうなるとアンティパスとヘロディアの結婚は律法に違反していたことになる。実のところ、律法では兄弟の妻との結婚が許されるのは、その兄弟との間に子がいない場合のみとされている。ヘロディアにはひとり娘のサロメがいる。したがって、マタイとマルコはサロメがフィリポスの娘であると考えたのである。それゆえ、マタイおよびマルコの福音書とヨセフスは整合しえない。このフィリポスについて、ヘロデ大王とマリアンメ二世の子であるヘロデの異名であると解釈されることがある。新約聖書の多くの文書や写本が四分領主フィリポスと混同していないことを示すために、この人物を「ヘロデ・フィリポス」と呼んでいるのはこのためである。しかし、この仮説はヨセフスの記述を支持しつつ福音書の証言を擁護するためのものであり、はっきりと疑わしいとは言わないまでも、非常に不確かである。

福音書とヨセフスのどちらをより重視するかによっては、とるべき立場はあと二つあるだろう。コキノスはマルコとマタイを支持し、信じることにしたい「ヘロデ・フィリポス」という人物は存在せず、ヘロディアは実際、四分領主フィリポスの妃であると考え、ヨセフスについては、単に誤ってサロメをフィリポスの妃と記してしまっただけとしている。(36) 一方、福音書は史実と矛盾する記述が多いので、ヨセフスの証言の方をとることもできるだろう。ヨセフスが正しいのであれば、フィリポスはサロメの夫だということになるので、マルコとマタイはマリアンメ二世の子ヘロデとフィリポスをうっかり取り違えていたことになる。

実際、二つ目の解決案にいくらか分があるように思うが、最終的な決着をつけるのはほぼ無理であろう。もちろんヨセフスにも誤りがあるかもしれないが、その著作の目的はユダヤの人びとの歴史をできる限り厳密に描くことにある。一方、マルコとマタイが優先にしたのは歴史的な正確さではない。福音書記者たちが示そうとしたのは、アンティパスの神への冒瀆と、兄弟の妻ヘロディアとの関係がスキャンダラスなものだったということである。問題の兄弟がフィリポスなのかマリアンメ二世の子ヘロデなのかは、問題の本質が変わることはないという点ではあまり重要ではないのである。

エルサレムの祭司ザカリアの子ヨハネは後二〇年頃からヨルダン渓谷で説教を始めた。神の国の到来への備えを説き、弟子たちに洗礼を授けていた。ヨハネへの民衆の熱狂はアンティパスには反乱の始まりのように思われた。そして洗礼者ヨハネを捕らえさせ、ペレアにあるマカイロス要塞に投獄する。

実は、ヘロデ〔アンティパス〕は、兄弟フィリポの妻ヘロディアと結婚しており、そのことで人をやってヨハネを捕らえさせ、牢につないでいた。ヨハネがヘロデに、「兄弟の妻をめとることは許されない」と言っていたからである。そこで、ヘロディアはヨハネを恨み、彼を殺そうと思っていたが、できないでいた。なぜなら、ヘロデが、ヨハネは正しい聖なる人であることを知って、彼を恐れ、保護し、また、その教えを聞いて非常に当惑しながらも、なお喜んで耳を傾けていたからである。ところが、良い機会が訪れた。ヘロデが、自分の誕生日に重臣や将校、ガリラヤの有力者たちを招き、宴会を催すと、ヘロディアの娘が入って来て踊りを踊り、ヘロデとその客を喜ばせた。そこで、王は少女に、「欲しいものがあれば何でも言いなさい。お前にやろう」と言った。さらに、「お前が願うなら、私の国の半分でもやろう」と固く誓ったのである。そこで、少女は座を外して、母親に、「何を願いましょうか」と言うと、母親は、「洗礼者ヨハネの首を」と言った。早速、少女は大急ぎで王のところに戻り、「今すぐに、洗礼者ヨハネの首を盆に載せて、いただきとうございます」と願った。王は非常に心を痛めたが、誓ったことではあるし、また列席者の手前、少女の願いを退けたくなかった。そこで、王はすぐに衛兵を遣わし、ヨハネの首を持って来るように命じた。衛兵は出て行き、牢の中でヨハネの首をはね、盆に載せて持って来て少女に与え、少女はそれを母親に渡した。ヨハネの弟子たちはこのことを聞き、やって来て、遺体を引き取り、墓に納めた。

（マルコ六17―29）

マタイ福音書の並行箇所は基本的にマルコのテキストに依拠しているが（マタイ一四１―11）、いくつかの相違を指摘できる。一四章の冒頭でマタイはマルコが誤ってアンティパスを王とした箇所を修正し、硬貨や彫像に見られるように、アンティパスの正式な称号「四分領主《テトラルコス》ヘロデ」を用いている。しかし、少し先にいくと、王の称号が見られる（マタイ一四９）。マタイが歴史についての一貫性を重視していないことに注目すべきである。マタイはアンティパスが王でないことを知っていたが、そのことが本文のメッセージを変えるものではなかったので、もとにした資料の訂正を怠ったのである。

その頃、領主《テトラルコス》ヘロデはイエスの噂を聞き、家来たちに言った。「あれは洗礼者ヨハネだ。死者の中から生き返ったのだ。だから、あのような力が彼に働いている」。実はヘロデは、自分の兄弟フィリポの妻ヘロディアのことで、ヨハネを捕らえて縛り、牢に入れたのであった。ヨハネがヘロデに、「その女をめとることは許されない」と言っていたからである。ヘロデはヨハネを殺そうと思ったが、群衆を恐れた。人々がヨハネを預言者と認めていたからである。ところが、ヘロデの誕生日に、ヘロディアの娘が皆の前で踊り、ヘロデを喜ばせた。それで彼は娘に、願う物は何でもやろうと、誓って約束した。すると、娘は母親に唆されて、「洗礼者ヨハネの首を盆に載せて、この場でいただきとうございます」と言った。王は心を痛めたが、誓ったことではあるし、また客の手前、それを与えるように命じ、人をやって、牢の中でヨハネの首を刎ねさせた。その首は盆に載せて運ばれ、少女に渡され、少女はそれを母親に持って行った。それから、ヨハネの弟子たちが来て、遺体を引き取って葬り、イエスのところに行って報告した。

（マタイ一四１―12）

注目すべきはアンティパスがヨハネの処刑に慎重であった理由がマルコとマタイで違っていることである。マルコでは、アンティパスはヨハネを正しい人、聖なる人と考えて、彼を畏れ、保護している（マルコ六20）。一方、マタイによれば、アンティパスはヨハネを殺してしまうつもりでいたとされている。アンティパスが恐れたのはヨハネという人ではなく、ヨハネの死後に支持者たちが暴動を起こすかもしれないということだった（マタイ一四5）。それゆえ、両者の文章の調子は非常に異なっている（マルコ六20、マタイ一四5）。しかし、どちらの場合も、アンティパスは洗礼者ヨハネの処刑を好まない慎重な支配者として描かれ、ヨハネの処刑という罪に責任があるのはヘロディアの企みとされている。[37] しかし、マルコはマタイよりもアンティパスに好意的と言えるだろう。

マルコとマタイではヨハネの投獄（マルコ六17、マタイ一四3）と処刑の元凶はヘロディアとされる。この場面について、ヨセフスがヘロディアの責任のことは何も言わず、ヨハネの処刑のことにだけ触れていることに注意すべきだろう。しかし、アンティパスの気持ちにヘロディアが影響を及ぼしていたことはヨセフスも否定できなかったようである。ヘロディアに割り当てられた役割は、特に創世記のアダムとエバの物語によってよく知られる女性であることの罪という考えにぴったりとあっていることも指摘できる。ヘロディアもエバも「悪」の引き金として登場し、その責めを夫とともに負う。この聖書からの図式がマルコとマタイにインスピレーションを与えた、というよりはむしろ、彼らが用いた共通の材料であった可能性は排除できない。

サロメの踊りについてはマタイ（マタイ一四6）とマルコ（マルコ六22）は手短に述べるだけだが、この主題は西洋で中世以降に大きな成功を見ることとなった。特に一九、二〇世紀の絵画ではサロメは時に極端なエロティシズムをもって表現され、マルコとマタイの福音書の箇所とはほとんど関係のないものとなり、裸同然で踊る官能的な踊り子を登場させるきっかけになってしまった。運命の女《ファム・ファタル》から倒錯の少女に至るまで、いくつもの幻想がサロメという女性の中に結実している。それは実際にはどのようなものだったのだろうか。サロメは踊ったのだろうか、踊ることはありえたのだろうか。

一連の出来事はペレアのマカイロスにあるアンティパスの宮殿で繰り広げられた。ヨセフスによれば、そこにヨハネは投獄されていた（『古代誌』一八116―119）。アンティパスは誕生日に祝宴を開き、廷臣や官僚、ガリラヤの有力者らを招いた。サロメが登場するのはこの場面である。しかし、福音書は少女の踊りにいかなるスキャンダラスな性格も持たせていない。福音書がサロメを示して用いたギリシア語「コラシオン」は「コレー」（若い娘）の中性指小辞である〔協会共同訳では「少女」〕。コラシオンという語は思春期前の若い娘を意味するだけではなく、踊り手から女の魅力を奪っている。ギリシアでは時に高級娼婦をコラシオンと呼ぶことがあるので、マルコとマタイがそういう皮肉を用いたのでないとすれば、サロメの踊りはストリップのようなものではなかったことになる。コラシオンには「か細い娘」という意味もあり、反語的にふっくらとした女性を指して用いることもできる。しかし、福音書の内容はそのような俗なものとは無縁なので、この仮説はまったくあり得ないだろう。それゆえ、サロメの踊りという主題の元々の形は子どもの踊りの披露でしかないのである。ヘーナーが指摘するように、おもに福音書が記された後に創作された空想とはまったく無関係なので、踊りは実際に披露されたのだろう。(38)

ヨセフスが示す年代に従えば、ナバテアのアレタス四世がアンティパスに向けて兵を進めたのはティベリウス帝の死の数か月前の三六年のことである。アンティパスの敗北は洗礼者ヨハネを処刑したことで受けた神の罰と考えられていたので、ヨハネの処刑はその直前のことと推測される。一方、福音書から導き出される年代によれば、洗礼者ヨハネの死は二八／二九年頃のことで、三〇年頃のイエスの磔刑の前とされるのが一般的である。アレタスは娘の受けた侮辱をそそぐのに七、八年も待っただろうか。あり得ないことではないが、やはり疑わしい。そこで、ソルニエとノデはアレタス四世とアンティパスの戦争の年代を二九年頃に早める説を提示した。(39)ヨセフスには年代理解に間違いがあり、ティベリウスが相次いでウィテリウスに命じた二つの遠征の順序を取り違えていたのかもしれない。ヨセフスの記述は常に正しいわけではないので、この仮説は興味深い。しかし、幾度か提起したように福音書の示す歴史には議論があり、福音書にある種の優位を与える方法は議論の対象になるだろう。

洗礼者ヨハネの処刑後、その信奉者たちの一部は、二七年頃にガリラヤで活動を始めた別の伝道者ナザレのイエスのグループに加わった[40]。三〇年頃、イエスはエルサレムで捕らえられた。メシアと称し、税の徴収を妨げ、ガリラヤとユダヤの民衆を扇動したとして告発されたのである（ルカ二三2—5）。サンヘドリンの議員による審理の後、イエスは死刑を宣告され、総督ピラトのもとへ連行された。ピラトは神殿の評議員らが下した死刑の追認をためらい、ルカによると「この男には何の罪も見つからない」と言ったとされる（ルカ二三4）[41]。そこでピラトは、この時おそらく過越祭の儀式に参加するためにエルサレムに来ていたアンティパスに相談することにした。イエスが告発された問題はユダヤで起こったことでもあったが、イエスはガリラヤ人であり、ガリラヤはアンティパスの裁判権の下に置かれていた。しかし、アンティパスは神殿の管理者として、またユダヤ人とローマ人の間の主たる仲介者として、総督に相談を受けたのである。

（……）それを聞いたピラトは、この人〔イエス〕はガリラヤ人かと尋ねた。ヘロデの管轄下にあると分かると、イエスをヘロデのもとに送った。ヘロデもその頃、エルサレムに滞在していたからである。イエスを見ると、彼は非常に喜んだ。というのは、イエスの噂を聞いて、ずっと以前から会いたいと思っていたし、イエスが何かしるしを行うのを見たいと望んでいたからである。それで、いろいろと尋問したが、イエスは何もお答えにならなかった。祭司長たちと律法学者たちは立って、イエスを激しい口調で訴えた。ヘロデも、自分の兵士たちと一緒にイエスを嘲り、侮辱したあげく、きらびやかな衣を着せてピラトに送り返した。（ルカ二三6—11）

アンティパスはイエスの姿に失望した。話を聞いて関心を持ち、会って少し話をしてみたいと思い、イエスが奇跡を起こすのを見てみたいと思っていたが、イエスは会見の間、押し黙ったままで、アンティパスの問いに答えようとしなかった。そこでアンティパスは彼を侮辱し、告発理由のひとつをもとにイエスに王の扮装をさせた。アンティパスはイエスのことを蘇った預言者か、エリヤか、洗礼者ヨハネではないかと思っていたが（ルカ九7―8)、そのいずれでもなかったことを見てとった。それからアンティパスはサンヘドリンが要求した死刑を承認することなく、イエスをピラトのもとへと送り返した。そして、ピラトは彼に会いに来たサンドリンの議員たちに次のように言った。

あなたがたは、この男が民衆を惑わしているとして私のところに連れて来た。私はあなたがたの前で取り調べたが、訴えているような罪はこの男には見つからなかった。ヘロデもそうだった。それで、我々のもとに送り返してきたのだ。この男は死刑に当たるようなことは何もしていない。

(ルカ二三14―15)

3　ユダヤ最後の王、アグリッパ一世

若き日のアグリッパ

ヘロデ大王はハスモン家のマリアンメとの間にもうけた二人の息子、アレクサンドロスとアリストブロスを殺したが、アリストブロスの遺児たちは生かしておいた。アグリッパ一世、「カルキスの」ヘロデ、父と同名のアリストブロス、そして、かのヘロディアである。

最年長のアグリッパは前五年、祖父ヘロデ大王によってローマへ送られた。パラティヌス宮に滞在し、王子たちとともに暮らし、とりわけティベリウスの子ドルススと親しくなった。若きアグリッパの生活はただ宴会と乱行の連続だった。アグリッパは客をたぶらかすために豪華な贈り物を贈った。すぐに金に困るようになり、生活

水準を維持するために借金しなければならなくなった。しかし、友人のドルススが二三年に若くして死ぬと、アグリッパはひとり債権者たちの中に取り残されることになる。

状況が厳しくなったので、アグリッパは慌ただしくローマを去り、ユダヤに逃れてイドマヤのマラタ城砦に向かった。ローマでの生活とは対照的に、そこでは結婚していた従姉妹のキュプロスとともに非常につつましい生活を送った。キュプロスはこの境遇に満足せず、アンティパスの妃で義理の姉妹のヘロディアに手紙を書くことにした。アンティパスは妃の求めを受け入れ、アグリッパへの金銭貸与に応じ、ティベリアスでアゴラノモスという町の公職につかせ、決められた収入を保証すると申し出た。[42] アグリッパは当初これを受け入れたが、次第に与えられた待遇に満足しなくなり、結局はアンティパスと仲違いしてしまう。ガリラヤにいられなくなったアグリッパはアレクサンドリアのユダヤ人共同体の指導者であるアラバルコスのアレクサンドロスをはじめとする債権者たちを説得し、ローマに戻る資金を得る。

パラティヌス宮に戻ったアグリッパは、ティベリウスの甥ゲルマニクスの子ガイウスと親交を結んだ。彼こそが後にカリグラの通称で知られるようになる人物である。この若者は野心家で、皇帝の地位を望んでいた。ある日、アグリッパはカリグラの機嫌を取ろうと、早くティベリウスが死ねば、カリグラがすぐに後を継げると言った。しかし、その声がいささか大き過ぎた。ある従者がこの発言をティベリウスに伝えると、皇帝は激怒し、アグリッパを投獄させた。アグリッパはその六か月後にティベリウスが死ぬまで、そこで過ごすことになる。

カリグラは皇帝になるとアグリッパを釈放し、かつての支援に報いるべく、彼に王の称号を与えた。アグリッパは領土として、以前のフィリポスの四分領を受け取り、かつてヘロデ大王が支配していたアンチレバノン地方のカルキスの旧王国領を加増された。こうしてティベリウスにより牢獄に入れられた男が、あっという間に王となったのである。この非常に異例な展開はアグリッパ一世の同時代人を驚愕させたようである。カリグラはそれを面白がり、アグリッパに監獄の中で繋いでいたものと同じ重さ、長さの金の鎖を贈った。

兄弟が王の地位に昇りつめたことで、嫉妬にかられたヘロディアはアンティパスにローマへ行って王の称号を懇請するようにけしかけた。しかし、アンティパスは新皇帝とアグリッパの関係をよく知っていたので慎重だった。この慎重さがアンティパスを自分の所領にしばらく留まらせたが、ついには妃の求めに屈して、三九年にイタリアに旅立つことにした。しかし、それは彼の運命を暗転させる。アンティパスの出立を知ったアグリッパは、アンティパスがパルティアと通じて陰謀を企み、ひそかに領内に武器を集めていると告発するカリグラへの書簡を忠実な解放奴隷フォルテュナトゥスに持たせてローマに派遣した。[43] この告発の前半は非常に疑わしいが、後半については多少の根拠があった。アンティパスは紛れもなくアレタス四世への報復を準備しており、皇帝に相談なしに重装歩兵の武具を手に入れていた。カリグラもパルティアとの陰謀という主張はまったく信用しなかったが、この告発によってアンティパスを排除する口実を得た。何を理由に皇帝がその決断を下したのか疑問に思うかもしれない。カリグラはアンティパスとその妃から没収した領土と全財産を与えることで、忠実な追従者アグリッパに報いようとしたのである。H・W・ヘーナーが指摘するように、ヘロディアの野心が皇帝の不興を買ったということもあったのかもしれない。[44] こうしてカリグラはアンティパスを召喚し、ガリアのルグドゥヌム・コンウェナルム、現在のピレネー地方サン・ドゥ・コマンジュへ追放した。カリグラは最後に寛大な気持ちを見せ、アグリッパの姉妹であるヘロディアにはユダヤへの帰国を許したが、彼女は願い出て、夫とともに流刑地に送られた。

「カリグラ像事件」

カリグラの治世（三七―四一年）の間、エジプトのアレクサンドリアで、ギリシア系住民とユダヤ系住民の間で争いが勃発した。[45] 双方ともローマの皇帝のもとへ使節を派遣した。アラバルコスのアレクサンドロスの兄弟で、哲学者のフィロンがユダヤ人使節を代表し、ギリシア人はアピオンという人物が代表を務めていた。[46] アピオンはユダヤ人に対する皇帝の印象を悪くしようとして、ユダヤ人が皇帝礼拝の免除という恩恵に浴していることを問題とした。帝国全土で皇帝を称える祭壇や神殿が建立されているが、どうしてユダヤ人だけがそれをしなくてもよいのか。なぜカリグラを神として敬い、その名にかけて誓うことを拒むのか。

カリグラはアピオンの論法に説き伏せられた。新たなシリア総督に任命されたペトロニウスは自身の意思がどうであれ、エルサレム神殿にカリグラ像を設置するという任務を与えられた。

シリアに到着すると、ペトロニウスはそこで複数のユダヤ人の使節団の訪問を受け、律法に背くことになるので任務を断念するよう懇願された。アグリッパはローマに滞在中で不在だったが、兄弟のアリストブロスもペトロニウスに会いに来て、もし神殿での皇帝像建立に固執するのであれば、全ユダヤの反乱を引き起こすとペトロニウスに説いた。ユダヤ人は皇帝の像をあがめるよりも死を望むだろう、と。なぜ無益な蜂起を起こそうとするのか、数年にわたって貢納を失うようなことをなぜするのかというアリストブロスの主張は現実的なものだった。民衆は皇帝に圧力をかけるため、瀆神的な計画をあきらめない限り、畑での耕作を拒むという抵抗を始めた。

こうした意見に説得され、ペトロニウスはアリストブロスの主張を考慮して、命令の再考を求める書簡を皇帝に送ることにした。カリグラはペトロニウスの書簡を受け取ると、激怒した。その少し後にカエレアによって暗殺されていなければ、ペトロニウスに恐るべき制裁を加えていただろう。

さらにヨセフスはこの彫像事件について、おそらくは公式の記録から直接引用したものと思われる次のようなエピソードを伝えている。ローマに滞在していたアグリッパ一世は、暗殺される直前のカリグラを盛大な宴会に招いたが、皇帝はそれに対してどう報いたらよいか尋ねた。

陛下、それではあなたの寛大さのゆえに、贈り物に値することをお示しください。私はこれまでにあなたから、ひときわ目立つような贈り物をいただいており、より私を豊かにするようなものを何も望みません。しかし私は、いくつかのことを望みます。それによってあなたは敬神の名声を得て、神はあなたが望まれるすべてのことにお助けになろうとするでしょう。そして、私があなたの権威から得ようと望んだものが間違っていなかったという名声を、その話に耳を傾ける人びとの間に広めることになるでしょう。あなたがペトロニウスに、神殿に設置するようお命じになった像の建立をお止めいただき、それをなさいませんようお願いいたします。
（『古代誌』一八296―297）

このエピソードの信憑性は疑わしく、少なくとも真偽を確かめられることではない。A・クシュニール・スタインが考えるように、単なるフィクションであろう。(47) この話はおそらくアグリッパに非常に好意的な資料から切り取って創作されたもので、それをヨセフスが参照したのだろう。アグリッパは自身をユダヤ人とその律法の誠実な擁護者と喧伝するために、この種の挿話を広めることに非常に関心をもっていたので、自分の公式の歴史としたのかもしれない。しかし、それでもこのエピソードはプロパガンダとして美化されてはいるが、歴史的な根拠があると考えられないこともない。アグリッパは兄弟のアリストブロスがペトロニウスのもとを訪ねたように、カリグラに民衆が蜂起する危険性と、その鎮圧がローマにとって代償が大きいことを伝えたかもしれない。公式な記録により創り出されたのか、また改変されたのかはともかくとして、この教訓めいた挿話はアグリッパの寛大さ、物質的なものに対する無欲、ユダヤの伝統への尊重を強調しようとしている。実際のところ、彫像建立計画は実現されなかったが、それはカリグラの死がこの危機に終止符を打ったからである。

アグリッパと皇帝クラウディウス

四一年、カリグラがカエレアの一撃に倒れた時、アグリッパはまだローマに滞在していた。三七年に王の称号を得てから、自分の王国にはごく短期間しか滞在していなかった。影響力を維持するには、皇帝のそばに住んでいた方がよかったのである。アグリッパはこのことをカリグラの死において実感する。新たな皇帝の選出において重要な役割を果たすことになったのだ。自身も暗殺されることを恐れて身を潜めていたカリグラの叔父クラウディウスを探し出そうとしていた近衛兵をうまく扱ったのはアグリッパだった。近衛兵たちはカリグラ殺害を正当化するために、新たな主人を必要としていたので、クラウディウスを皇帝に推戴したが、クラウディウスに拒否される。ヨセフスによれば、この時アグリッパがクラウディウスを落ち着かせ、帝位を受け入れるよう説得したとされる。それからアグリッパは元老院へ出向き、クラウディウスと元首政を廃して共和政を回復しようとした元老院議員らとの仲介役を務めた。

新皇帝が最初にしたことのひとつはアグリッパに王としての統治権を確認し、ユダヤ、サマリア、そしてカイサリアの町という少なからざる領土を新たに与えることだった。それに加え、アグリッパ一世は小さな四分領の中心であったアンチレバノン地方のアビラの町も受け取った。その代わり、彼は兄弟である「カルキスの」ヘロデの利益となるようカルキスを放棄した。与えられた領土はさほど大きくはなかったが、ヘロデは王の地位を与えられた。

クラウディウスの命令により、友好と同盟の条約が元老院によって起草された。「ローマ人の友人にして同盟者たる王」という〔アグリッパに与えられた〕称号を実際に選んだのは皇帝自身だが、元老院はそれを任命する権限を持つ唯一の機関だった。アウグストゥスによって始められた元首政は多くの共和政期の制度を擬制的に維持していた。アグリッパ一世は前四〇年に祖父ヘロデがそうされたように、元老院によって王に任命されたのである。この布告の文面は青銅版に刻まれ、ユピテル・カピトリヌス神殿に奉納された。

クラウディウスはまた、アグリッパ一世とキュプロスの娘、若きベレニケの婚約を後援した。後世、ラシーヌの戯曲によって不朽の存在となり、その名が知られるようになる王女は一二歳か一三歳でしかなかったが、この時、アグリッパのかつての債権者で、アレクサンドリアのユダヤ人共同体を指導する公職にあるアラバルコスのアレクサンドロスの子マルクスと婚約した。しかし、マルクスがその後すぐに死んでしまったので、ベレニケは伯父であるカルキス王ヘロデと結婚する。これによって彼女は王妃の称号を得た。

クラウディウスがベレニケとマルクスの婚約に果たした役割は皇帝がアレクサンドリアのユダヤ人共同体に持っていた利害を強調する。カリグラがギリシア人側への支持を表明して以来、アレクサンドリアのユダヤ人共同体はまだ怒りを収めていなかった。新たな皇帝はカリグラの方針を転換し、共同体間の緊張関係を鎮めようとしたのである。クラウディウスは勅令によって、アレクサンドリアのユダヤ人たちに認められた特権を再び認めた。これによってユダヤ人はその法に従って暮らせるようになり、律法を守ることを妨げられることがなくなった。

ユダヤ人にあてられた第二の勅令が帝国の全属州で布告された。アレクサンドリアのユダヤ人共同体に認められた特権がディアスポラのユダヤ人にも認められたのである。

ティベリウス・クラウディウス・カエサル・アウグストゥス・ゲルマニクス、最高神祇官、護民官職権保有者、二度のコンスル経験者は宣告する。我が友人であるアグリッパ、ヘロデの両王がローマ帝国内の全ユダヤ人に、アレクサンドリアのユダヤ人が享受するものと同じ特権を認められるよう請願したので、私は非常に喜んでこれを承認した。その理由は仲介者たるこの両名への敬意だけでなく、私はユダヤ人たちが、彼らのローマ人への忠誠と友好のゆえに、その権利を享受するに値すると考えたからである。また私は、神君アウグストゥスが彼らにそれを認めたので、ギリシアのいかなる都市も公正に、彼らの権利を侵すことがなきように望む。（『古代誌』一九 287―289）

アグリッパ一世とカルキス王ヘロデはクラウディウス帝の下でユダヤ人のために調停者の役割を果たした。彼らは権限を認められていただけではなく、皇帝自身の意思によって帝国内のユダヤ人共同体全体にその権限が拡大していた。アグリッパとヘロデはまた、律法がディアスポラのユダヤ人たちに尊重されているかを監視し、ユダヤ人の行状の監察者としての役割も果たしていた。

彼らがディアスポラの共同体に介入する機会はすぐにやって来た。フェニキアの町ドーラの住民たちが町の主要なシナゴーグにクラウディウスの像を設置しようとしたのだ。当のドーラの人びとは疑いもなく、忠誠を示すやり方として当然と思われる方法で皇帝を喜ばせようとしたのだろう。カリグラの死からほんの数か月後に起こったこの事件は当然ながら大騒ぎとなった。それはエルサレムに自らの像を立てさせようとした皇帝の計画に反対した人すべてへの完全な挑発であった。

アグリッパ一世は直ちにこの件に介入し、クラウディウスの勅令の遵守を求めた。ドーラは自分の王国の領内にはなかったが、彼の王としての権限はディアスポラにも及んでいたのだ。アグリッパがシリア総督ペトロニウスに訴えると、即座にドーラの公職者に像を撤去するように命令が出された。

ユダヤ人にその父祖の法を守ることを認めた、クラウディウス・カエサル・アウグストゥス・ゲルマニクスの勅令が発布されたにもかかわらず、汝らのうちある者たちが、不敵、あるいは無分別にもそれを遵守しなかった。彼らはそこに建立したカエサルの像のためにユダヤ人たちがシナゴーグに集うのを妨害したので、完全に背反する行動を取った。したがって、彼らはユダヤ人だけでなく、その像が異国の祭儀の場ではなく、皇帝に捧げられた神殿に建立されることを望む、皇帝そのものを攻撃したのである。

（『古代誌』一九303－304）

アグリッパ一世はサドカイ派の支持を得て、律法から逸脱していると非難されたキリスト教徒の迫害に取りかかった[48]。イエスの弟子たちの一派は着実に新たな信徒を迎え入れていた。使徒言行録の記述によれば、使徒ペトロは三〇〇〇人ものユダヤ人に洗礼を受けさせて改宗させ、エルサレムのキリスト教の共同体を形成したとされる（使徒言行録二41）。これら初期のキリスト教徒たちは熱心に神殿に通ったが、神殿やそこでの儀式の意味を絶対視することはなく、サドカイ派のイデオロギーそのものに反する考えを持つようになっており、宣教を行うため、神域の周辺で活動できることを利用していた。ペトロとヨハネは神殿の庭でユダヤ人を改宗させようとしていた時、サドカイ派の祭司らによって捕らえられた（使徒言行録四１）。彼らはサンヘドリン〔ユダヤ最高法院〕に連行された後、釈放されたが、これ以後、イエスの教えを説くことを禁じられた。使徒たちはそれでも活動をあきらめず、神殿で再び尋問を受け、サンヘドリンへ連行された。この時はサドカイ派とファリサイ派のイデオロギー上の不一致に助けられた。サドカイ派の祭司たちは早急に処刑しようとしていたが、ファリサイ派はキリスト教徒らと同じように復活を信じており、使徒たちを穏健に扱おうとしていたのである。使徒たちは今度も危機を切り抜けられたが、鞭打ちは受けねばならなかった。

しかしながら、緊張状態はまったく緩和されなかった。律法よりも信仰を重要するキリスト教徒が新たな信徒を生み出し続けたからである。必然的に迫害が激しくなる。小さなエルサレムの教会の執事ステファノが石打ちによって殺害された。その少し後、ファリサイ人のサウロ〔のちのパウロ〕が大祭司からダマスカスのキリスト教徒の逮捕を命じられていたが、キリストの幻を見た後、突如改宗した（使徒言行録九１―18）。このような思いがけない改宗は、キリスト教とファリサイ派のイデオロギーの近さを考えれば理解できないことではないが、サドカイ派の祭司階級をいらだたせるものであったに違いない。

初期キリスト教は拡大を続け、その共同体はサマリアやシリア、特にアンティオキアで発展した。この世界に向けた活動の始まりによって、ユダヤ教と袂を分かち、徐々にユダヤ教の分派から新しい宗教へと変容していった。サドカイ派の祭司らの権威を拠り所としたアグリッパ一世はそれゆえ、キリスト教徒の迫害に同意していた。四四年、アグリッパは「大ヤコブ」と呼ばれるゼベダイの子、福音記者ヨハネの兄弟ヤコブを処刑した。この出来事は使徒言行録に伝えられている。同書では、王の名はヘロデとされるが、文脈からアグリッパを指すことは疑いない。

その頃、ヘロデ王は教会のある人々に迫害の手を伸ばし、ヨハネの兄弟ヤコブを剣で殺した。そして、それがユダヤ人に喜ばれるのを見て、さらにペトロをも捕らえようとした。

（使徒言行録一二１―２）

アグリッパはヤコブの処刑が「ユダヤ人に喜ばれる」のを見た。実際には、使徒言行録の著者の証言とは異なり、ヤコブの処刑を喜んだのはユダヤ人全体ではなく、サンヘドリンやサドカイ派の祭司らであった。ペトロは牢獄から抜け出すことができた。アグリッパは兵士たちにペトロを探索させたが、うまくいかなかった。

ヨセフスにおける非常に肯定的なアグリッパの人物像

ヨセフスが伝えるアグリッパの人物像は並外れて肯定的である。これがヨセフスと同時代のアグリッパ一世の子、アグリッパ二世におもねるものであることは明らかである。しかし、それはアグリッパ一世が本当に人びとに人気があったとすることを妨げるものではない。

ドーラのシナゴーグでの出来事に見られるように、アグリッパはヨセフスの著作では伝統的なユダヤ教の擁護者として振る舞っている。この歴史家の手で描かれるアグリッパは、父祖の慣習と清浄に関する律法を尊重する敬虔な統治者である。もちろん、これはローマでの放蕩の物語とは矛盾するだろう。アグリッパがカリグラの乱痴気騒ぎの宴会の場で、ユダヤ教の教義に従った食事を摂ったとはとても考えられない。しかし、過去は忘れ去られる。ヨセフスが語るのはアグリッパが王となってからの事績である。今やアグリッパは律法の規定を何ひとつ怠ることなく守り、神の恩寵に感謝の犠牲を捧げる（『古代誌』一九293）。来る日も来る日も慣習にのっとって神に犠牲を捧げたという。

アグリッパは他の異邦人に施しを与え、寛容さを示した。しかし、同胞《ホモヒュロイ》に対しては、より寛大であり、情け深かった。彼は常にエルサレムに住むことを好み、父祖伝来の習慣を誠実に守ったのである。彼は清めの儀式をおろそかにすることはなく、定められた犠牲を捧げることなく過ごす日はなかった。

（『古代誌』一九330―331）

ヨセフスはまた、アグリッパ一世が祖父であるヘロデ大王も決して立ち入ることができなかった神殿に入ることを許されていたとしている（『古代誌』一五420）。この急激な変化にまったく異議が唱えられなかったわけではない。ヨセフスはシモンという人物――おそらくファリサイ人――が王は神域に入るほどには「清浄」ではないので、そこから締め出さねばならないと主張したことを伝える。アグリッパはこれを聞くとシモンを召喚して傍らに座らせ、どのような悪行のために神域への入場を禁じようとするのか尋ねた。するとシモンは非礼を謝罪し、王に許しを請うたとされる（『古代誌』一九332―334）。

このエピソードもやはりプロパガンダとして美化されているが、アグリッパ一世が巧みな外交手法と表面上の謙虚さを見せつけることで、ユダヤ内の敵対者をうまく鎮めていたことは明らかである。つまり、アグリッパ一世はハスモン朝最後の王アンティゴノス以降で初めて神殿内への立ち入りを許されたユダヤ人の支配者ということになる。彼は自ら犠牲式を行うことはなかったが、祭司たちの傍らで祭儀に参列するだけで満足した。それだけでもヘロデ家の者にとっては特別なことだった。

ヨセフスにおけるアグリッパ一世に対する絶大なる賞賛は、アグリッパ一世が敬虔なユダヤの王として神殿の祭壇に果実を積み上げたというミシュナの一節と比較できる（ビクリーム篇三4）。アグリッパは律法に詳しい人物として描かれ、それを読むことができた。仮庵祭の時に神殿に入ることを許され、人びとの前で申命記を読み上げたという（ソーター篇七8）。大祭司が読むべき巻物をアグリッパに渡すと、彼は立ち上がり、「それを賢者たちは称賛した」とミシュナは伝える。「汝は汝の兄弟ではない異国の者を、汝と同じ高みに置いてはいけない」という一節に来ると、彼はイドマヤ人の血を受け継いでいたので涙を流した。すると、祭司たちが「案ずることはない、アグリッパよ。汝は我らの兄弟だ。汝は我らの兄弟だ。汝は我らの兄弟だ」と言って、彼を落ち着かせたという。M・グッドマンが指摘するように、この神殿での朗読という儀式は入念に計算された演出であろう。(49)これによってアグリッパは祭司たちから王としての正当性を認められたのである。

ヨセフスはまた、アグリッパが人びとに施した恩恵の数々を強調する。たとえば、王はエルサレムの住民にそれぞれの世帯に課せられた税を免除した（『古代誌』一九299）。実際はこの種の税にかかわる特別措置は王の治世の始めには慣例として行われており、アルケラオスも前四年にいくつかの免税を行っている。

それはともかく、ヨセフスはアグリッパ一世の寛容さを主張しながら、その恩恵の具体的な事例をあまり示してはいない。王が善良で、慈悲に溢れていたと述べて、幾分漠然とした判断を示しているだけなのである。また、ヨセフスはアグリッパ一世の善良さをヘロデ大王の冷酷さ、残忍さと対比させてもいる。アグリッパが「ユダヤ人たちの」良き王として常に「同胞《ホモヒュロイ》」を優遇したのとは違って、ヘロデはユダヤ人よりもギリシア人に好意的だったと非難している（『古代誌』一五329―330）。

しかしながら、ギリシア人の友ヘロデと、「忠実にその民らの伝統を守った」アグリッパ一世（『古代誌』一九331）の対比は、アグリッパ一世のユダヤ以外での恩恵施与政策についてヨセフスが述べていることと幾分矛盾しているように思われる（『古代誌』一九335―337）(50)。アグリッパはベリュトスで劇場と円形闘技場、浴場、列柱廊を建立したが、それらは「異教」の建造物であり、非常に費用がかかり、ヘロデが批判される理由となった建築活動にあらゆる点で比肩するほどであった(51)。またさほど羨ましいものではなかったはずだが、アグリッパ一世はローマ帝国内の大都市で開催されていた残酷な剣闘士競技などの血なまぐさい見世物がベリュトスで開催されるのに出資していた。

アグリッパ一世は多くの場所で、いくつもの建築物を建てさせたが、ベリュトスの人びとには特別な恩恵を与えたのである。彼は人びとのために、どこよりも豪華で美しい劇場を建設した。また彼はかなりの費用を費やした円形闘技場と、その側に浴場と列柱廊を建造し、それらはどの建造物でも、美しさや大きさの点で物足りないということはなかった。アグリッパはその落成式の時には、きわめて気前の良いところを見せつけた。劇場でさまざまな音楽と、あらゆる種類の催し物を上演させた。彼は円形闘技場で、多数の剣闘士を登場させ、気前の良さを見せたが、壮大な見世物を提供して観衆を楽しませようと、七〇〇人ずつの剣闘士を戦わせたのである。これらはみな罪人であり、この目的のために特別に生かされていた。彼らは罰を受けたが、彼らの戦いは平時の娯楽として役立った。このようにして、アグリッパはこれらの者たちをすべて絶滅させたのだった。（『古代誌』一九335—337）

この凄惨な見世物をヨセフスはアグリッパ一世のユダヤの外での気前の良さと人気を強調する際、その威信を示す事例として描写している。

さらに、アグリッパ一世はカイサリアで、ヘロデ大王が創設した壮大な競技会を開催し、ローマに対する忠誠と服従を表明した。つまり、ヨセフスはアグリッパ一世についての賛辞を伝えているが、それはヘロデに対するのと同じ非難がアグリッパにも向けられていたということだったのかもしれない。アグリッパ一世を祖父ヘロデ大王よりも人気があった君主と見なした理由はどこにあるのだろうか。

このようなアグリッパ一世についての肯定的なイメージの構築にはプロパガンダが重要な役割を果たしている。彼はカリグラから与えられた金の鎖を神殿に奉納した。その重さはアグリッパがローマの監獄につながれていた時につけられた鉄製の鎖と同じだった。その鎖によってアグリッパが享受したと主張する神の恩寵を表象化させようとした（『古代誌』一九294—295）。彼は不幸な過去を、どのようにして神が彼の救済のために到来したことの証拠として巧みに利用できるか知っていたのである。神に好まれたことによって神の介入がなされたことを、個人的な運命は最も端的に示す。もともと服従のシンボルだった鎖はアグリッパの価値を高める新たな意味を与えられ、神に選ばれた統治者として、アグリッパの即位を正当化した。登極は皇帝の決定であるだけでなく、神の恩寵によるものだとアグリッパは示したかったのだ。境遇の好転は偶然の幸運ではなく、神の摂理による必然なのである。

アグリッパは同様に、独立した王国としてのユダヤの復活を信じる人びとに大きな希望を引き起こした。アグリッパがエルサレムの城壁を強化し、新しい区域にまで広げようとしたのは住民たちに迎合してのことだった。人びとはこの決断にユダヤ人の主権の回復を見た。これらの建築活動の費用を賄うため、神殿の宝物庫から財貨を得る権利をアグリッパは認められた。しかし、シリア総督マルススがアグリッパの計画を知り、クラウディウス帝に報告すると、皇帝はアグリッパに計画の中止を命じた。アグリッパは自身が皇帝の臣下でしかなく、独立した君主ではないことを忘れるべきではなかったのである。

この少し後、アグリッパはさらに独自行動を取り、ローマの支配者たちから咎められることになる。彼はマルススに相談せず、この地域の属領の君主たちをティベリアスで開かれる会合に招待したのである。コンマゲネのアンティオコス四世、エメサのサムプシゲラモス、小アルメニアのコテュス、ポントスのポレモン、カルキス王ヘロデが、かつてアンティパスの都だった町で一堂に会した。彼らは盛大な宴でもてなされたが、その美しい世界を武力によって蹴散らそうとするマルススにより突然妨害された。ローマの従属下の君主たちはその主人から事前に許しを得ることなく集うことはできなかったのである。それはそうとして、彼らはなぜこのようにして会同したのだろうか。マルススはこの会合がローマに対する陰謀の発端となる恐れがあったとして介入を正当化した。実際、それは自分たちが近東におけるローマ支配の手先に過ぎないということを忘れた諸王に身のほどを知らせるためだった。

ユダヤ人からしてみれば、こうしたアグリッパの失敗はローマの帝国支配によるものでしかなかった。少なくとも自分たちの王がローマの支配から多少なりとも脱却しようと試みたことは評価すべきであった。また、ヘロデが実質的に三三年間ユダヤを支配したのに対し、アグリッパは三年しかユダヤを統治しなかったことも好意的な感情が長く続いたことを部分的に説明しているだろう。

アグリッパ一世の死

ヘロデ大王がアウグストゥスを記念して創設したカイサリアの競技会が、四四年にアグリッパの後援で開催された。彼はこの時、少なくともユダヤにおいては、栄光の絶頂にあった。競技会の二日目に王が貴賓席に座ったとき、太陽は燦然と輝き、王のまとっていた銀の衣装に陽の光が反射していた。それを見て観衆は歓喜し、歓喜の声を上げた。アグリッパが神のごとく輝いていたので、単なる死すべき存在ではない、つまり神のようだと呼びかけながら、アグリッパを歓呼で迎えた。この比較は冒瀆的だったが、アグリッパは観衆を咎めることなく、そのおもねりを受け入れた。その時、アグリッパは腹部に耐え難い痛みを覚え、人びとが王は不死と宣言しているなかで死を目前にしていると皮肉を言った。その五日後、恐るべき苦痛の末、彼は死んだ。

使徒言行録の著者はアグリッパ一世を「ヘロデ」としているが、ほぼ同じような表現でこの王の死を伝えている。

> 定められた日に、ヘロデが王の衣を着て座に着き、演説すると、集まった人々は、「神の声だ。人間の声ではない」と叫び続けた。するとたちまち、主の天使がヘロデを打った。神に栄光を帰さなかったためである。ヘロデは、蛆に食われて息絶えた。
>
> （使徒言行録一二21―23）

二つの情報源の内容は一致しており、このエピソードの信憑性を疑う理由はない。アグリッパは急な病気、おそらく虫垂炎の発症によって体調を崩し、急死したと信じることにしたい。[52]むしろ議論の余地があるのは、ヨセフスと使徒言行録の著者がこの話をどう用いているかである。両者はともに、この物語を教訓的なものとしている。そこには臣下の不敬を咎めない王を死に至らしめた神の全能が示されている。神と比べられたことを受け入れたアグリッパは追従する者たちと同じ罪を犯したのである。付け加えれば、使徒言行録の一二章はアグリッパの死の記述で終わるが、始まりはゼベダイの子ヤコブの殉教の記述である。神の裁きの結果、王は「蛆に食われて」死んだのだと使徒言行録の著者は示唆しているのである。

アグリッパの人気がユダヤに限られていたことを教えてくれるヨセフスの別の話がある。カイサリアのギリシア系住民とセバステ（サマリア）のサマリア人はアグリッパ一世の死の知らせを聞くと、街頭に繰り出し、盛大に喜びを表した（『古代誌』一九356－357）。さらに大胆な者たちは王宮を襲撃し、アグリッパの三人の娘、ベレニケ、ドルシラ、マリアンメの像を引き倒した。彼らはそれらの像を売春宿に持ち込み、あまりに長く抑えこんでいた怒りのまま、それらを凌辱するまねごとをしながらあざけり、破壊しつくした。

このようにアグリッパはエルサレムでは愛されていたが、カイサリアやサマリアでは忌み嫌われていた。アグリッパ一世が進めた政策はヘロデ大王とさほど変わらなかったが、祖父とは違って、アグリッパは信頼できる形で自らを敬虔なユダヤの支配者として示すことができた。王国内の多様な住民の間の激しい対立関係や敵意ゆえに、ユダヤ人に人気があることがほぼ必然的にサマリア人やギリシア人の側からの拒否反応をもたらした。ヘロデ大王はユダヤ人よりもギリシア人に好意的であったと批判されたので、まさにアグリッパとは逆の状況に身を置いていたのである。

王の突然の死によって、ユダヤ、サマリア、イドマヤ、ガリラヤなどのアグリッパ一世の領土が属州シリアに併合されるという深刻な事態をもたらした。新しい長官としてクスピウス・ファドゥスがカイサリアに派遣されてきた。その称号は総督《プロクラトル》だったが、権限は六年から四一年までの長官《プラエフェクトゥス》と同じだった。こうしてヘロデ大王の王国の復活は束の間のことだった。アグリッパ一世の子アグリッパ二世は父の後をすぐに継承するには若く、経験不足と判断されたのである。クラウディウス帝はこの時、王子とともにおり、アグリッパ二世をローマに滞在させ教育をより深めさせることにした。

アグリッパ一世の死後、ヘロデ家の中でまだ統治者の地位にあったのはカルキス王ヘロデだけとなった。彼は姪のベレニケと結婚して、レバノン地方のカルキスを統治していた。この地にはユダヤ人は王族を除けば、いないに等しいとは言わないまでも、非常に少なかった。ヘロデは兄からエルサレム神殿の管理者としての役割を引き継いだだけであった。また、少なくとも公式には、四八年に死ぬまでユダヤ人とローマとの間の特別な調停者であり続けた。クラウディウス帝がアグリッパ二世を王位につけることに決めたのは、このカルキス王ヘロデが死んだ時だった。二一歳になっていたアグリッパ一世の息子は王の称号を得たが、彼が受け継いだのは父の王国ではなく、伯父のレバノンの領土だった。

硬貨から見るアグリッパ一世――王の「二つの」顔

アグリッパ一世の硬貨は、二種類にはっきりと分類される。ひとつはカイサリアで造られたギリシア風の硬貨、もうひとつは「第二戒」を厳密に遵守して人物像なしでエルサレムで発行された硬貨である[53]。このような二元性は前例がない。この時まで二種類の硬貨を並行して鋳造させた君主はいなかった。ヘロデ大王だけは王国をユダヤ文化圏とそれ以外に分けて、図像についての二重の方針をとっていたが、それは彫像などの美術品に限定され、硬貨についての方針は統一されていた。

このようなアグリッパ一世の硬貨の二元性は三七年にはカルキスとかつてのフィリポスの四分領であった王国が三九年にはアンティパスの領土、四一年にはユダヤ、サマリア、イドマヤと段階的に拡大していった結果である。このようにヘロデ大王の王国は少しずつ再興されていたのである。

ギリシア風の硬貨の表面には、頭飾り《ディアデーマ》をつけた王の胸像が描かれている（図８・１）。アグリッパ一世は四分領主フィリポスに続いて、硬貨からその容貌が知られる二人目のユダヤの君主ということになる。その肖像は写実的で、尖った鼻を持ち、前頭部の頭髪はいくぶん薄く、頭髪は短かいといった身体的特徴を容易に見て取ることができる。身にまとっている袖なしのマント、クラミュスは、かつてアレクサンドロス大王やヘレニズム時代

図８　アグリッパ１世の青銅硬貨

①アグリッパ１世の胸像、②騎乗姿のアグリッパ２世、③アグリッパ１世とクラウディウス、④クラウディウスに冠を被せるカルキスのヘロデとアグリッパ１世、⑤天蓋、⑥麦の穂　(G. F. Hill, Y. Meshorer, J. Maltiel-Gerstenfeld 文献所収図版をトレース)

の王たちがつけていたものである。記された文字は「大王《バシレウス・メガス》アグリッパ・カエサルの友《フィロカイサル》」（ΒΑΣΙΛΕΥΣ ΜΕΓΑΣ ΑΓΡΙΠΠΑΣ ΦΙΛΟΚΑΙΣΑΡ）と読める。

この銘が主格で書かれていることは硬貨の発行者がアグリッパ一世ではないことを示している。王の彫像と同じように、硬貨上の王の肖像は臣下によって君主に捧げられた敬意の徴とされる。

アグリッパ一世がアルケラオスやアンティパスとは対照的に、ヘロデの名を名乗らなかったことに注目すべきである。祖父ヘロデ大王が残した暴君のイメージを払拭するため、ヘロデ王家のメンバーであることを主張しなかったのだ。あるいは、王朝の創始者ヘロデとの距離を取ろうとしたのはもっと個人的な理由があってのことだったのかもしれないかもしれない。祖母であるハスモン家のマリアンメと父アリストブロスはヘロデによって死に追いやられたからである。つまり、使徒言行録の著者のように、アグリッパ一世をヘロデと呼ぶということは、アグリッパを中傷しているということでしかないのである。

アグリッパ一世が王の称号に飽き足らず、かつてのアレクサンドロス大王やセレウコス朝のアンティオコス三世のように、「メガス」（大いなる）という語を王に添えていることにも注目すべきである。これは後述のアグリッパ一世による硬貨製造の特徴が示すように、ギリシア・マケドニア系の王国のものを参考にしている。「メガス」という語は碑文からも確認できる（*OGIS* 149）。この語をラテン語の「セニオル」（年長の）の訳語として、アグリッパ一世とその子アグリッパ二世を区別しようとしたと考えられることもある。[54] しかし、アグリッパ二世にも「メガス」をつけた碑文があるので、この仮説は成り立たない（*OGIS* 425）。

「皇帝の友《フィロカイサル》」はアテナイのヘロデ大王像の台座の銘文に添えられていた「ローマ人の友《フィロローマイオス》」の変形である（*OGIS* 414）。しかし、この二つには微妙な意味の違いがある。「ローマ人の友」（ラテン語ではアミクス・ポプリ・ロマーニ）は元老院によって任命されたが、「皇帝の友」は皇帝との親密かつ個人的な関係を強調しており、アグリッパ一世の場合、カリグラ帝と後にはクラウディウス帝との個人的な「友人」であったことを示す。カルキス王へロデの硬貨にある「クラウディウスの友《フィロクラウディオス》」も同じ意味だろう。「大王」という称号は完全な統治権を思わせるが、その実態を否定するように思われる「皇帝の友」という称号で皇帝の属領君主という性格が明らかにされている。しかし、皇帝の「友人」を公言できるということ自体が帝国の中で大きな力をもっているという主張になりうる。D・R・シュワルツが指摘するように、アグリッパ一世にはそれを誇るにふさわしい理由があったということであろう[55]。

　アグリッパ一世の硬貨の裏面は二種類あり、王家一族の姿が描かれている。その一つには王妃キュプロスが立ち姿で、長衣を身にまとい、左手に長い笏を持ち、右手を高く挙げている。この硬貨はアグリッパ一世の治世第五年（L E）、すなわち、四一／四二年のものである。この人物が王妃キュプロス——ヘロデ大王の兄ファサエルの孫娘——であることは「王妃キュプロス」（ΒΑΣΙΛΙΣΣΗ ΚΥΠΡΟΣ）という銘から確認できる[56]。

　もう一つのアグリッパ一世硬貨の裏面には、騎乗姿の王子アグリッパ二世の肖像が描かれ、「王の子アグリッパの（硬貨）」（ΑΓΡΙΠΠΑ ΥΙΟΥ ΒΑΣΙΛΕΩΣ）という銘が添えられている（図8・2）。年代は治世第二年（L B）、すなわち三七／三八年である。アグリッパ二世の名が属格で示されていることから、硬貨はアグリッパ一世ではなく王子によって造られたことを示している。王の名は表面に「アグリッパ王」（ΒΑΣΙΛΕΥΣ ΑΓΡΙΠΠΑΣ）と主格で記されている。アグリッパ二世はこのようにして父王に対して公式に敬意を表した[57]。王国の存続は実際には皇帝の気持ち次第でしかなかったのだが、アグリッパ一世にとって重要だったのは王家一族の構成を強調することであり、また、息子をあらかじめ継承者と認め、王位継承を準備しておくことであったのは疑いない。

　馬はアレクサンドロス大王とその後継者たち、特にセレウコス朝の王たちが通常用いていた。ヘレニズム時代の君主は図像の中だけでなく、実際にも馬に乗っていた[58]。馬は王の軍事的な役割と結びついており、自ら軍馬にまたがって闘う姿が表現されてきた。また、美徳という点で馬は公的な演説などで王の個人的な資質とも関連しており、王の騎馬像建立を正当化するのにも使われた[59]。君主の乗り物という馬の伝統は、その後ユリウス・

クラウディウス朝の皇帝やその一族によりローマにも取り入れられた。アグリッパ二世を描いた青銅貨はカリグラが発行した黄銅貨、デュポンディウス硬貨と比べられる。この硬貨はネロ・カエサルとドルスス・カエサルという二人の王子たちを称えたもので、二人は騎乗姿で描かれている。[60]

これに対し、ユダヤの伝統は馬を好ましいものとは見ていない。申命記では理想的なユダヤの王は馬を大量に所有すべきではないとされる（申命一七16）。王にとってのよき乗用動物はロバや雌ラバとされている。[61] ダビデはソロモンを王位につけるため、雌ラバに乗せている（王上一33、38、44）。しかし、アグリッパ一世は三七／三八年の時点ではユダヤの統治者ではなかったので、この硬貨はギリシア化された住民のためのものだった。それゆえ、アグリッパ二世はユダヤの王子としてではなく、父王の後を嗣いだときに呼ばれるであろう王《バシレウス》の子として表現されている。

同様に説明される小型の青銅貨（直径一三ミリ）がある。表面には若きアグリッパ二世の胸像が描かれ、属格で「王《バシレウス》の子アグリッパの（硬貨）」（ΑΓΡΙΠΠΑ ΥΙΟΥ ΒΑΣΙΛΕΩΣ）と銘文が添えられている。裏側には二本の豊穣の角が「アグリッパ王・カエサルの友」（ΒΑΣ(ΙΛΕΥΣ) ΑΓΡΙΠΠΑ(Σ) ΦΙΛΟΚΑΙΣΑΡ）と主格で記されている。当初、この硬貨は誤ってアグリッパ二世の治世に発行されたと考えられていたが、R・ドイチュが明らかにしたように、これはアグリッパ一世が推進した「一族」の図像表現計画の一環であった。つまり、アグリッパ二世は父アグリッパ一世が生きている間に自らの硬貨を正式に出させていたのである。[62]

アグリッパ一世の硬貨には裏面にカイサリアの町の守護神テュケーの姿が描かれたものもある。女神は塔をあしらった冠をつけ、船の舵にもたれかかり、ナツメヤシの葉を手にしている。銘は「アウグストゥスの港のそばのカイサリア」（ΚΑΙΣΑΡΙΑ Η ΠΡΟΣ ΤΩ ΣΕΒΑΣΤΩ ΛΙΜΕΝΙ）と読める。

アグリッパ一世の硬貨の裏面に描かれた意匠の多くは、ユダヤの王国と直接関係ないという意味ではまったくローマ的なものと見なされる。それゆえ、正面を向いた鷲、ナツメヤシの葉をもち、冠をつけた勝利の女神像、また、四頭立て戦車に乗るカリグラの肖像などが描かれたものもある。カリグラ像の硬貨には「アグリッパ王の（硬貨）・ガイウス・カエサル・アウグストゥスに」（ΒΑΣΙΛΕΩΣ ΑΓΡΙΠΠΑ ΓΑΙΩ ΚΑΙΣΑΡΙ ΣΕΒΑΣΤΩ）と記されている。アグリッパ一世は四頭立て戦車に乗った皇帝への敬意を表現したのである。

一方、クラウディウス帝時代の三種類の硬貨はアグリッパ一世の統治の歴史と密接に関連づけられる。第一のものは表面に皇帝の胸像が描かれているが、裏面がここでは最も興味深い（図8・3）。二本の柱のみで表現された神殿の内側に、二人の人物が向かい合って立っている。右側の人物はトーガを身にまとい、もう一人は武装しているが、チュニックを着て、胸当てをつけ、ブーツを履いている。さらに両者とも片手を相手に向けて差し出し、その手にはそれぞれ同じ円形のものを握っている。二人の間には裸のように見える第三の人物が地面に座る姿で描かれ、上部にはヴェールをまとった女性の右向きの胸像がトーガを着た人物に何かを差し出す姿が描かれている。これについて碑銘は何も説明しておらず、「大王アグリッパ・カエサルの友」（ΒΑΣΙΛΕΥΣ ΜΕΓΑΣ ΑΓΡΙΠΠΑΣ ΦΙΛΟ（ΚΑΙΣΑΡ））と記すのみである。神殿の正面中央に硬貨の発行年として、「L　Z」と記されるが、これはアグリッパ一世の治世第七年（四三／四四年）のことである。描かれているのはユピテル・カピトリヌス神殿で右側のクラウディウスと、左側に立つアグリッパ一世の間で交わされた条約確認の儀式である。A・バーネットによれば、上に描かれた胸像の女性は条約が記された書板をもっている。[63]下に描かれた人物はユダヤの寓喩としての囚われの女、すなわち「囚われのユダヤ」（Iudaea Capta）を表しているのかもしれない。[64]この女性は四一年の条約の締結以前のローマ属州となっていたユダヤを具現化したものかもしれない。互いに差し出した手がその条約を象徴しており、クラウディウスとアグリッパ一世がそれぞれ手にしているのは宣誓に伴う献酒の際に用いられた杯である。そうであれば、ヴェールをまとった上方の胸像は条約によって再び独立したユダヤを表現していることになるだろう。

四一年にクラウディウスの意向により生じた変化はかなり例外的なものだった。シリアのローマ属州の一部が皇帝によってヘロデ大王とハスモン王朝の末裔であるユダヤの王に返還されたのである。上述した硬貨のシーンはこの特別な出来事を描いているのだ。この図柄を描いた青銅貨の大きさも直径二五ミリと例外的であり、アグリッパ一世による硬貨の中で最も大きい。

同じ大きさの硬貨は同じ年に造られたものがもうひとつあり、その表面にはアグリッパ一世とその兄弟カルキス王ヘロデが中央でトーガをまとって立つクラウディウスに冠を被せている場面が描かれている（図8・4）。二人の王の名が「ヘロデ王、アグリッパ王」（ΒΑΣΙΛΕΥΣ ΗΡΩΔΗΣ ΒΑΣΙΛΕΥΣ ΑΓΡΙΠΠΑΣ）と主格で記され、下部には「クラウディウス・カエサル・アウグストゥス」（ΚΛΑΥΔΙΟΣ ΚΑΙΣΑΡ ΣΕΒ(ΑΣΤΟΣ)）と三語が記されている。

前述の硬貨と同様、ここに描かれた場面も四一年のローマでの出来事を表している。この年はクラウディウスが皇帝となり、アグリッパはユダヤ、サマリア、イドマヤを受け取り、ヘロデはカルキスと王の称号を得るという、三つの意味で重要な年であった。それゆえ、アグリッパ一世とカルキス王ヘロデは青銅貨を発行することによって、皇帝との親密かつ特別な関係を喧伝しようとしたのである。硬貨の裏面には、花冠で囲って「クラウディウス・カエサル・アウグストゥスのために。治世第三年（四三／四四年）」（ΚΛΑΥΔΙΩ ΚΑΙΣΑΡΙ ΣΕΒΑΣΤΩ ΕΤ Γ）と記されている。

アグリッパ一世とカルキス王ヘロデによるクラウディウス戴冠の場面は三つ目の青銅貨の表面にも描かれているが、その碑銘は「アグリッパ王、アウグストゥス・カエサル、ヘロデ王」（ΒΑΣ（ΙΛΕΥΣ）ΑΓΡΙΠΠΑΣ ΣΕΒ（ΑΣΤΟΣ）ΚΑΙΣΑΡ ΒΑΣ（ΙΛΕΥΣ ΗΡΩΔΗΣ））と、わずかに異なる。裏面は冠の内側に友好と結束の徴として、握手する二本の手が描かれている。文字は例外的に長く、縁に沿って二重に記されている。

アグリッパ大王のアウグストゥス・カエサルへの誓約

ΟΡΚΙΑ ΒΑΣ(ΙΛΕΩΣ) ΜΕ(ΓΑΛΟΥ) ΑΓΡΙΠΠΑ ΠΡ(ΟΣ) ΣΕΒ(ΑΣΤΟΝ) ΚΑΙΣΑΡΑ Κ(ΑΙ)

また、元老院とローマ人への友好と同盟についての誓約

ΣΥΝΚΛΗΤΟΝ Κ(ΑΙ) ΔΗΜ(ΟΝ) ΡΩΜ(ΑΙΩΝ) ΦΙΛΙ(ΑΣ) ΣΥΝΜΑΧ(ΙΑΣ) ΑΥΤ(ΟΥ)

この文章はアグリッパ一世が四一年に王に任じられた際にローマで行った宣誓を記念したものである。それゆえ、この硬貨もすでに挙げた硬貨と近い関係にある（図8・3）。

カルキス王ヘロデも自身の胸像を描いたギリシア風の硬貨をいくつか造っている。兄弟であるアグリッパ一世と同様、頭飾り《ディアデーマ》をつけ、クラミュスをまとっている[65]（図9・1、2）〔本書239頁参照〕。銘文は「ヘロデ王、クラウディウスの友」（ΒΑΣΙΛΕΥΣ ΗΡΩΔΗΣ ΦΙΛΟΚΛΑΥΔΙΟΣ）と読める。裏面には、クラウディウスへの献辞が月桂冠の中に「クラウディウス・カエサル・アウグストゥスのために、治世第三年」（ΚΛΑΥΔΙΩ ΚΑΙΣΑΡΙ ΣΕΒΑΣΤΩ ΕΤ Γ）と四行にわたって記されている。発行年は四三／四四年ということになる。

このヘレニズムの影響を受けたギリシア様式の硬貨とは対照的に、アグリッパ一世の名で造られた人物像なしの硬貨は、王国内でユダヤの律法が機能しているユダヤ、ガリラヤ、サマリア、イドマヤに向けて造られたものである。そうした硬貨はおそらくエルサレムの工房で製造されたのだろう。その表面には房飾りを垂らした天蓋が描かれているが、これまで王のシンボルとして硬貨に描かれたものは知られていない（図8・5）。この天蓋は王が移動する際に付き添う従者が差し掲げるもので、たとえばアケメネス朝ペルシアの宮殿に描かれたレリーフなどに見ることができる[66]。

房飾りには贖罪の意味もあるが、ここでは後にタルムードで展開されるサタン論とは直接の関係はなく、おそらく単なる図像上の偶然であろう。裏面には二枚の葉、あるいはペーストの塊の形として表現されたパン種から生え出た三本の麦の穂が描かれている（図8・6）。

1　　2

図9　カルキスのヘロデの青銅硬貨
①カルキスのヘロデの胸像、②冠に囲まれた銘文（D. Hendin 文献所収図版をトレース）

この硬貨は表面が王の権力を強調する一方で、裏面には民衆に食糧を供給する王の責務が象徴的に描かれている。飢饉が恒常的なリスクであった時代において、人びとがこのメッセージに敏感であったことは疑いない。銘は「アグリッパ王の（硬貨）」（ΒΑΣΙΛΕΩΣ ΑΓΡΙΠΑ《（ママ）》）と属格で記されている。アグリッパの名の綴りで「Π」がひとつだけになっているのは知られている限りではこれだけであることに注目すべきであろう。このような誤記はヘロデ王朝の硬貨製造では例がない。

ギリシア世界におけるアグリッパとカルキス王ヘロデの像

アグリッパ一世とその一族の一連の肖像硬貨は特にカイサリアやセバステなどの王国内のギリシア化された都市での王の彫像建立とともに製造されていた。この二つの町の住民がアグリッパ一世の死の知らせに歓喜し、王の三人の娘の像を引き倒し、娼家で辱めたとヨセフスははっきりと伝えている（『古代誌』一九356―357）。こうした出来事はユダヤの外で起こったことで、そのような像を非難したものと見ることはできない。王女たちの像を辱める行為は政治的報復行為でしかなかった。

アグリッパ一世とその一族の像は王国外、特にいくつかのギリシア都市でも建立された。アテナイのアクロポリスにおいてエクレテイオンの西側で発見された像の台座には、カルキス王ヘロデへの献辞が添えられている。この像は定型句に従って、アテナイ市民が「その徳行と好意」に報いるために建立されたとされる。

市民が敬虔《エウセベース》なるヘロデ王、カエサルの友《フィロカイサル》の徳行と好意のゆえに（像を建立した）。（*OGIS* 427）

「カエサルの友」という称号はアグリッパ一世の硬貨のものと同じである。すでに見たように、これはヘロデ大王も担った「ローマ人の友《フィロローマイオス》」という添え名の変化形であり、「カエサルの友」は皇帝との密接で個人的な関係を強調する。(67)

アゴラで発見された像にも非常に断片的な碑文が見つかっている。そこからは「カエサルの友」という添え名を読み取ることができ、カルキス王ヘロデかアグリッパ一世の像の台座と見ることができるだろう。(68) アグリッパ一世は子のアグリッパ二世の治世に年代づけられるシア出土の碑文で「ローマ人の友」の呼称を添えられている（*OGIS* 419）。しかし、この称号は「カイサルの友」「敬虔な者」に続く三番目に挙げられている。記載順からすれば、皇帝の「友」は属領君主には最上の品格であったと見ることもできるだろう。

これらの彫像はヘロデ朝の支配者が完全にギリシア・ローマ世界に統合されていたことを示している。その世界で存在を認識され、敬意を払われ、称えられていた。発見されている台座に刻まれた碑文を信じるとすれば、ヘロデが推進し、その子孫たちに受け継がれた恩恵施与の政策は十分に成果をもたらしていたのである。

4　アグリッパ二世と王妃ベレニケ

ローマ総督支配下のユダヤ

四四年、クラウディウス帝にユダヤの統治を任されたのは総督《プロクラトル》クスピウス・ファドゥス（四四－四六年）である。その最初の命令として、ファドゥスは神殿での儀式の際に大祭司がつける冠と衣服をアントニア要塞に移管させた。それによって祭儀の円滑な執行は総督次第と示すことになり、ローマにはむしろかなり厄介な問題となった。大祭司の祭服が総督の手元に保管されれば、祭司たちのローマの権力への服従が象徴的に強調されることになる。当然のことながら、ユダヤ人たちはそれを自分たちへの侮辱であり、主権の制限と捉えた。サンヘドリン（ユダヤ高等法院）の代表団がローマに赴き、クラウディウス帝に拝謁して、ファドゥスに祭服を祭司たちのもとに戻させるよう要求した。その時パラティヌス宮に居住していた若きアグリッパ二世は、この件でユダヤ人を支援し、求めに応じるよう皇帝に願い出て、クラウディウスを説き伏せた。その後、第二の使節団がローマへと派遣され、ユダヤ人を代表してアグリッパ二世に謝意を表した。

アグリッパ一世の死により、ユダヤの独立という希望は――見かけ上のものであったとしても――完全に断たれてしまった。ヘロデ大王の死後と同様、ユダヤに新たな問題が生じた。そのような動きにはメシア的な次元と、ローマ支配に対する強い拒否反応という二つの本質的な性格づけがされる。ユダヤ人たちは自分たちの神が征服者を追い出す王を遣わしてくれることを願っていた。そこにテウダスという人物が自らを預言者にしてメシアと称して現れた。ヨルダン川近くに支持者を集め、おそらくそこから大規模な反ローマ蜂起の火ぶたを切ろうとしたようである。しかし、ファドゥスは先手を打ち、テウダスを攻撃し、その一党を根絶やしにした。

ファドゥスの後任ティベリウス・アレクサンドロス（四六―四八年）の時代には、深刻な飢饉で民衆の不満は大きくなる一方であった。このとき、前四年と後六年にローマに対する反乱を起こしたガリラヤのユダの子、ヤコブとシモンが人びとを反ローマで立ち上がらせたが、総督ティベリウスは彼らを捕らえて、十字架刑に処した。

ローマ当局の挑発行為や失態により、ユダヤ人との間の憎悪の越え難い溝は拡がる一方だった。四九年の過越祭の期間に、一人のローマ兵がおそらく酒に酔って高みに上り、そこで祭りで集まっていた敬虔な人びとに向け性器を露出するという事件が起こった。それが最後のひと押しとなり、暴動が勃発する。総督のウェンティディウス・クマヌス（四八―五二年）は軍を出動させ、パニックに陥って上の町の路地に逃げ込んだ数千人の群衆が犠牲となった。

それからしばらくして、敵対者の家宅捜査をしていたローマ兵が聖書の写本を破るという事件が起こった。クマヌスは犯人を処刑することで新たに騒乱が起こるのを回避した。その後に、サマリア人とガリラヤ人の間で衝突が生じた。サマリア人がエルサレムへ向かう巡礼者に強盗を働いたと告発されたのである。クマヌスはサマリア人に買収され、ユダヤ人を弁護しなかった。この時、アグリッパ二世が介入し、クラウディウス帝はサマリア人を処罰し、彼の解放奴隷フェリクスをユダヤ総督に任命した（五二―六〇年）。

五四年、ネロがクラウディウスの後を継いで皇帝となった。翌年、ネロ帝は領土の再配分を行い、アグリッパ二世はかつてのフィリポスの四分領を受け取り、ガリラヤとペレアの一部が加えられたが、カルキス王ヘロデの子アリストブロスにカルキスを譲渡せねばならなかった。アリストブロスは王に任じられ、アナトリア東部の小アルメニアを与えられていた。彼はヘロディアの娘で従姉妹のサロメと結婚した。福音書での踊りで知られるサロメが王妃の称号を得たのである。

一方、アグリッパ二世の妃については何も知られていない。王の傍で王妃の役割を果たしていたのは、四八年以来、未亡人となっていた妹のベレニケだった。しかし、世間に近親相姦の噂が流れたことから、ベレニケはポントスとキリキアの王ポレモン二世に結婚をもちかけた。ポレモンはこの申し出を受け入れたが、それはベレニケが王妃としての地位にあり、また、ヨセフスの伝えるところによれば、彼女が非常に裕福であったためとされる。この結婚は両者にとって打算でしかなかった。しかしながら、ポレモンはアグリッパ一世の王女と結婚するため、身を削り、割礼を受けてユダヤ教に改宗するという譲歩を受け入れた。

ベレニケの姉妹であるドルシラはシリアのエメサの君主アジゾスと結婚するが、アジゾスもユダヤ教に改宗している。当初、コンマゲネ王アンティオコス四世の子エピファネスがドルシラとの結婚を打診されていたが、結局、割礼を受ける決心がつかなかった。おそらく強烈な自尊心ゆえだったのだろうが、ただ単に鋭利な刃物による手術と、それに伴う避けられない激痛を恐れたという可能性も除外できない。

非常に美しかったドルシラはアジゾスと結婚したのだが、ヨセフスによると、ほどなくしてフェリクスが彼女に魅了され（『古代誌』二〇139）、ドルシラはフェリクスと結婚するため、最初の夫と離婚してしまう。しかし、フェリクスは割礼を受けることはなかった。信仰を捨てたのはドルシラの方だったのだ。この事例はユダヤ人女性と結婚する非ユダヤ人の男性にユダヤ教への改宗が必須というわけではなかったことを示しており、興味深い。しかし、フェリクスの場合は例外であった。総督としての役割ゆえに、ユダヤ教に改宗できなかったのである。その一方で、ローマ市民権が改宗を妨げるわけではない。属領君主であるアジゾスやポレモンもローマ市民であり、ヘロデ家の人びとをはじめとして、かなりの数のユダヤ人も同様であった。

アグリッパ一世の末娘マリアンメはアグリッパ一世の廷臣ケルキアスの子アルケラオスと結婚した。その後、アレクサンドリアのユダヤ人共同体の指導者アラバルコスであるデメトリオスと結婚するために、アルケラオスとは離別した。アラバルコスという地位は非常に権威があった。

これら王女たちの結婚はすべて、最も裕福で、最も力をもった夫を見つけるという総合的な結婚戦略の結果である。ヨセフスによると、アグリッパ二世の三人の妹たちは常に競い合っており、特にベレニケはフェリクスと結婚したドルシラに激しく嫉妬したという。

この間、ユダヤの状況は悪化の一途を辿っていた。メシアを自称する呪術師や詐術師が国中に現れ、人びとにローマへの蜂起をけしかけていた。エジプトから来たというあるユダヤ人は彼を預言者と信じる信者を獲得していた。しかし、このような反乱の首謀者のなかで最も恐るべき存在は、ディネオスの子エレアザルであった。フェリクスはこの人物を捕らえることに成功し、事態を収拾させつつあることを皇帝に示すために、エレアザルをローマへ送った。エレアザルはそこで処刑される。

ヨセフスの記述を信ずべきであるとすれば、フェリクス自身は過激な集団を手先として用いることも厭わなかった。アナノスの子でかつての大祭司であったヨナタンがシカリ派に刺殺された時、フェリクスは暗殺者を金で雇ったという噂が流れ、非難の的となった。[69] ヨナタンはその少し前に、フェリクスの抑圧的な政策を公然と批判していたのだろうか。ヨセフスの非難が正しいとすれば、シカリ派は宗教上の理由ではなく、雇われた本当の殺し屋のように、単に欲にかられて暗殺を行っていたことになる。とにかく、ヨセフスはシカリ派と敵対していたので、その証言は客観的なものであるとは限らない。

フェリクスの努力にもかかわらず、ユダヤの混乱と不安定は続いた。ユダヤ人を征服者に対する反乱に駆り立てていた激しい反ローマ感情に加え、ユダヤ人のさまざまな党派の間には内的な対立もくすぶっていた。集団はそれぞれに武装していた。さまざまな党派の主要人物は周辺に護衛をおき、厳重な警戒なしで出歩くことはなくなっていた。

状況はユダヤの外でも穏やかではなくなった。カイサリアではユダヤ人がギリシア人からの挑発行為にさらされていた。侮辱する言葉の応酬はすぐに投石合戦へと発展した。フェリクスは混乱を鎮めるため軍を介入させたが、ユダヤ人側はカイサリアのギリシア化したシリア人が多く総督の予備軍に参加していることを知ると、ギリシア人を贔屓しているにちがいないとフェリクスを激しく非難した。

フェリクスの後任、ポルキウス・フェストゥス（六〇―六二年）の統治下で、カイサリアでのユダヤ人とギリシア人の対立はいっそう激化する。ネロ帝はギリシア人を支持する決断を下し、それによってカイサリアのユダヤ人はギリシア人と同等であることの根拠となる市民権を失った。「同等市民権《イソポリティア》」として知られる制度をネロ帝は廃止したのである。

争いはエルサレム神殿にも及んだ。アグリッパ二世は四八年に叔父であるカルキス王ヘロデが死ぬと、神殿の管轄権を継承していたが、五九年、その権限により、新たな大祭司として、カルキス王ヘロデが任命した最後の大祭司ネベデアの子アナニアに代えて、フィアビ二世の子イシュマエルを新しい大祭司に選んだ。しかし、王の選択に一般祭司やレビ人が異議を申し立てるという前代未聞の事態となった。対立の原因は社会的、経済的なものだった。サドカイ派の高位聖職者はその下の階層の聖職者に当時割り当てられていた現物による農産物の収入を問題にしていた。一方、高位聖職者の力が強すぎると考えていたエルサレムの世俗の有力者層の一部は下位の聖職者を支援し、高位聖職者の権威を弱めたいと思っていた。大祭司は穀物を奪うため、手下を送ってレビ人の穀倉庫を収奪させた。

同じ頃、サドカイ派とファリサイ派は、キリスト教徒のコミュニティの拡大に不安を抱いていた。キリスト教徒は神殿祭儀の重要性を疑問視していたので、サドカイ派のキリスト教への非難は非常に先鋭的だった。ファリサイ派はキリスト教と同様、復活を信じていたので、問題視していたのはむしろ非ユダヤ人や割礼を受けていない者の改宗であった。使徒たちは割礼の義務を免除していたからである。エルサレムのユダヤ人キリスト教共同体の指導者で、小ヤコブと呼ばれたイエスの兄弟ヤコブもそれを認めている――「それで、私はこう判断します。神に立ち帰る異邦人を悩ませてはなりません」（使徒言行録一五19）。キリスト教がギリシア・ローマ世界に拡大するには、割礼を課すことがかなりの妨げとなることは間違いない。ヤコブはそれをよくわかっていたのである。律法より信仰を優先し、伝統的なユダヤ教の教義については、「異教の」神々に捧げられた犠牲の肉を食べることの禁止など、最低限のものを維持するだけになっていた。

五八年、ネベデアの子、大祭司アナニアはパウロを逮捕した。パウロはフェリクスに引見された後、投獄された。二年後、今度は総督フェストゥスの前で、あらためて弁明するよう命じられた。数日後に「ユダヤ人の慣習やあらゆる論争点」（使徒言行録二六3）をよく知る者として助言を求められ、パウロを裁くために招かれたのはアグリッパ二世だった（使徒言行録二五13―27、二六1―32）。王の判決は、パウロは死罪や投獄に値するような罪を何ひとつ犯していないという、かなり穏当なものだった。こうしてパウロは解放されたのである。

このように、ユダヤを揺るがしていたさまざまな争いは、ギリシア人とユダヤ人の対立、ユダヤ人のローマ人に対する抵抗、高位聖職者と下位聖職者の対立、サドカイ派とファリサイ派のキリスト教徒との対立と多岐にわたっていた。

この複雑な状況において、アグリッパ二世は自ら最悪の時代を招いてしまう。父アグリッパ一世ほどの手腕を持ち合わせていなかっただけに状況はさらに悪かった。エルサレムの上の町にあるハスモン家から受け継いだ宮殿の屋上に、神殿を眼下に見下ろす景色が楽しめる壮麗な一室を築かせたことで、無用な緊張状態が引き起こされたのである。ユダヤ教徒はこれに憤慨し、大祭司イシュマエルも王を非難した。そこで祭司たちはアグリッパ二世の目から神域を守るため、高い壁を築かせたが、王はそれを取り壊すよう命じる。イシュマエルはアグリッパ二世によって任命された人物ではあったが、王の無分別な行いを皇帝に訴え出るため一〇人のユダヤ教の指導者の使節団の代表としてローマへ向かった。ネロ帝はアグリッパ二世を非難し、壁の破壊を禁じた。しかし、皇帝はイシュマエルを帰国させず、ローマで人質状態にした。これは間違いなくアグリッパ二世の要請によるものである。王は皇帝の決定に従い、新たな大祭司にカビと呼ばれたシモンの子ヨセフを任命したが、ユダヤにおけるアグリッパへの信頼は地に堕ちた。

六二年、フェストゥスに代って、アルビヌスが総督となった。アグリッパ二世は失墜した権威をわずかでも回復させようと、この機会をとらえ、父の政策のいくつかを模倣した。厳格なサドカイ派のアナノスの子アナノスに大祭司の位を与え、同時にキリスト教徒に対する態度を変えた。六〇年にパウロを二年の投獄の後に釈放させたアグリッパ二世の穏やかな態度は、サドカイ派の祭司には無責任と受け止められていた。

アグリッパ二世はアグリッパ一世時代を特徴づけるキリスト教迫害に再び着手した。王は当時エルサレムの共同体の指導者だったイエスの兄弟、小ヤコブを含む何人かのキリスト教徒を石打ちで処刑した。小ヤコブは律法に異を唱えた罪で有罪とされた。キリスト教に改宗した割礼を受けていない非ユダヤ人も、ユダヤ人キリスト教徒と同じように救済されると主張していたので、もはやモーセの律法にまったく従っていないと見なされたのである。このようにアグリッパ二世は、律法を尊重し、異端を激しく取り締まる敬虔なユダヤの君主であろうとすることでサドカイ派を満足させた。しかし、アナノスはほどなく横暴なふるまいをするようになったので、アグリッパ二世は彼を解任し、大祭司職をダムネオスの子イエスに委ねた。

また、アグリッパ二世は高位聖職者と下位聖職者の和解を試みた。しかし、レビ人祭司たちにそれまで犠牲を捧げる祭司のみに認められていた亜麻布のストールの着用を認めたことがサドカイ派の一部から律法の改変と非難され、その大きな不満に直面する。アグリッパ二世は大祭司をダムネオスの子イエスからガマリエルの子イエスに交代させようとしたが、ダムネオスの子イエスに拒否され、対立する二人は激しく罵り合い、双方の衛兵が暴力沙汰を起こすようになった。王は決定を強行するが、すでに存在しないに等しかった王の権威は、この一件をもって決定的に失墜した。

その頃、アグリッパ二世はユダヤ以外での自身のイメージをよくしようと試みていた。彼はベリュトスにおいて父アグリッパ一世の恩恵施与政策を再開し、装飾に富んだ劇場を建設させ、町の住民には小麦とオリーブ油を提供した。また、ヘロデ大王におけるカイサリア、ヘロデ・アンティパスにおけるティベリアスに倣って、六〇年には王国の首都フィリポ・カイサリアをネロニアスという名で再建し、ローマの主人の好意を得ようとした。

ユダヤ大反乱

六四年、ゲシウス・フロルスがアルビヌスの後任となった。後の時代から見れば、この人物はユダヤで最悪の総督だったと言えよう。その統治は六六年のユダヤ大反乱に帰結する緊張状態が急速に高まった時期に相当する。

ユダヤ人が市民権を失っていたカイサリアでは新たな騒擾により多くの血が流れた。ヨセフスが伝えるところによれば、ユダヤ人たちがシナゴーグ近くの土地をあるギリシア人から高値で買い取ろうとしたことが原因であった。このギリシア人はこれを拒否し、その土地に店を建て、ユダヤ人たちがシナゴーグに行くのに狭い通路しか残さなかった。その少し後、安息日にユダヤ人たちが集まっていると、ギリシア人はシナゴーグの入口にやって来て鳥の首を切り、儀式の場を汚した。ユダヤ人らは報復としてギリシア人を攻撃し、争いはすぐに町全体に広がった。フロルスはギリシア人を支持してこの事件に介入し、多くのユダヤ人がカイサリアから追放された。

六六年春、フロルスはエルサレムの住民を挑発するかのように、配下を神殿の宝庫に派遣し、一七タラントンを徴発しようとした。その理由は言われておらず、ただ「皇帝のために」必要な額とだけ述べられている。ユダヤ人はこれに抗議した。怒った群衆はフロルスを攻撃したが、反撃され、抗議に参加した人びとの多くが逮捕された。ヨセフスはその数を三六〇〇名と伝えるが、おそらく誇張であろう。首謀者らは鞭で打たれ、その後、十字架刑に処された。女性も処刑されたが、注目すべきは処刑されたものの中に、ローマ市民権をもつ騎士階級のユダヤ人が含まれていたことである。

この時、アグリッパ二世はアレクサンドリアにいたので対応することはできなかったが、エルサレムに滞在していたベレニケがフロルスに使いを送り、鎮圧行為を止めるように懇願した。しかし、うまくいかなかった。ベレニケは眠れぬ一夜を過ごした後、哀願する者のように裸足でフロルスの面前に現れた。しかし、何をしても無駄だった。フロルスは王妃を追い返し、交渉を拒否した。武力で反乱の目を完全に摘み取ってしまおうと決めていたようである。しばらく経ってから、フロルスは兵士に新たな抗議行動を鎮圧するよう命じた。しかし、今度はユダヤ人側は準備を整えていた。ありとあらゆる物を家屋の屋根からローマ兵に投げつけたのである。兵士たちは撤退し、さらに上の町の西側にあるかつてのヘロデ宮殿のそばまで引き上げねばならなかった。思いもかけない抵抗に動揺したフロルスは一個大隊をエルサレムに残し、カイサリアへ戻っていった。彼はシリア総督のケスティウス・ガルスに伝令を送り、反乱のことを知らせたが、その一方でベレニケもガルスに書簡を送り、フロルスを扇動者として非難し、混乱の責任を取るべきなのはフロルスだと指摘した。アグリッパ二世はアレクサンドリアから戻り、ベレニケと再会すると、サンヘドリンの一部の人びとの支持を受けて、蜂起したユダヤ人たちを鎮めようとした。玉座に着座したベレニケの臨席下、アグリッパはおそらく神殿の広場において、集まった人びとに向けて熱弁をふるったとヨセフスは伝える。王によれば、勝つことができないのだからローマ帝国との戦争にはまったく意味がない。すべてを失う危険を冒すよりもローマ人に忠実である続けるべきである。ユダヤ人はローマに対して蜂起するのではなく、ただフロルスに対して立ち上がったのだと王は言う。皇帝が新たな総督を任命すれば、すべて元に戻るのだ。王の演説は一定の賛意を得た。アグリッパ二世は賭けに勝ったと思った。

しかし、その少し後に行われた二度目の演説で、アグリッパ二世は皇帝が後任を任命しなかったら、再びフロルスに従うようユダヤ人を説得しようとした。王のあまりの弱腰を目の当たりにして、ある者は王を罵り、ある者は石を投げつけた。アグリッパとベレニケは慌ててエルサレムから退去せざるを得なくなった。彼らの仲裁はこうして失敗した。フロルスが残したローマの部隊は城壁の塔内に閉じ込められてしまったのである。

それから間もなくして、大祭司アナニアの子エレアザルに扇動された祭司たちが皇帝の名の下に行われていた日常的な犠牲を取りやめた。この日々の犠牲はヘロデ大王が始めたものであった。この決定はローマとの決定的な決裂を意味していた。

反乱は社会的な広がりを見せた。アグリッパ二世の宮殿をはじめとする宮殿は熱心党《ゼーロータイ》とその一党により略奪され、焼き払われた。また、負債の証書が保管された文書庫が破壊された。それには貧困層を債務から解放するという意味があった。しかし、サドカイ派の祭司やファリサイ派の有力者は依然として反乱に加わるのを躊躇し、アグリッパ二世に訴え、ローマとの戦争が避けられなくなる前に、部隊を派遣してエルサレムの治安を回復するように求めた。アグリッパ二世はエルサレム攻略のため、三〇〇〇人の兵士を派遣した。しかし、暴徒は数で勝り、容易に優位に立つことができた。王の部隊は城壁の塔への避難を余儀なくされ、そこでフロルスが残していったローマの大隊と合流する。

この時、マナヘムという人物が大勢の部隊を率いてエルサレムに入り、ユダヤ人の王を称した。この人物は前四年と後六年に民衆蜂起を主導し、王なるメシアを称したガリラヤのユダの息子である。彼は首尾よく町の塔を奪取し、そこに閉じ込められていたローマの兵士を殺害したが、アグリッパ二世の兵士は解放した。しかしながら、反乱勢力は二つの党派に分裂する。シモンの子エレアザルがマナヘムの暴政を非難し、その権威に異を唱えたのである。エレアザルは配下とともに神殿の前でマナヘムを待ち伏せた。「王」は捕らえられ、拷問の上、公衆の面前で処刑された。

同じ頃、反乱はサマリア、ガリラヤ、イドマヤにも広がっていた。報復としてシリアやフェニキアの諸都市、また、アレクサンドリアにおいても、多くのユダヤ人がローマ人やその同盟者によって虐殺された。シリア総督ケスティウス・ガルスが騎兵四六〇〇、歩兵七〇〇〇以上からなるローマ第一二軍団と属領君主の補助軍を率いユダヤに進攻した。ガルスはエルサレムまで行軍したが、城壁に辿り着くと、ユダヤ人は出撃し、ローマ軍を敗走させる。ローマ軍は甚大な損害を被った。ケスティウス・ガルスはシリアに戻ると、その失敗をネロに報告したが、その責任をフロルスの悪政に負わせている。

翌六七年、反徒たちは結集した。祭司階級が反乱に合流したのである。エルサレムと反乱がおこった地域では大祭司アナノスが最高指導者として認められた。シモンの子エレアザルが率いる熱心党《ゼーロータイ》は主流派とは離れた立場に身を置いていた。しかし、反徒らはこうした分裂を克服するには至らなかった。後にこの歴史を書くことになるヨセフスは、アナノスによってガリラヤの指揮官に任命され、レビの子ギスカラのヨハネに対抗した。ヨハネはアナノスの権威を認めず、生まれ故郷で君主として振る舞っていた。同じ頃、イドマヤではシモン・バル・ギオラ（ギオラの子シモン）が王位を僭称しようとしていた。

ケスティウス・ガルスの敗北後、ネロ帝は失われた領土を再征服するべくウェスパシアヌスに遠征軍の指揮権を与えた。将軍ウェスパシアヌスは息子のティトゥスとともにガリラヤに侵攻し、そこでヨセフスの軍を打ち破った。ヨセフスは自害せず敵に降伏する。彼自身の証言によれば、ウェスパシアヌスが帝位につくことを予言したのはこの時のことである。それによりヨセフスは赦免され、ウェスパシアヌスの側近くに留まることができた。

ヨセフスが敗れた後、ガリラヤの町々は次々と攻略される。ローマ軍団と行動をともにしていたアグリッパ二世はガマラ〔ガムラ。今日のゴラン高原に位置する要塞都市〕攻囲の際、仲介を試み、城壁に近づき、籠城軍に降伏を勧めた。しかし、アグリッパはユダヤに劣らずガリラヤでも信用を失っており、籠城軍は石を投げつけてこれに応じた。王は命を落とすことはなかったが、負傷した。ギスカラの町〔上ガリラヤに位置する〕はガマラの後すぐに攻略されたが、レビの子ヨハネは配下らとうまく脱出している。

六八年六月、ネロ帝の死の知らせを受けたウェスパシアヌスはユダヤ再征服を一時中断する。この戦争はローマの政情不安で先延ばしになった。ガルバがネロの後を継いだが、わずか七か月後にオトに倒され（六九年一月）、オトもすぐにウィテリウスに倒された（六九年七月）。ウェスパシアヌスはウィテリウスの即位を承認せず、自らの部隊によって皇帝と宣言されると、部隊の指揮を息子のティトゥスに委ね、帝国を掌握すべくローマに出発した。ウィテリウスが敗れ、暗殺されると（六九年一二月）、ウェスパシアヌスはパラティヌス宮に入ったが、その間にティトゥスはエルサレム包囲に着手していた。

首都エルサレムでは、大祭司アナノスと、シモンの子エレアザル率いる熱心党の間で争いが勃発していた。エレアザルは神殿の奪取に成功すると、くじ引きにより新たな大祭司を決めた。このような選出方法は前代未聞だったが、熱心党の神権政治の理念において大祭司の選出は神の手に委ねられるとされていた。くじにより、サムエルの子ファニアスという人物が指名されたが、ヨセフスによれば、無学で、祭司職に相応しくない人物とされる。アナノス一派は神殿の熱心党を包囲した。熱心党は数で劣っていたが、ちょうどガリラヤから到着したばかりのギスカラのヨハネと合流し、その支援を受けた。その少し後、今度はエレアザルから救援を求められていたカトラスの子シモンというイドマヤ人が配下とともにエルサレムに入城する。シモンはアナノスの部隊を粉砕し、アナノスは戦場で落命した。

その後、カトラスの子シモンはエルサレムの占領をギスカラのヨハネとシモンの子エレアザルの手に残して、イドマヤに戻った。しかし、ヨハネとエレアザルは程なく主導権をめぐって反目するようになる。そこにイドマヤの支配者を自称するシモン・バル・ギオラという第三の勢力が現れ、二万人という武力を背景に王となることを望んだ。エルサレムは三分割の状態となった。シモンは町を占領し、ヨハネは神殿の広場を占拠し、エレアザルは聖域の中に立てこもった。

ヨハネはエレアザルを破って、神殿の山全体を手中にすると、シモンに矛先を向けた。ティトゥスによるエルサレム包囲を目前にしての内戦は酷い飢饉の原因となった。ヨセフスによると、エルサレムの住民のなかには死者の肉を食べた者もいたほどであったという。また、多くの住民が飢えに苦しみ、町から脱出した。ティトゥスは敵の気力を削ぐのが良策と考え、脱出した者たちを捕らえ、籠城する者たちの面前で十字架にかけた。また、逃げ出してきた者たちが脱出する前に呑み込んだ金を腹の中から取り出すため、その腹を裂かせたこともあった。

激しい抵抗にもかかわらず、最終的にエルサレムは七〇年九月にティトゥスの手に落ちた。町は略奪され、火に焼かれた。神殿は完全に破壊され、聖域を囲む壁は倒され、要塞建設に再利用されたが、かつてのヘロデ宮殿に面する壁の一部のみは残された〔今日の「嘆きの壁」〕。住民のうち、老人と負傷者は殺され、若者は奴隷商人に売られた。成人男子の捕虜は剣闘士とされ、闘技場で「獲物」となった。この種の見世物の最初のものは戦勝祝いとしてカイサリアで催され、二五〇〇人の捕虜が生きたまま焼かれ、あるいは獰猛な野獣に食い殺され、また互いに殺し合うことを強いられて死んだ。知られている二回目の催しはその数日後、フェニキアのベリュトスで開催されている。

シモン・バル・ギオラは王の如く紫の外套をまとって降伏した。それゆえ、彼は反乱の首魁と見なされ、ローマへ連行された。ウェスパシアヌスの凱旋式の際には、首に縄をかけられて引き回され、民衆の前で鞭打ちの刑を受け、フォルムで処刑された。これとは対照的に、ギスカラのヨハネは二番目の首謀者とされたので、非常に寛大な扱いを受けた。潜んでいた下水渠でローマ兵に発見された後、終身刑に処せられた。

ウェスパシアヌスはローマで盛大な凱旋式を挙行した。神殿の燭台や供えのパンの聖卓、トランペットをはじめとするユダヤからの略奪品が、戦利品として平和の女神の神殿に奉納される前に、ローマの街路で公開された。

ローマは反徒らが依然として維持する砦の支配を回復する必要があったが、ひとつを除いてすぐに陥落させた。ただひとつ残ったのは、ローマの帝国支配に対するユダヤの抵抗のシンボルとなったマサダの要塞である。七〇年、シカリ派の指導者の一人、エレアザル・バル・ヤイル（ヤイルの子エレアザル）が兵士だけでなく女性や子どもを含む九六〇名とともにマサダに立て籠った。彼らは城砦の倉庫に蓄えられた食糧のおかげで、岩山の頂上で三年間を過ごすことができた。七三年、新たにユダヤの長官となったフラウィウス・シルウァが一万五〇〇〇人の兵士を派遣した。包囲の後、要塞化された高台に登るために軍団兵に大がかりな斜堤を一一か月かけて築かせ、マサダは陥落した。

ローマ兵が城砦になだれ込んだ時、そこには屍しかなかった。籠城していた者たちは降伏よりも自死を選んだのである。女や子どもを殺した後、男たちは次々と組になって相手の喉をかき切り、最後に残された者が剣を自らに突き立てる前に宮殿に火を放った。この惨事を免れたのは一人の年老いた女とエレアザルの縁者の女性、その五人の子どもだけで、七人はうまく身をひそめていて気づかれなかった。シルウァに捕らえられた後、この女たちが要塞の陥落直前に起こった悲劇的な出来事を語ったのである。

「ユダヤ人に嫌われた王」アグリッパ二世

ここまで辿ってきた出来事の中で、アグリッパ二世は付随的な役割しか演じていない。多くの場合、傍観者として立ち会うだけで、出来事の経過の中で影響力を及ぼそうとする試みが成功することはなかった。ヨセフスの著作でのイメージは、権威なく、ユダヤ人に異議を唱えられる無力な指導者である。

それでも、父アグリッパ一世と同じように、ローマの権力の近くでユダヤ人のために仲介者の役割を果たそうとしていた。ファドゥスが祭司の衣服をアントニアの塔に移管しようとしたときには仲介に成功している。しかし、すでに見たように、六六年にフロルスに対するユダヤ人の蜂起を防ごうとしたとき、また、その二年後にガマラ攻囲の間に調停の役割を果たそうとしたときには失敗している。

ヨセフスも認めるように（『戦記』四15）、ユダヤ人はもはやアグリッパ二世をローマ人に買収された裏切り者と見なしており、まったく敬意を払っていなかった。それゆえ、王を侮辱し、石を投げつけた。王に石を投げつけるということは君主に付与された正当性を民衆が否定したということである。アグリッパ二世はヘロデ大王の血を引くだけでなく、ハスモン王朝の末裔でもあったが、もはやその威信を頼ることはできず、ユダヤ人とローマ人を結ぶ慈悲深い調停者の地位を主張しようにも、もはやできなかったのである。

　すでに六六年の大反乱以前に、王の権威は著しく弱まっていたようである。アグリッパ二世は、ダムネオスの子、大祭司イエスを解任したときのように、しばしば嘲りの対象となっていたが、そこには側近からのものも含まれていた。神殿内の行事を一望できる眺望のよい一室をしつらえたときには、嘲笑に民衆の怒りが加わった。ネロ帝もアグリッパの言動を非難し、事態への介入を余儀なくされた。アグリッパ二世の行為は明らかに不注意からくるものだったが、王の権威をめぐる新たな議論を生じさせたのである。

　アグリッパ二世はローマの皇帝に対しては服従の意思を繰り返し表明していた。フィリポ・カイサリアはネロ帝を称えてネロニアスと名に変えて、再建、拡大された。おそらく王宮が築かれていたことが、発掘調査で確認されている。(70) また、ベリュトスでは壮麗な劇場を建設し、小麦とオリーブ油を配給するという恩恵施与行為を行った。(71) 父アグリッパ一世とまったく同じことをしたのだが、その出費は国内の民にとっては王を不愉快な存在にした。二人のアグリッパの政策に根本的な違いはなく、父アグリッパ一世は自身の権威を喧伝する手腕と巧妙さで優っていたというだけのことだった。また、アグリッパ一世の治世はきわめて短かったが、アグリッパ二世は半世紀以上にわたり王位を維持したことも、それだけ不人気というリスクを増大させることになった。しかし、ローマ人による神殿破壊に同意したわけではないにせよ、そのときに無力な王でしかなかったことがアグリッパ二世の間違いだった。

新たなユディト――王女ベレニケ

　アグリッパ二世の妹、非常によく知られた王女ベレニケはアグリッパ二世の政治的喧伝において重要な役割を果たしていた。彼女が一定の人気を博していたことを王は抜け目なく自分のために利用していた。ベレニケは王の移動の際には常に随伴していた。六〇年にパウロがカイサリアで出廷したときにも物々しく謁見の間に入り、アグリッパ二世の傍らに着座している。審理を終えた後には王と総督フェストゥスの間で行われた審議にも関与した。

ベリュトス出土のラテン語碑文は、このフェニキアの町の改修と美化においてベレニケが果たした役割を伝えている。残念ながら碑文は断片的で、改修されたのが神殿、フォルム、劇場のどれなのかは正確にはわからない。

> 大王ア（グリッパ）の娘、ベレニケ王女（とアグリッパ王が）
> 彼らの祖父ヘロデ王が建立させ、
> 老朽化（により倒壊した建造物を）再建した。
> 彼らはそれを大理石と六本の列柱で飾り（欠損）
>
> (R)EGINA BERENICE REGIS MAGNI A(GRIPPAE
> F. ET REX AGRIPPA…)
> (QV)OD REX HERODES PROAVOS EORVM
> FECERAT VE(TVSTATE CONLAPSVM…)
> MARMORIBVSQVE ET COLVMNIS (S)EX(…)
> (…EXORNAVERVNT…)[72]

アグリッパ二世と同じように、ベレニケもベリュトスの恩恵施与者と見なされていた。以前にはヘロデ大王とアグリッパ一世もその役割を果たしていた。復元された碑文には不確かなところもあるが、ベレニケの名が最初におかれ、アグリッパ二世より前であることに注目すべきである。L・ボッフォが指摘するように、これはおそらく彼女の実際の政治的影響力の現れであろう。[73] しかし、ベレニケはアグリッパ二世の叔父、カルキス王ヘロデの妃だったので、アグリッパより地位が高いと見なされていたことが強調されているのかもしれない。

ベレニケはアテナイでも恩恵施与者としての役割を果たしているが、これもまたヘロデ大王以来の伝統を受け継ぐものである。彼女の「貢献」は彫像建立に値すると都市の行政機構に決議されたことが彫刻台座に刻まれた献辞で明らかにされている。

> アレオパゴス評議会、六〇〇人評議会と市民は、都市への大いなる恩恵施与者の王たちの末裔にして、ユリウス・アグリッパ王の娘、偉大なる王妃ユリア・ベレニケを都市に対する奉仕の熱意のゆえに、ここに顕彰する。ペアニエ区のティベリウス・クラウディウス・テオゲネスが（歩兵の指揮官であった年に）　（*OGIS* 428）

恩恵施与者は男性に限られていたわけではなく、王妃や女王もその役割を果たすことがあった。[74] 献辞にはアグリッパ二世はまったく言及されず、ベレニケだけが顕彰されている。また、父アグリッパ一世の称号をその女性形「偉大なる王妃《バシリッサ・メガレー》」という形で受け継いでいることが注目される。

しかし、ベレニケの果たした役割は兄の傍らでのお飾りや、伝統的な恩恵施与に限られてはいなかった。ヨセフスによれば、六六年の反乱勃発当初、ユダヤ総督ゲシウス・フロルスのもとに命賭けでとりなしを試みている（『戦記』二310―314）。ユダヤ人に対する過酷な圧政を止めるようフロルスに懇願したのである。しかし、その介入を心からの敬虔さや、律法への誠実な信仰から説明するのは単純すぎるかもしれない。むしろ常に民を擁護する完璧なユダヤのヒロインを演じようとしていた。彼女が演じたのはエステル記やユディト記でよく知られた女性像、つまり、政治闘争において積極的な役割を果たすユダヤの女性である。[75] ヨセフスによると、ベレニケは裸足でフロルスに会いに行き、嘆願した。その嘆願にさらなる重みを加えるため、公然と遜《へりくだ》ることも厭わなかったのである。しかし、文学上の女性たちとは異なり、ベレニケは傲岸な総督の前に倒れた。

アグリッパ二世とベレニケの政治喧伝の問題は、その公式の歴史家であったティベリアスのユストゥスの著作を検証することでさらによく理解できるだろう。残念ながら、その著作である『年代記《クロニコン》』は、フォティオスが『図書総覧』第三三番で批判的に取り上げた抄録でのみ現代に伝わる。ユストゥスは、モーセからアグリッパ二世に至るまでの「ユダヤの王」の歴史を描く。アグリッパ二世とベレニケ、それにその偉大な先駆者たちの共通点を強調し、モーセに始まる——とユストゥスが見なす——君主的な制度の連続性を指摘している。それを終わらせることができたのは最後の王——この場合はアグリッパ二世——の死だけとされる。A・バルザーノが指摘するように、ユストゥスはアグリッパ二世が自ら意図したわけではなくとも同意をしていた神殿破壊の歴史的な重要性を意図して過小評価している。[76]

硬貨から見るアグリッパ二世——皇帝権力への服従

ほぼ半世紀にわたる長い治世の間、アグリッパ二世は六〇種類以上にも及ぶ大量の硬貨を造らせた。[77] しかし、アグリッパ一世が展開した図像政策とは対照的に、そこで用いられたモチーフは王家のことはまったく強調されておらず、直接関係するものもない。アグリッパ二世の胸像はただひとつ、小さな青銅貨（一五ミリ）に描かれただけである。[78] そのほかで常に硬貨の表面を占めていたのはネロ、ウェスパシアヌス、ティトゥス、ドミティアヌスといった皇帝たちの姿だった。

アグリッパ二世の硬貨の裏面ほとんどに勝利の女神ニケーと幸運の女神テュケーが描かれていた。[79] このようなテーマは、ローマの工房で作られてから、だいたい一二年遅れでユダヤの硬貨に取り入れられていた。

わずかに見られる独自の硬貨のうちでは、フィリポ・カイサリアをネロニアスとして再建したことを記念した青銅貨がある。そこには月桂冠の内側に「ネロのために、アグリッパ王によって。治世第五年（後六五／六六年）」（ΕΠΙ ΒΑΣΙΛΕ(ΩΣ) ΑΓΡΙΠΠ(Α) ΝΕΡΩΝΙΕ）と記された五行の銘文が読み取れる。治世二六年（八六／八七年）に発行された別の青銅貨の裏面には、フィリポ・カイサリアのパネイオン神殿に祀られていたパン神が描かれている。[80]その神殿に立つパン神像が硬貨に描かれたのである。[81]

アグリッパ二世のある小青銅貨について、Ｊ・マルティエル・ジェルスタンフェルドは、ベレニケの生涯と関連づけている。[82]表面のヴェールをまとった女性の胸像にはラテン語「アウグスタ」（皇妃）のギリシア語訳「セバステ」（ΣΕΒΑΣΤΗ）と添えられている。裏面には船の錨が描かれ、その脇に「王の治世一九年」（LIΘ BA（ΣΙΛΕΩΣ）七九／八〇年）とある。マルティエル・ジェルスタンフェルドはこの女性の像をベレニケと解釈し、錨をティトゥス帝の恋人としてローマへ旅立ったことと関連づける説を提起した。この解釈は魅力的ではあるが、あり得そうもない。錨のモチーフは珍しいものではなく、すでに述べてきたように、ヘロデ大王やアルケラオスの硬貨にも描かれた海洋活動のシンボルのひとつである。そして何より、アグリッパ二世がベレニケにアウグスタの称号を公式に付与することはあり得なかった。ベレニケに敬意を表そうとするならば、「王女《バシリッサ》ベレニケ」と記させただろう。実際のところ、ローマ帝国で造られた硬貨に描かれた皇妃の胸像としては、アウグストゥスの妃リウィアが慈愛を寓意的に示した女神「ピエタス」の姿で描かれている。

アグリッパ二世の硬貨は発行年について異なる紀年法が用いられているという問題がある。[83]確かなことは、ひとつ目の紀年法の始まりが五五／五六年であり、もうひとつの紀年法が六〇／六一年に始まるということである。これはネロ帝の時代に発行された硬貨に「治世第一一年にして第六年」と二つの年が記されているものがあり、この年が六六／六七年であることに基づいている。ドミティアヌス帝の時代に別の硬貨では（二つ目の紀年法による）第二六年が同帝の一二回目のコンスル職の年、すなわち八六／八七年とされている。五五／五六年はフィリポスの四分領がアグリッパ二世に与えられた年であり、六〇／六一年はフィリポ・カイサリアがネロニアスとして再建された年である[84]。

だが、アグリッパ二世の青銅貨の多くはひとつの年しか記されていないので、統治年が二つ記されていない場合、発行年はどちらの紀年法に基づくのかという問題が残される。ウェスパシアヌスとティトゥスの胸像がともに描かれたものがアグリッパ二世の第二七年から第二九年に出されており、ティトゥスのみの胸像のものには第三〇年と記されているが、これらの年はどちらの紀年法によるのかはわからないのである。五五／五六年に始まる紀年法であれば、これらの硬貨は八二年から八五年の発行、六〇／六一年始まりの紀年法なら、八七年から九〇年の発行ということになる。しかし、ウェスパシアヌスは七九年に、ティトゥスは八一年に没している。それでは、F・W・マッデンが提案するように、アグリッパ二世がカルキスを得た四九／五〇年頃に始まる第三の紀年法が用いられたと考えるべきか[85]、ウェスパシアヌスとティトゥスの肖像が死後にも使われたとすべきなのだろうか。D・バラグは後者の説を支持し、マッデンの「カルキス説」を明確に否定している。アグリッパ二世の硬貨工房では、ウェスパシアヌスとティトゥスの胸像がその死から八、九年経っても用いられていたということもあったのかもしれない。この明らかな「時代錯誤」を鑑みて、A・クシュニール・スタインは最近、四九／五〇年に始まる紀年法を再びもち出してきて、かつてマッデンが主張したように、ウェスパシアヌスとティトゥスの胸像が描かれた硬貨すべてを両帝の生存期間内に収まらせた[86]。しかし、コキノスが的確に指摘したように、この新たな年代決定から得られる「利点」を除けば、この仮説は問題を解決するよりも別の問題を生み出すものでしかない[87]。クシュニール・スタインの説に従えば、これまでに確認されているアグリッパ二世が造った最後の硬貨は治世第三五年のもので、八三／八四年に年代づけられることになる。たまたま発見されていない可能性もあるが、この年からアグリッパが死ぬ一〇〇／一〇一年まで約一五年の間、硬貨がまったく造られなかったということは考えにくい。そうなると、バラグの説が今のところ最も説得力があるということになる。王の第一四年から第三五年と記されている硬貨は、六〇／六一年に始まる紀年法による年代とすべきであろう。したがって、アグリッパ二世の知られている最後の硬貨は九五／九六年のものということになる。

ティトゥスとベレニケ

ラシーヌの悲劇によって広く知られる後の皇帝ティトゥスと王女ベレニケの関係は、タキトゥス、スエトニウス、カッシウス・ディオという三人の古代の歴史家たちには手短に言及されているだけである。ヨセフスがこれについて何も言っていないのは、アグリッパ二世とベレニケの側近くにいたので、彼女に屈辱的な過去を思い出させないように配慮したのだろう。

二人の関係は年代順に辿ることができ、七一年から七五年に少なくとも四年のあいだ離れ離れに過ごした時期を挟んで、六八年から七九年まで一〇年以上にわたって続いた。タキトゥスによると、六八年、ネロの後を継いで即位したばかりの新皇帝ガルバに挨拶するため、ウェスパシアヌスは息子のティトゥスをローマに派遣した（『年代記』Ⅱ2）。しかし、その途上でティトゥスはガルバがオトにより暗殺されたことを知る。ガルバの死はローマでの目的に問題を生じさせたので、ティトゥスはシリアへと引き返した。オトに忠誠を誓う前に父ウェスパシアヌスと状況について話し合いたかった。そのまま旅を続け、当初とは違う皇帝に挨拶することは危険であるように思われた。ウェスパシアヌス配下の軍団の支持を確保するため、オトは自分をローマに拘禁するのではないかと恐れたのである。つまり、ティトゥスにはシリアへと引き返す政治的・外交的な理由があった。しかし、タキトゥスは「ティトゥスがベレニケ王妃にまた会いたくて戻って来たという者もいる」とも記している（『年代記』Ⅱ82）。二人の関係はこのように、ウェスパシアヌスのガリラヤ遠征中の六八年に始まった。その軍にはアグリッパ二世も補助軍の指揮官として加わっていた。この時、ティトゥスは二九歳で、妻には先立たれており、ベレニケは四〇歳だった。

その二年後、やはりタキトゥスによれば、ウェスパシアヌスが兵士たちの歓呼で皇帝とされたとき、ベレニケは膨大な贈り物をした（『年代記』Ⅱ82）。年老いた皇帝も、「花のように美しい盛りの」（florens aetate formaque）王女の魅力に参ってしまった。非常に美しかったベレニケだが、すでに四二歳でその美も絶頂というわけではなく、さすがにこの表現は驚くべきものではなかろうか。

　スエトニウスはティトゥスについては「結婚の約束さえしていたと噂される」ベレニケに抱いていた「よく知られた熱情」を思い起こしている（『皇帝伝』「ティトゥス」七1）。しかし、このウェスパシアヌスの子は皇帝になると考えを変えた。それまでは毎夜の宴会と乱痴気騒ぎの中を日々過ごしていたが、突然振る舞いをあらため、国家の利益のみを考える生活を送るようになった。「彼は自らの意思に反し《インウィトゥス》、直ちにベレニケをローマから遠ざけ、彼女も渋々《インウィタム》これに従った」のである。このスエトニウスの文は〔「インウィトゥス・インウィタム」と呼ばれ〕、コルネイユならびにラシーヌ〔ともに一七世紀の劇作家〕のそれぞれの戯曲で台詞として使われている。ティトゥスにベレニケへの愛情に反する行いをさせたのは「国家」の利益ゆえであった。国家を選ぶことでティトゥスは愛情との板挟みから抜け出したのである。

　カッシウス・ディオの証言から、七一年にティトゥスがユダヤでの事態を終息させて、イタリアへ戻ったとき、ベレニケは愛する人の後を追ってローマに行かなかったことがわかる。ようやく再会したのは数年後の七五年頃で、少なくとも表向きは兄アグリッパ二世に随行しての公式の訪問においてであった。パラティヌス宮に迎え入れられたアグリッパ二世は正式に行政官職を授けられ、法務官《プラエトル》となり、ベレニケは皇帝の宮殿に入り、ティトゥスと夫婦同然の生活を送るようになる。この時、ベレニケは人生の絶頂にいた。ティトゥスは七一年以降ウェスパシアヌス帝との共同統治を担い、後継者に指名されていた。しかし、彼女の立場は依然として不安定な状態だった。それを強固なものにするのはティトゥスとの結婚のみだった。カッシウス・ディオによると、「ベレニケはティトゥスが妃としてくれることを待ち望み、常にこれまでも妻であったかのように振る舞っていた」（『ローマ史』65・15・3―4）。しかし、七九年に父帝が死に、単独の皇帝になると、ティトゥスはベレニケにローマを去ることを求めた。カッシウス・ディオも二人の別れについて、スエトニウスと同じ理由を伝えている。ティトゥスはローマ人の多くが二人の結婚に反対していることを知ったのだ。ローマかベレニケかの板挟みはスエトニウスの著作と同じである。パラティヌス宮を追われた王女ベレニケは東方に戻り、アグリッパ二世の宮殿で余生を過ごした。

なぜティトゥスはベレニケを妃としなかったのだろうか。ベレニケは父祖アンティパトロスがユリウス・カエサルから付与されて以来のローマ市民権を持っていた。アテナイに建立された彫像の台座でユリア・ベレニケと呼ばれているのはこのためである（*OGIS* 428）。つまり、ベレニケはローマ人にとって外国人ではなかった。彼女がユダヤ教徒であったことも問題ではなかった。ベレニケを妃にしたとしても、ティトゥスがユダヤ教に改宗したり割礼を受けたりすることはなく、信仰を捨てるのはベレニケの方なのだ。一族のうちに先例もあった。姉妹のドルシラがローマ人であるユダヤ総督フェリクスの妻となっていた。ローマ帝国においてエリート間の婚姻による結合にはまったく問題はなかったのである。

ベレニケがローマを離れた理由について、いくつかの説を考えてみよう。ティトゥスは、ローマ人が結婚に反対しているという単純な理由でベレニケと別れようとしたと考えることはできるだろうが、このような現実優先のやり方は、外的な要因を思わせているスエトニウスやカッシウス・ディオの著作とは矛盾する。

むしろ王女についての辛辣な評判が問題だったのではないだろうか。ベレニケはティトゥスよりも一一歳年上であり、すでに三度、アラバルコスのアレクサンドロスの子マルクス、叔父カルキス王ヘロデ、結果として離別したがポントスとキリキアの王ポレモンとの結婚歴がある。しかし、とりわけ非難されたのは、彼女が淫蕩で、兄アグリッパ二世と近親相姦の関係にあったという噂である。ベレニケが長く兄のもとで暮らし、移動の際も行動を共にし、傍らで王妃の役割を演じていたのは事実である。詩人ユウェナリスは風刺詩第六歌（VI 158）で彼ら二人の近親関係をあげつらい、アグリッパを近親相姦の野蛮人と呼んでいる。ベレニケは自身の「重い」過去と、アグリッパとの虚実綯交ぜのさまざまな関係ゆえに、帝国を統治すべき理想の皇妃ではなかった。その存在はローマ人にユリウス・カエサル、またアントニウスの愛人であったクレオパトラのような憂慮すべき人物像を連想させ、帝国のプロパガンダにおいて慈愛の化身とされた貞淑なアウグストゥスの妃リウィアにはなり得なかった。危険で道理を弁えないものと見られていた東方世界を連想させる、この種の権力志向の強い女性には、ラテンの精神性は警戒心と恐れしか抱かなかったのである。[88] おそらく、ベレニケと別れ、「東方」へ帰すようティトゥスに強いた外的な要因は古くからローマ人の根底にあった女性嫌悪《ミソジニー》であったにちがいない。

ベレニケの没年は不明だが、おそらくアグリッパ二世の宮殿で死んだのだろう。ティベリアスのユストゥスを引用したフォティオスによると、アグリッパ二世はトラヤヌス帝の第三年、すなわち一〇一年に没した（『図書総覧』33）。ハウランで発見されたアルキエウスという兵士の墓碑もアグリッパがトラヤヌス帝の治世に死んだことを示している。[89] それによると、アルキエウスはアグリッパ二世に百人隊長として一八年間仕え、その後、地方長官《ストラテーゴス》としてトラヤヌスに一〇年間に仕えた。兵士アルキエウスがアグリッパ二世の後に仕えたのはトラヤヌス帝であり、ドミティアヌス帝（八一―九六年）、ネルウァ帝（九六―九八年）は言及されていない。

ヘロデの末裔たち

ネロ帝は五四年、カルキス王ヘロデの子アリストブロスに小アルメニアの王国を委ねた。[90] アリストブロスはヘロディアの娘サロメと結婚し、三人の子をもうけ（『古代誌』一七138）、一族の拠点ユダヤとイドマヤを離れて、小アジア東部の領土を統治した。ネロ帝は古くからの王家の子息を養魚池の魚のように飼っておいて、そこから釣り上げて地方の属領君主に割り当てていた。しかし、ヨセフスが明らかにしているように、アリストブロスはカルキスも領有していた（『戦記』七226）。属領君主は地理的に隣接していない土地を領有することもあったのである。

図10　アリストブロスとサロメの硬貨
①アリストブロスの胸像、②サロメの胸像　（Y. Meshorer 文献所収図版をトレース）

アリストブロスの治世についてはあまり知られていない。ヨセフスもシリア総督カエセニウス・パエトゥスが七二年にコンマゲネ王アンティオコス四世に対して行った遠征で、アリストブロスが指揮官として援軍を率いたと伝えるのみである。

その統治についてのごくわずかな証言の中にはいくつかの硬貨がある[91]。最初のタイプの表面には、王の頭飾りをつけたアリストブロスの胸像が描かれ、「アリストブロス王の（硬貨）」（ΒΑΣΙΛΕΩΣ ΑΡΙΣΤΟΒΟΥΛΟΥ）という銘が読み取れる（図10・1）。裏面には王妃サロメの胸像が描かれている。よく知られているサロメの姿を同時代に描いたものはこれが唯一で[92]（図10・2）、ヴェールをまとわず、頭の後ろには頭飾り《ディアデーマ》の端がぶら下がっている。

銘は「王妃サロメの（硬貨）」（ΒΑΣΙΛΙΣΣΗΣ ΣΑΛΩΜΗΣ）と読める。サロメは硬貨発行と同様、アリストブロスと玉座を共有しており、同等に位置づけられている。サロメのこの地位は驚くべきことかもしれない。ヘロデ王家の女性が硬貨上に描かれることは、アグリッパ一世の硬貨の裏面に描かれたキュプロスを除けばほとんどないのである。ヘロデ・アンティパスの妃でサロメの母であるヘロディアの名が記された硬貨が発行されることはなかった。すでに見たように、よく知られていたベレニケの硬貨もない。つまり、硬貨において王妃サロメが与えられた王と同等の地位というのはヘロデ王家においては前代未聞であり、その王朝末期に初めて見られたものなのである。アリストブロスとサロメの硬貨はそれぞれ、同じ地位を持つ王家のメンバーが結婚していたことを示しているのである。もちろん、この同等の地位は二人がともにヘロデ大王の子孫であるという血統によるものである。しかし、王妃なしの真の王、ヘロデ大王の治世からはどれほどの時間が流れてきたことだろうか。

アリストブロスの名で発行された第二のタイプの硬貨が最近、個人の所蔵品の中から発見され、R・バルカイにより発表された[93]。それは直径二五ミリの青銅貨で、他に類例はない。表面には頭飾り《ディアデーマ》をつけた王の胸像が描かれ、銘は「アリストブロス王の（硬貨）、治世第一三年（六七／六八年）」（ΒΑΣΙ(ΛΕΩΣ ΑΡΙΣΤΟΒ)ΟΥΛΟΥ ΕΤ ΙΓ）と読める。裏面は月桂冠の内側にネロ帝に捧げられた「ネロ・クラウディウス・カエサル・アウグストゥス・ゲルマニクスに」（ΝΕΡΩΝΙ ΚΛΑΥΔΙΩ ΚΑΙΣΑΡΙ ΣΕΒΑΣΤΩ ΓΕΡΜΑΝΙΚΩ）という六行の銘文が見える。R・バルカイが指摘するように、アリストブロスはローマの支配者に対して忠誠を表現してはいる。しかし、この硬貨を必ずしもユダヤの大反乱と直接結びつける必要はない。ローマの属領君主たちはいつでもローマへの服従の意思を示した。手を拱いて危機が勃発するのを待っていたりはしなかったのである。

注

（1）以下の文献参照。R. A. Horsley & J. S. Hanson, *op. cit.*, p. 110-117; N. Belayche, «Les figures politiques des Messies en Palestine dans la première moitié du premier siècle de notre ère», D. Tollet (éd.), *Politique et religion dans le judaïsme antique et médiéval*, Paris, 1989（p. 58-74）, p. 60-61.

（2）M. Hengel, *The Zealots: Investigations into the Jewish Freedom Movement in the Period from Herod I until*

70 A. D., Edinburgh, 1989 (revised version, 1997), p. 76-82.〔マルティン・ヘンゲル『ゼーロータイ——紀元後一世紀のユダヤ教「熱心党」』大庭昭博訳、新地書房、一九八六年、69—74頁〕

（3） M. Goodman, *The Ruling Class of Judaea. The Origins of the Jewish Revolt against Rome AD 66-70*. Cambridge, 1987, p. 92; J. J. Price, *Jerusalem under Siege. The Collapse of the Jewish State 66-70 CE*, Leiden, 1992, p. 12, 15.

（4） M. Goodman, *op. cit.*, 1987, p. 15.

（5） P. Bordreuil, *David, roi de Juda et d'Israël*, Paris, 2003, p. 28 参照。

（6） N. Belayche, *art. cit.*, 1989, p. 62.

（7） Chr.-G. Schwentzel, «La propagande d'Hérode Archélaos», *RB* 115, 2008, p. 266-274.

（8） G. F. Hill, *op. cit.*, 1914, p. 234-235, nos. 38-43.

（9） J. Winandy, «Le recensement dit de Quirinius (Lc 2,2), une interpolation?», *RB* 104, 1997, p. 373-377.

（10） アンティパスの治世について体系的な研究は Hoehner, *op. cit.* 参照。

（11） 町の建設、再建については H. W. Hoehner, *op. cit.*, p. 84-90 参照。実際には、ユリアスはリウィアスと呼ばれたかもしれない。この名はアウグストゥスの妃で、ティベリウス帝の母であるリウィアにちなみ、ティベリウスはその最初の夫との間の息子である。しかし、これが事実であったとしても、アンティパスが建設した町に与えた名がローマ皇帝にちなんだものであることには変わりがない。

（12） M. Bernett, *op. cit.*, p. 217-238.

（13） H. W. Hoehner, *op. cit.*, p. 58-61.

（14） D. Hendin, «A New Type of Herod Antipas», *INJ* 15, 2003-2006, p. 55-61.

（15） H. W. Hoehner, *op. cit.*, p. 105.

（16） G. F. Hill, *op. cit.*, 1914, p. 229-230, nos. 1-9.

（17） E. F. Lupieri, «John the Baptist in New Testament Tradition and History», *ANRW* II 26. 1, Berlin/New York, 1992 (p. 430-461), p. 460.

(18) G. F. Hill, *op. cit.*, 1914, p. 230, no. 10.

(19) H. W. Hoehner, *op. cit.*, p. 264-265.

(20) L. Boffo, *op. cit.*, p. 167.

(21) Ph. Bruneau, «Les Israélites de Délos et la juiverie délienne», *BCH* 106, 1982, p. 465-504; Ph. Bruneau, *Recherches sur les cultes de Délos à l'époque hellénistique et à l'époque impériale*, Paris, 1970, p. 486. 同様にL. Boffo, *op. cit.*, no. 20, p. 166-170も参照。

(22) この役割についてはP. Bordreuil & Fr. Briquel-Chatonnet, *op. cit.*, p. 164-166.

(23) ディオトゲネスの著作はストバイオスにより引用されている。*Florilèges*, IV, 7, 61参照。注釈についてはR. R. R. Smith, *op. cit.*, p. 51参照。

(24) シアの碑文についてはM. Sartre, *Trois études sur l'Arabie romaine et byzantine*, *Collection Latomus* 178, Bruxelles, 1982, p. 48. サファ語の碑文についてはM. C. A. Macdonald, *art. cit.*, p. 285-290; M. Sartre, *op. cit.*, 2001, p. 508参照。

(25) J. Cielcielag, «Some Remarks on the Coinage of Herod Philip», *Notae Numismaticae-Zapiski Numizmatyczene* 2, 1997, p. 66-82.

(26) J. Maltiel-Gerstenfeld, *op. cit.*, no. 115.（表・フィリポスの胸像、裏・アウグストゥスの胸像）

(27) J. Maltiel-Gerstenfeld, *op. cit.*, no. 116.（表・フィリポスの胸像、裏・神殿）

(28) J. Maltiel-Gerstenfeld, *op. cit.*, no. 124; D. Hendin, *op. cit.*, nos. 541, 544.

(29) N. Kokkinos, *op. cit.*, 1998, p. 235-236. また、L. Tholbecq, *art. cit.*, p. 299も参照。

(30) S. J. D. Cohen, *op. cit.*, p. 13-24.

(31) A. Kasher, *op. cit.*, 1988, p. 175.

(32) J. Maltiel-Gerstenfeld, *op. cit.*, no. 132.

(33) ユリアと豊穣をもたらす女神との比定についてはP. Hermann, «Demeter Karpophoros in Sardeis», *REA* 100, 1998（p. 495-508）, p. 507-508.

(34)　H. Hoehner, *op. cit.*, p. 331-342.

(35)　この説はN. Kokkinos, *op. cit.*, 1998, p. 267-268; E. F. Lupieri, *art. cit.*, p. 451により提唱されている。

(36)　N. Kokkinos, *op. cit.*, 1998, p. 223.

(37)　E. F. Lupieri, *art. cit.*, p. 447-449.

(38)　H. W. Hoehner, *op. cit.*, p. 157.

(39)　Chr. Saulnier, «Hérode Antipas et Jean-Baptiste», *RB* 91, 1984, p. 362-376; É. Nodet, «Jésus et Jean-Baptiste selon Josèphe», *RB* 92, 1985, p. 497-524.

(40)　歴史上の人物としてのイエスについてはD. Marguerat, E. Norelli & J.-M. Poffet (éd.), *Jésus de Nazareth, Nouvelles approches d'une énigme*, Genève, 1998参照。イエスはガリラヤとユダヤにおける政治・社会的危機という文脈の中で記される抵抗者とされている。さらにR. A. Horsley, *Jesus and the Spiral of Violence. Popular Jewish Resistance in Roman Palestine*, San Francisco, 1987; G. Theissen, *Le christianisme de Jésus. Ses origines sociales en Palestine*, Paris, 1998.

(41)　ユダヤの統治者として最も著名なこの人物についてはJ.-P. Lémonon, *Ponce Pilate*, Paris, 2007参照。

(42)　「アゴラノモス」(市場監督官)は町のアゴラで開催される市場の管理を担う公職者である。

(43)　D. R. Schwartz, *op. cit.*, 1990, p. 59.

(44)　H. W. Hoehner, *op. cit.*, p. 264-265.

(45)　エジプトにおけるギリシア人とユダヤ人の対立、古代のユダヤ人とその文化・宗教への反発についてはJ. Mélèze Modrzejewski, *Les Juifs d'Égypte de Ramsès II à Hadrien*, Paris, 1997, p. 189-219; B. Legras, «Les discours de la haine contre les Juifs dans l'Égypte ptolémaïque», M. Deleplace (éd.), *Les discours de la haine, récits et figures de la passion dans la Cité*, Lille, 2009, p. 33-47参照。

(46)　この点については、フィロン自身の証言(『ガイウスへの使節』〔『フラックスへの反論 ガイウスへの使節』秦剛平訳、京都大学学術出版会、二〇〇〇年〕)は重要で、ヨセフスの記述もこれを補完している。

(47)　A. Kushnir-Stein, «Agrippa I in Josephus», *SCI* 22, 2003, p. 153-161.

（48） D. R. Schwartz, *op. cit.*, 1990, p. 117.
（49） M. Goodman, *op. cit.*, 2009, p. 95-96 参照。
（50） アグリッパ1世のユダヤ以外での恩恵施与についてはD. R. Schwarz, *op. cit.*, 1990, p. 130-134 参照。
（51） アグリッパ1世の建築活動についてはD. W. Roller, *op. cit.*, p. 245-246 参照。
（52） E. M. Smallwood, *op. cit.*, p. 198.
（53） アグリッパ1世の硬貨の年代についてはA. Stein, «Some Notes on the Chronology of the Coins of Agrippa I», *INJ* 5, 1981, p. 22-26.
（54） D. R. Schwartz, *op. cit.*, 1990, p. 136.
（55） D. R. Schwartz, *op. cit.*, 1990, p. 60.
（56） Y. Meshorer, «Ancient Jewish Coinage. Addendum I», *INJ* 11, 1990-1991（p. 104-132）, p. 109; Y. Meshorer, *op. cit.*, 1998, no. 302, p. 86.
（57） Y. Meshorer, *op. cit.*, 1998, p. 85, no. 300.
（58） R. R. R. Smith, *op. cit.*, p. 32-33.
（59） L. Robert, «Décret d'Illion», *ASP* 1, 1966, p. 175-211.
（60） A. Burnett, «The Coinage of King Agrippa I of Judaea and a New Coin of King Herod of Chalcis», H. Huvelin, M. Christol & G. Gautier（éd.）, *Mélanges de numismatique offerts à Pierre Bastien à l'occasion de son 75e anniversaire,* Wetteren, 1987（p. 25-38）, p. 27, planche 3, fig. 1.
（61） P. Bordreuil & Fr. Briquel-Chatonnet, *op. cit.*, p. 188, 195.
（62） R. Deutsch, «A Portrait Coin of Agrippa II Reconsidered», *INJ* 9, 1986-1987, p. 36-37.
（63） A. Burnett, *art. cit.*, p. 34-35.
（64） この解釈は以下で提唱されている。F. W. Madden, *History of Jewish Coinage and of Money in the Old and New Testament*, New York, 1864, p. 110.
（65） D. Hendin, *op. cit.*, no. 561.

(66) シュワルツはペルシアにおいて天蓋が王の象徴であったと指摘する。D. R. Schwartz, *op. cit.*, 1990, p. 136.
(67) 皇帝の「友」としての王の位置づけと、フィロカイサルという添え名についてはD. C. Braund, *op. cit.*, 1984, p. 105-107; E. Paltiel, *op. cit.*, p. 199-205参照。
(68) *SEG* 12, 1955, 150; B. D. Merritt, «Greek Inscriptions», *Hesperia* 21, 1952 (p. 340-380), p. 370.
(69) シカリ派は「小さな短剣」(ラテン語で「シカ」sica)で襲撃を行っていた。R. A. Horsley, «The *Sicarii*: Ancient Jewish "Terrorists"», *Journal of Religion*, 59, 1979, p. 435-458.
(70) J. F. Wilson & V. Tzaferis, «Banias Dig Reveals King's Palace», *BAR* 24/1, 1998, p. 54-61; J. F. Wilson & V. Tzaferis, «An Herodian Capital in the North: Caesarea Philippi (Panias)», N. Kokkinos (ed.), *op. cit.*, 2007 (p. 131-143), p. 138-139.
(71) 『古代誌』二〇211－212。D. W. Roller, *op. cit.*, p. 247-250.
(72) 原文復元と翻訳はL. Boffo, *op. cit.*, no. 41, p. 338-342参照。
(73) L. Boffo, *op. cit.*, p. 340, note 9.
(74) I. Savalli-Lestrade, «Il ruolo publico delle regine ellenistiche», S. Alessandri (ed.), *Studi offerti dagli allievi a Giuseppe Nenci in occasione del suo settantesimo compleanno*, Lecce, 1994, p. 415-432.
(75) B. Renaud, «Une femme juive dans le combat politique: Judith», E. Lévy (éd.), *La femme dans l'Antiquité*, Strasbourg, 1983, p. 125-139.
(76) A. Barzano, *art. cit.*, p. 354.
(77) その数は六九種類に及ぶという。J. Maltiel-Gerstenfeld, *op. cit.* 参照。
(78) A. Kindler, *op. cit.*, no. 57.
(79) G. F. Hill, *op. cit.*, 1914, p. 241-242, nos. 19-24.
(80) J. Maltiel-Gerstenfeld, *op. cit.*, no. 199.
(81) Z. Ma'oz, «Temple of Pan», *Excavations and Surveys in Israel* 12, 1993, p. 2-7.
(82) J. Maltiel-Gerstenfeld, «A Portrait Coin of Berenice, Sister of Agrippa II», *INJ* 4, 1980, p. 25-26. メショレール

もこの説を採用している。Y. Meshorer, *op. cit.*, 1998, p. 91.

(83) バラグがこの紀年法の問題について有益な総括を行っている。D. Barag, «Studies on the Coinage of Agrippa II», *INJ* 5, 1981, p. 27-32. コキノスもその結論を受け入れ、バラグの説に新たな論拠を示している。N. Kokkinos, *op. cit.*, 1998, p. 396-399.

(84) H. Seyrig, «Les ères d'Agrippa II», *RN*, 1964, p. 55-65.

(85) F. W. Madden, *op. cit.*, p. 117-133.

(86) A. Kushnir-Stein, «The Coinage of Agrippa II», *SCI* 21, 2002, p. 123-131.

(87) N. Kokkinos, «Justus, Josephus, Agrippa II and His Coins», *SCI* 22, 2003, p. 163-180.

(88) Chr.-G. Schwentzel, *op. cit.*, 1999, p. 106-109.

(89) N. Kokkinos, *op. cit.*, 1998, p. 397.

(90) N. Kokkinos, *op. cit.*, 1998, p. 314-316.

(91) Y. Meshorer, *op. cit.*, 1998, no. 317, p. 89; RPC 3840.

(92) サロメについてはN. Kokkinos, *op. cit.*, 1998, p. 270参照。サロメはヘロディアと、ヘロデ大王とマリアンメ二世の間の子ヘロデの娘である。ヨセフスはサロメがアリストブロスと結婚したとしているが（『古代誌』一八137）、コキノスは実際には結婚していないのではないかと考えている。N. Kokkinos, «Which Salome Did Aristobulus Marry?», *PEQ* 118, 1986, p. 33-50参照。しかし、コキノスによるサロメの生涯の「再検討」は非常に疑わしい〔本書198、232頁参照〕。

(93) R. Barkay, «A New Coin of Aristobulus of Armenia Minor», *INJ* 16, 2007-2008, p. 100-102.

むすびに代えて

ここでは、これまで述べてきたことを振り返るのではなく、ヘロデ大王とその後継者たちの治世について簡潔な総括をしてみたい。

ヘロデに対するヨセフスのおもな非難のひとつとして、ユダヤ人よりギリシア人を優遇したことが挙げられる。ギリシア諸都市や聖域に対する莫大な寄進はユダヤ人に対する裏切りの明白な証拠とされた。しかし、ヘロデのようなローマの属領君主にとって、このような恩恵施与行為はローマの覇権という文脈の中で外交上、不可欠なことであった。もしかしたらヘロデはギリシア文化にそれほど魅力を感じておらず、建前上その富を示し、王国の健全な財政状況と委ねられた資源をうまく用いることで、よき封臣として帝国内の諸都市に「奉仕」できていることを証明することだけで満足していたかもしれない。

ヘロデの政策の中でただひとつ明確であった目的は、ローマの支配者の信頼を獲得し、それを確保しつづけることで、自分の権力を維持することだった。他のすべての行動と同様、親ギリシアの誇示もこの自己保全政策の一部だったのである。つまり、ヘロデの「ギリシア中心主義」はユダヤ教信仰同様、表面的なものだったと考えられる。

しかし、彼のユダヤ教信仰は本当に見せかけだけのものだったのだろうか。マサダ遺跡からの沐浴槽《ミクヴェ》や甕《かめ》に記された碑文は、ヘロデや廷臣が日常生活の中で信仰上の遵守事項を尊重していたことを示している。ヘロデは食物規定に従ったワインを飲み、豚肉を食べず、宮殿を偶像や異教のシンボルで飾ることはしなかった。豪勢な暮らしや幾度もの結婚、陰謀を企んだとされた敵対者、あるいは実の息子さえも粛清したことは、そもそも律法に違反することではない。ヘロデがユダヤ人の暴君であっただけである。

もちろん、ヘロデのユダヤ教信仰が本心からのものではなかったと言うことはできる。冷笑的な暴君が宗教や自らの出自を権力の道具として利用したのだ、と。サンヘドリンでの裁判はヘロデが望む死刑の執行を形式的に正当化するためのまねごとに過ぎず、王権が周到に行った政治的喧伝はすべて、ヘロデをダビデの後継者、新たなソロモンとしてアピールすることを目的にしていた。神殿の再建も打算的なものであり、それを王の敬神からもたらされたものとするのはあまりにも純朴すぎる。

ヘロデはユダヤの王ではあったが、ローマの属領君主でもあるという二重の特徴を備えた支配者であった。その統治権は限定的なものであり、強い反ローマ感情を抱くユダヤの人びとを怒らせることなく、絶えず忠誠と恭順の意を示さなければならないローマ皇帝にすべてを説明する責任があった。ヘロデはローマとユダヤという二つの世界の間の緩衝装置だったのである。ヘロデの二面性は病気ではなく、それは心理学的な解釈でありすぎる。D・メンデルスはヘロデを精神分裂症と呼んだが、それは心理学的な解釈でありすぎる。ヘロデの二面性は病気ではなく、根本的に不明確な状況の中で権力を維持するためにまったく意識的にとられた政治的選択であった。ほぼ同時期に落成したカイサリアの港とエルサレムの新しい神殿は疑いなくヘロデの治世全体を特徴づける二面性をもっとも華々しく示すものと言えよう。総じて言えば、ヘロデの政策は治世最後においてその否定しがたい成功を損なうことがなかったなら、賢明なものと評価できるかもしれない。

ヘロデの後継者たちにとっての状況は、王朝の創始者ヘロデと比べて簡単なものではなかった。アグリッパ一世はもうひとりの二面性をもつ王となった。エルサレムにおいては律法を尊重し、エルサレム神殿の内への入場さえ認められた伝統的なユダヤの支配者であったが、ギリシア都市や領地のうちでユダヤ人以外が多く住む地域ではギリシア・マケドニア的な君主だった。この二つの矛盾したとは言わないまでも異なったイデオロギーを受け入れ、ある程度の能力をもって、アグリッパは巧みに立ち回ることができた。

しかし、ユダヤ大反乱ではヘロデ王国という本質的な両義性が試されることになった。アグリッパ二世とベレニケは人心を鎮めようと努力したが、惨めな結果しか出せなかった。七〇年、この小国の王とティトゥス帝の想い人は曾祖父であるヘロデ大王が再建した神殿の破壊に抗うことさえできなかった。これ以降、彼らは過ぎ去りし世界の無用の遺物となったのである。

エピローグ

後世のヘロデ像

古代末期から現代に至るまでの芸術や文学において、ヘロデとその一族のうち幾人かは死後に大きな名声を得ることになった。その大半はヘロデ大王とその息子ヘロデ・アンティパスを残虐行為の首謀者として描く「幼児虐殺」（マタイ二16）と宴のさなかに洗礼者ヨハネを処刑したエピソード（マルコ六22、マタイ一四6）という福音書の二つの物語と関連している。この二つの主題は、キリスト教の図像において重要なものとなった。

ローマのサンタ・マリア・マッジョーレ教会のモザイク画には、衛兵に囲まれて玉座に座り、ベツレヘムでの幼子の虐殺に臨むヘロデの姿が描かれている。モザイクの作者は配慮のためか、殺戮の様子そのものを表現しようとはしていない。ヘロデは子を連れて出頭するように命じられた母親たちを引見しているが、母親たちはこれから待ち受ける事態にまだ気づいていない様子で、反抗的な態度をまったく見せていない。観る者はこの後に起こる出来事を知っているだけに、この作品は残酷と言える。このモザイク画の制作は四三二年から四四〇年頃で、まだ「古代」とされる時期である。ヘロデが暴君、悪逆の化身として描かれたキリスト教における最古の作品のひとつである。

後世になると、ほぼすべての教会がそれぞれヘロデを表現するようになる。一四世紀の始め、ジョヴァンニ・ピサーノはピサとピストイアの大聖堂の祭壇のために「幼児殺し」の高浮彫り《ハイレリーフ》を制作した。同じ頃、ジオットもアッシジの聖フランチェスコ聖堂とパドヴァのスクロヴェーニ礼拝堂のために制作したフレスコ画の中で、イエスを殺害しようとするヘロデを省くことなく描いている。一八世紀になると、バロック様式に刺激を受け、グイド・レーニの傑作（一六一一年）、それに加えてルーベンスの作品二点（一六一二、一六四〇年）に代表されるように、「幼児殺し」は感情豊かに描かれる。古典主義的様式のものとしては、プッサンの作品（一六二九年）が挙げられる。

「ヘロデ・アンティパスの宴」という主題は、かなり思い切った表現を用いることができるだけに、よりいっそう芸術家たちに好まれた。たとえば、ルーアン大聖堂の聖ヤコブ門のティンパヌム（入口上部の半円形装飾）には、頭を低く脚を空中に高く上げ、アクロバティックな動きのサロメを見ることができる。このような表現方法は中世の見世物の影響を受けたものだが、その踊る姿は淫蕩さをまったく帯びていない。ルーアンのサロメは驚愕すべき姿勢で描かれてはいるが、全身が衣服で覆われている。

エロティシズムを帯びたサロメのイメージは一五世紀に始まる。プラート大聖堂におけるフィリッポ・リッピのサロメや、フィレンツェのサンタ・マリア・ノヴェッラ教会におけるドメニコ・ギルランダイオのサロメは、バッコスの巫女たちのように身体の線が強調された、しなやかな少女の姿を描いたものである。その古代風の衣装にはドレープが添えられ、それが彼女の踊りの躍動感を表現している。同時代のベノッツォ・ゴッツォリは、叔父であるヘロデ・アンティパスを躊躇せず、まじまじと見る不遜な踊り子サロメを描く。サロメに見つめられたアンティパスは右手を胸に押し当てて茫然とし、左手はテーブルナイフを握りしめ宴の卓に押し当てている。ナイフは婉曲的に男性器を示す表象であり、観る者の興奮を意図している。サロメは洗礼者ヨハネが説く精神的改悛に対し、肉体的な魅力を表現している。

ルネサンス期の絵画では、サロメは時代の規範に従って崇高に描かれ、注目を浴び続けた。大クラナッハのサロメ（一五三一年）は、盆に載せた洗礼者ヨハネの首に動揺した様子はない。逆に、その戦利品を満足げにもち、嫌悪感を表すヘロデ・アンティパスの鼻先に差し出している。クラナッハはサロメの高慢な美しさと、愚鈍で、肥った姿のアンティパスを対比させている。そこではまた、サロメの若い乙女がもつ上品さと、首を刎ねられた預言者ヨハネの血まみれの顔が圧倒的なコントラストを生み出し、エロティシズムと残虐さが混ざりあったサディステックな作品となっている。

こうした展開は一九世紀の終わりから二〇世紀の始めにさらに増幅された。サロメは象徴主義やデカダン派の審美家に不可欠な存在となり、ギュスターヴ・モローやロヴィス・コリント、フランツ・フォン・シュトゥックらによって絵画に描かれた。

同じ時期に、踊るサロメは文学や演劇、音楽でも盛んに取り上げられた。ルーアン大聖堂のティンパヌムに描かれたアクロバティックなサロメに刺激を受けたフロベールが一八七七年に『三つの物語』の中の「エロディアス」を公刊した。その少し後、オスカー・ワイルドが戯曲『サロメ』（一八九三年）のために「七つのヴェールの踊り」というテーマを作り上げ、ほどなくリヒャルト・シュトラウスがそれに音楽をつけた（一九〇五年）。ワイルドの作品では、もはやはるかにかけ離れた口実にすぎなくなっている福音書の話とは対照的に、サロメの踊りは洗礼者ヨハネの斬首の後に置かれ、踊りの意味は決定的に変更されている。サロメの踊りは今や、単に死を連想させる不気味なものとして描かれたのである。

ヘロデ王家の人びとが死後によく知られるようになったのが福音書ゆえであったとしても、古代の歴史家たちも少なからず後の文学作品に影響を与えている。ヨセフスが伝えるマリアンメの死の物語はヴォルテールの悲劇『ヘロデとマリアンメ』（一七二四年）で新たに書き換えられ、その一世紀後にもヘッベルによって『ヘロデとマリアンメ』（一八五〇年）が上演された。しかし、タキトゥスとスエトニウスがティトゥスとベレニケの悲恋をわずかに伝えていることも忘れるべきではない。それがラシーヌに刺激を与え、その傑作『ベレニケ』（一六七〇年）が生み出された。それにより、このヘロデ王家の王女の名が広く知れわたるようになったのである。

訳者あとがき

「猜疑心にとらわれた、残酷な独裁者」――ヘロデに対する一般的な印象はこのようなものではないだろうか。そのような印象を決定づけたのは、マタイによる福音書におけるイエス誕生前後のエピソードである。彼は、未来のユダヤの王として生まれたばかりのイエスを恐れ、これを抹殺せんとして、ベツレヘム周辺の幼児を皆殺しにした（マタイ二1―16）。ヘロデに対してこのような評価を下したのは福音書作家だけではない。四〇〇年頃の文献学者マクロビウスは、皇帝アウグストゥスのものとして、「ヘロデの子より、彼の豚である方がよい」（『サトゥルナリア』2・4・11）という言葉を伝えている。その背景には、ヘロデが彼の三人の息子で王位継承者、アリストブロス、アレクサンドロス、そしてアンティパトロスを讒言により処刑したという事実があった。ユダヤ教では豚を食用とすることが禁じられているので、豚に生まれたなら、少なくともヘロデの息子たちのように殺されることはない。

福音書では、ヘロデの息子、ヘロデ・アンティパスも同様に否定的に描かれている。ヘロデ・アンティパスは、律法に背き、彼の兄弟との間に娘をなしたヘロディアを妃とし、これを非難した洗礼者ヨハネを投獄した（マタイ一四、マルコ六14―29、ルカ九7―9）。そしてヘロディアの娘――サロメ――の求めに屈し、ヨハネを斬首したのである。その後イエスの裁判の際にも、彼を侮辱した狭量な人物として登場する（ルカ二三6―12）。

ヘロデに否定的な評価をくだしたのは初期のキリスト教徒だけではない。ヘロデの死の直後に成立したとされる「モーセの遺訓」（六1―6）において、ヘロデはハスモン王家の血筋を受け継ぐ妃マリアンメを処刑した豪胆で慎みのない独裁者として描かれる。「モーセの遺訓」は反ハスモン家という特色を帯びてはいるが、この文書の著者がヘロデの家族に対する粛清について熟知していたことは明らかである。それだけではなく、ヘロデの治世について詳細に伝えてくれているフラウィウス・ヨセフスもヘロデの治世や統治能力については一定の評価を与えながらも、残忍な人間性を強調する（『古代誌』一六150—152）。

本書について

このようなヘロデの人物像とその治世について、さまざまな材料をもとにせまろうとしたのが、クリスチャン・ジョルジュ・シュウェンツェルによる本書『ヘロデ大王』（Christian-George Schwentzel, *HÉRODE LE GRAND*, Paris, Pygmalion, 2011）である。著者から寄せられた日本語版への序文に簡潔な自己紹介がなされているため、研究・教育歴やおもな業績はそちらに譲るとして、本書の理解をより深めるため若干の補足を付け加えたい。シュウェンツェル氏はもともとプトレマイオス朝を事例にヘレニズム君主の権力表象について研究をはじめ、その研究成果を「プトレマイオス一世からクレオパトラ七世に至るプトレマイオス朝の表象——プトレマイオス朝の図像学的考察」（«L'image des Lagides de Ptolémée Ier à Cléopâtre: Etude historique de l'iconographie des Lagides»）というタイトルの学位請求論文にまとめ、パリ第四大学より博士学位を授与されている。その一部は一九九九年にクレオパトラ七世に関する単著で公刊されているが、北野徹氏の翻訳により、私たちも日本語で読むことができる（*Cléopâtre*, Presses Universitaires de France, Paris, 1999.『クレオパトラ』白水社文庫クセジュ、二〇〇七年）。同書において描き出されたクレオパトラの姿は従来のようにプルタルコスやヨセフスによる後世の歴史記述をもとにした「ローマの敵」としてのネガティブなものではない。彫像や貨幣などのイコノグラフィーの詳細な考察により、彼女がギリシア・マケドニア系だけではなく、大多数のエジプト系住民の支持を得るために試みた統治の実態と権力の表現方法が明らかにされている。その後、シュウェンツェル氏の関心はヘレニズム・ローマ時代のシリア・パレスティナ地域の土着王国、特にハスモン朝とヘロデ朝支配下のユダヤと、ペトラを中心としたナバテア王国に向けられ、精力的に研究成果が発信された。その集大成が日本語版序論でも挙げられた、二〇一三年にレンヌ大学から公刊された『ユダヤとナバティア――ヘレニズム・ローマ時代の中近東における土着王国』(*Juifs et Nabatéens: Les monariches ethniques du Proche-Orient hellénistique et romain*, Presses Universitaires de Rennes, 2013) である。同書では前一世紀から後一世紀までのユダヤとナバテアの支配者たちのプロパガンダについて、文献史料だけでなく、支配者により発行された硬貨や宮殿や神殿の遺構の考古学成果が詳細に考察されている。

本書『ヘロデ大王』は、まさにシュウェンツェル氏のハスモン朝・ヘロデ朝に関するこれまでの研究成果を、一般の読者にもわかりやすく執筆されたものであるが、氏のこれまでの研究手法が十分に発揮された一冊となっている。同様に一般向けのものとしては、二〇一三年にヘレニズム・ローマ時代のユダヤの支配者たちを概観した『ユダヤの王と王妃たち――前二世紀から後一世紀まで』(*Rois et reines de Judée: IIe s. av.-Ier s. apre.J.-C.*, Lemme edit, Clermont-Ferrand, 2013) が刊行されている。では、シュウェンツェル氏の描くヘロデは従来のヘロデ像とはどのような点で異なっているのだろうか。次に本書の特色を明確にするため、簡単にではあるが近年に至るまでのおもなヘロデ研究を紹介したい。

近世以降のヘロデ

あとがき冒頭でも述べたように、新約聖書やヨセフスの影響により、ヘロデについてはその残忍行為が強調され、現在に至るまで冷酷な君主としてのイメージが与えられ続けた。一方で、ヘロデの統治能力を高く評価する見解も一七世紀には見られるようになる。例えば、ルイ・モレリはヘロデが行った家族、側近、そしてユダヤの臣民に対する虐殺については厳しく断罪するものの、パルティアに支援されたアンティゴノスとの戦いや、ローマの内乱のなかで巻き込まれることになった幾多の困難にもかかわらず長きにわたる治世を全うし、さらにユダヤの版図を獲得したとして「大王」という称号を与えている（L. Moreri, *Dictionnaire historique ou Mélange curieux du sacré et du profane*, tome IV, Paris, 1674）。しかし、やはり新約聖書とヨセフスの影響は大きく、古代以降の暴君としてのヘロデ像は受け継がれ続けた。治世の間に行われた虐殺行為の数々にとどまらず、エルサレム神殿をソロモン時代の姿に再建した業績さえも神の利用と理解され、王国内外で行った数多くの建築活動も富の浪費と解釈されてきた。

このようなステレオタイプ型のヘロデ像に、一九世紀にヨーロッパで発展した実証的な歴史研究や批判的な文献学が一石を投じる。シューラーはイエスの時代のユダヤについて綿密な考察を行ったが、ヘロデの治世を三つの時期に分ける。第一期はヘロデと民衆、貴族階級、ハスモン家、クレオパトラとの競合の時期で、第二期はヘロデがエルサレム神殿の再建とカイサリアの都市建設をはじめとする国内外での壮大で活発な建設活動に没頭し、それを可能としたローマとの良好な関係が維持できた時期、第三期は家庭内の不和による三人の後継者の処刑や神殿の鷲の像をめぐる事件など反対派を粛清した時期である。シューラーはヘロデが第一期の危機を克服し、第二期の繁栄を迎えたとして、その政治的手腕と国内外の政策を評価する（E. Schürer, *The History of the Jewish People in the Age of Jesus Christ: 175 BC-AD 135*, New York, 3vols., New York, 1891; revised and supplemented by G. Vermes, F. Millar and M. Black, Edinburgh, 1973-87.『イエス・キリスト時代のユダヤ民族史』教文館、二〇一二年―）。また、ヘロデの外交政策にも関心が向けられるようになり、ヴィルリッヒはヘロデがユダヤ人から執拗な非難を受けたにもかかわらず、ローマに服従を続けたことがユダヤの繁栄の理由であると主張し、良識ある君主としてヘロデを描いている（H. Willrich, *Das Haus des Herodes: zwischen Jerusalem und Rom*, Heidelberg 1929）。

こうしたヘロデについての実証的研究として現在でも重要な文献として位置づけられるのが、本書序章で言及されたシャリートの『ヘロデ大王――人物と業績』（A. Schalit, *König Herodes. Der Mann und sein Werk*, Berlin,

1969. ヘブライ語版は一九六〇年刊行）である。八九〇ページに及ぶ同書はまさに「情報の宝庫」（本書26頁）であり、ヘロデに関するあらゆる資料が考察の対象となっている。考察の範囲はヘロデの生涯とその間の出来事、王としての統治と行政、ユダヤ人との関係性、そして宮廷と広範にわたっている。シャリートはヘロデのプロパガンダ政策を分析し、ヘロデが彼以前には見られない新たな「メシア」像とユダヤ人の新たな世界観を形成するため、自らが王、そしてメシアとしてユダヤ人に君臨しようとしたと主張する。そして、ヘロデが理想としたメシア像のモデルをヘレニズム時代の諸王やローマ皇帝に求めている。シャリートによると、ヘロデによるギリシア諸都市や聖域への莫大な寄進行為は、ヘレニズム君主として地中海世界での影響力を拡大することでユダヤの存在感を高めることが目的であった。同時に、ヘロデはローマの庇護下の王としての地位を受け入れることでローマを自身の権力の後ろ盾とし、ローマ支配による安寧こそがユダヤの繁栄につながると考えていたというのである。シャリートが主張するヘロデの一連のプロパガンダは、このような理念に基づいて行なわれた。

なお、日本ではヘロデについては旧約・新約聖書同時代史に関する記述の中で言及されることはあったが、彼個人やその政策などが研究対象となることはほとんどなかった。ただし、杉田六一氏による『ユダヤ王ヘロデ』（教文館、一九五七年）は特筆すべきである。同書において杉田氏はヘロデを福音書の記述に基づく偏見から解放し、ヨセフスの記述をもとに客観的に評価している。特にヘロデの建築活動についての詳細な記述は着目すべきである。

ヘロデの業績で特記されるべきは王国内外での活発な建築活動である。ヨセフスによって伝えられる海港都市カイサリアの建設やエルサレム神殿の再建事業だけでなく、マサダ、ヘロディオン、エリコの宮殿や各地の要塞など、ヘロデはユダヤ中で大規模な建築工事を行っていた。一連の建築活動についてはリチャードソンがその一覧を挙げ、それぞれの事業の年代を整理し、その時々のヘロデの政策と関連づけ考察を試みている（P. Richardson, *Herod: King of the Jews and Friend of the Romans*, Minneapolis, 1996, 174-215）。一九六〇年代からイスラエル国内で始まったヘロデ時代の遺跡の発掘調査によって、ヘロデがエリコやマサダに築いた宮殿や、丘陵を利用したヘロディオンの壮大なスケールが解明された。ヤディンによるマサダの発掘、ネツェルによるヘロディオン、エリコの発掘調査など考古学成果を含むヘロデ研究が一九九〇年代以降発表されるようになっている（D. W. Roller, *The Building Program of Herod the Great*, Berkeley, Los Angeles & London, 1998; S. Japp, *Die Baupolitik Herodes des Grossen. Die Bedeutung der Architektur für die Herrschaftslegitimation einer römischen Kleinkonigs*, Rahden, 2000）。

ユダヤにおけるヘロデの建築活動を包括的に考察したのがネツェルで、彼はエリコ、ヘロディオン、海岸のカイサリアというヘロデに関する主要遺跡の発掘を指揮した人物である。ネツェルは二〇〇六年に刊行された『建築者ヘロデ大王の建造物』（E. Netzer, *The Architecture of Herod the Great Builder*, Tübingen, 2006）において、エルサレム神殿、エリコやマサダ、ヘロディオンの宮殿、セバステ（サマリア）、カイサリアのような都市、ユダヤ各地の要塞、そしてユダヤ内外の建造物について綿密な分析を行った。ネツェルによると、ヘロデの建築物は地域ごとに装飾や用いられた材質が異なっており、地域ごとの特性に適応して建造されていた。また、全体的に同時代のギリシア・ローマの建築様式の影響が確認できるようである。ヘロデの政策との関連という点について、宮殿など権力の象徴についてはその建設地選定の重要性が指摘され、そこからヘロデの意図が読み取れるという。大規模な建築活動が実現できた要因として、ヘロデの王国統治の安定とそれによる莫大な税収、さらに建築活動により建築資材の輸入など交易活動が活性化され、さらなる経済的発展がもたらされたと述べられている。

ネツェルらによるヘロデの宮殿遺構や都市の遺跡、要塞遺構の発掘成果の公刊はヘロデに対するさらなる関心を喚起した。二〇〇一年にはコキノスによって、そして二〇〇五年にはジェイコブソンとコキノスによりヘロデをテーマとした国際会議が開催され、その成果が報告書として公刊されている（N. Kokkinos ed. *The World of the Herods. Volume 1 of the International Conference The World of the Herods and the Nabataeans held at the British Museum, 17-19 April 2001*, Stuttgart, 2007; D. M. Jacobson & N. Kokkinos eds. *Herod and Augustus. Papers presented at the IJS Conference, 21st-23rd June 2005*, Leiden-Boston, 2009)。この二つの報告書において、ヘロデは文献史料にとどまらず、考古学や美術史、建築史、さらには彼が発行した硬貨を分析した古銭学などさまざまな分野から考察されている。幅広い分野からの考察により、ヘロデの持つユダヤ王、ヘレニズム世界の君主、ローマの庇護下の王という三つの特徴がより明確になるとともに、ヘロデの王国がユダヤ教の影響力が強い地域、ギリシア文化が浸透した地域、そしてそれ以外の土着文化を持つ地域から構成されたことをより一層印象づけてくれる。

二〇〇〇年代に公刊されたヘロデの一族や彼自身についての研究については、本書でもすでに言及されているが（本書26―27頁）、今後のヘロデとその後継者の研究においても重要であると思われるので、もう少し補足しておく。コキノスはヨセフスの記述を再解釈するとともに、ユダヤやイドマヤ、さらにはレヴァント地方にかんするギリシア・ローマ時代の歴史記述を分析し、それまで曖昧なままであったヘロデの祖先の出自や妃、子ども、そして廷臣たちについて特定している（N. Kokkinos, *The Herodian Dynasty: Origins, Role in Society and Eclipse*. London, 1998）。ユダヤとその周辺地域についての研究を行ってきたケイシャーは心理学者のウィッタムとともに歴史心理学という手法を用い、心理的個人史という観点からヘロデの行動を分析している。彼らはおもにヨセフスの記述にみられるヘロデの行動を入念に調査し、ヘロデがイドマヤ人という出自に劣等感を抱いていたことを指摘して、ユダヤの社会で権力を維持し、王として権威を誇示するためにエルサレム神殿や各地の神殿、カイサリアの都市など壮大な建築物を建造したとする。さらにはその劣等感が家族への猜疑心と最終的な粛清、反対勢力への容赦ない迫害へと発展したと結論づけた（A. Kasher & E. Witztum, *King Herod: A Persecuted Persecutor. A Case Study in Psychohistory and Psychobiography*, Berlin & New York, 2007）。ロッカはヘロデの王国の宮廷、軍隊から当時のユダヤにおける社会経済状況に焦点を当て、ローマ帝国やヘレニズム諸王国との比較によりヘロデの時代のユダヤの特性を明らかにしている（S. Rocca, *Herod's Judaea: A Mediterranean State in the Classic World*, Tübingen, 2008）。

「新たな」ヘロデ

このように蓄積されたヘロデとその一族に関する先行研究から情報を得て、時には従来説を修正し、さらには独自の視点を組み込んだのが本書『ヘロデ大王』である。次に本書の独自性について明らかにしておきたい。

本書の独自性がもっとも発揮されているのは、第二章におけるヘロデのプロパガンダ政策についての解釈であろう。先行研究の多くはヘロデがユダヤ教を政治的に利用し、彼が律法に従ったのはうわべだけのことと解釈してきた。それに対し、著者はヘロデのユダヤ教信仰が実質を伴うものと主張する。その根拠として、ヘロデが律法の清浄規定にのっとって製造されたワインを好んだことを示唆するマサダ出土のアンフォラの把っ手に刻まれた碑文、ヘロデが築いたマサダのシナゴーグ、さらにヨセフスが伝える前三一年にヘロデが兵士たちに向けて行った演説が挙げられている。ただし、ヘロデがユダヤの神を全く政治的に利用しなかったというわけではない。奇跡的に敵対者の襲撃から逃れることができたことを神の救いによるものとする挿話は、ヘロデの周辺による創作だった可能性が示唆され、神の政治利用と見なすことができる。ダマスカスのニコラオスが捏造したヘロデをバビロンから帰還したユダヤ人の子孫とする家系図の創作も、第二神殿の再建と自らを関連づけることで神に奉仕するユダヤの王としての正統性を主張する手段だった。

ヘロデの自己認識において重要な役割を果たすのがダビデである。ハスモン朝の王たちは王と大祭司を兼ねていたので王自ら神殿で儀式を執り行うことができたが、ヘロデはイドマヤ人だったので儀式を行うことができなかった。本書では、一見不利に見えるような状況をヘロデが有効に利用したことが明らかにされる。ダビデの時代には王と祭司は分離しており、ヘロデと同じ状況にあった。また、神殿再建の大事業においてもヘロデがソロモンを意識していたことは明白であるが、実際に最初にエルサレムで神殿建設を計画したのはダビデであることが指摘されている。つまり、ヘロデはダビデとソロモンというユダヤの人びとにとって伝説的な王でありメシアに自らを重ね合わせようとしたのである。一方でヘロデはユダヤ人の支持を得るために、ヘレニズム時代の王たちの伝統を参考にした。前二三年にユダヤで飢饉が発生した時に穀物を輸入し民衆に提供したが、これはヘレニズム諸王国の王たちが行っていた恩恵施与の一環と見なされる。一般的にヘレニズム時代の恩恵施与慣行の対象はギリシア都市や聖域であり、実際にヘロデも（ヨセフスによれば、ユダヤ人の不興を買いながら）王国外の都市や異教の聖域に数多くの奉納を行っているが、ユダヤ人たちに対しても穀物供給という方法で寛大さを示していたことは強調されるべきである。

プロパガンダ政策に対する考察は、ヘロデが身につけた衣装にも及んでいる。著者が着目するのはヘロディオンにおける葬儀でヘロデが身につけていた頭飾り《ディアデーマ》と冠《ステファノス》である。一見すると同じようなものと誤解されがちであるが、前者はプトレマイオス朝やセレウコス朝などヘレニズム時代の王《バシレウス》がまとい、後者は伝統的なユダヤの王《メレク》が身につけていたと指摘される。つまりヘロデはヘレニズム的な王とヘブライ語聖書のイスラエル以来の伝統を受け継ぐ王という「二つの顔」をもっていた。このことはヘロデの王国がユダヤ人だけではなく多数のギリシア系住民を含んでおり、ヘロデの一族がそれぞれの文化的特徴をよく理解していたことの証左でもある。また、東地中海における一連の恩恵施与慣行からも、ヘロデが自らをヘレニズム時代の諸王の系譜に位置づけていたという見方もできる。

このようなヘロデの自己認識に大きく影響を与えたのがローマという存在だった。ヘロデはユダヤ王となることができたのはローマのおかげであること、ローマこそが権力の後ろ盾であることをよく理解していた。ローマにとって庇護下の王たちは表面的には同盟者であり友人であったが、実質的には従属者にすぎなかった。家族内の問題で皇帝の裁可を得るため、再三にわたってローマへ使節を派遣し、時には自らイタリアに赴いたことはこの関係の実態を明らかにしてくれる。それゆえ、ヘロデはエルサレムでアウグストゥスを称える競技会アクティア祭を開催するため円形闘技場や劇場を建設し、海岸のカイサリア、セバステ（サマリア）、フィリポ・カイサリア（パネアス）には皇帝の名や称号にちなんだ名前を与え、壮大な町へと再生させたのである。一方でユダヤ人に対しては、ローマに従属する事実を隠し、あくまでも自分がローマの友人であることを強調している。エルサレム神殿の再建を発表した演説の中で、この大事業を可能にした王国の繁栄がヘロデとローマの友好関係に基づくことに言及しているのはその一例である。また、エルサレム神殿でもアウグストゥスのための儀式を創設したが、他の属州で行われていた皇帝の神格化、「皇帝礼拝」とは一線を画し犠牲式という形式で皇帝を称えていた。

しかしながら、ヘロデの慎重な統治に反発したのが王国のユダヤ人たちだった。一部のユダヤ人たちはヘロデがエルサレムの劇場に築いたアウグストゥスの栄光を記念するトロフィーを偶像と誤認して騒動を起こし、治世末期には神殿の門の上に建てた鷲の像を引きずり倒し、ヘロデの粛清を招いた。神殿の鷲の像については、ヘロデの反対派から偶像と認識されたが、ヘレニズム時代末期から後一世紀までの時期のユダヤで十戒の「第二戒」、律法における偶像崇拝の否定が広まったものの、その解釈についてはユダヤ教のセクトごとに相違が存在していた。著者は神殿の鷲の像の事件について、ヘブライ語聖書においてヘロデの玉座に刻まれたケルビムをヨセフスが鷲と記述していることを引用するとともに、マサダの宮殿のフレスコ画に鳥が描かれていた事実を挙げ、ヘロデは慎重にソロモンの時代の慣習に回帰しようとしていたが、あらゆる生物の像を偶像とするグループがヘロデに反発したと結論づけている。

ヘロデが偶像崇拝を否定するという律法の規定を遵守していたことを証明するのが、治世の間に発行された青銅硬貨に刻まれた一連のシンボルである。ヘロデの時代のユダヤで発行された硬貨についてはこれまでに多くの集成が公刊されているが（本書25頁）、そのシンボルからヘロデのイデオロギーや政策を明らかにしようとしたのが本書の重要なポイントである。第二章におけるヘロデの硬貨の考察からは、ヘロデが律法を遵守していただけでなく、さまざまなシンボルを利用し自らの権力を表現していたことがわかる。代表的な事例が頭飾り《ディアデーマ》に囲まれたヘブライ文字のタウである。これはユダヤで伝統的に魔除けを意味する文字とヘレニズム文化圏の王の表象を組み合わせることで、ヘロデがギリシアの文化を取り入れながらユダヤ文化を重視していたことを表している。ヘロデはヘレニズム時代の王たちとは異なり、自分の顔を硬貨に刻ませることはなかったが、ヘレニズム文化の伝統を受容していた。そのことはプトレマイオス朝などの硬貨に刻まれていた豊穣の角を取り入れたことからも明らかである。ヘロデの硬貨にはアポロンの三脚台が描かれているものもあり、ヘロデの異教への傾倒と解釈されることもあったが、著者はヘロデが当時ギリシアで流行していた最新の祭具をエルサレム神殿の供物台として用いたのではないかという見解を提示している。最新の流行に影響されやすいというヘロデの性格は、ピレウス帽型の兜が刻まれた青銅硬貨からも示される。兜はヘロデの武勲を誇るものであり、ハスモン家のアンティゴノスに勝利し、ユダヤを支配したという出来事をギリシアで流行していた兜によって記念したとされる。ヘロデの硬貨については、本書刊行後にアリエルとフォンタニーユによる包括的な研究が公刊されたが（D. T. Ariel & J.P. Fontanille, *The Coins of Herod: A Modern Analysis and Die Classification*, Leiden & Boston, 2012）、イコノグラフィーについては本書が先駆的な解釈を提示していると言えよう。

　第三章で考察されるヘロデの王宮の構造についての考察からも、建造物を通して自身の権力を明確に表現しようとするヘロデの意図が解明されている。特に彼がエリコに建設した第三の宮殿にはマサダと同様にユダヤ教の儀礼で用いられるミクヴェが設置されていた。この宮殿はワディ・ケルトの両岸に建造され、建築物は橋でつながれていた。敷地には巨大な宴会場や列柱廊に囲まれた壮大なテラス、小劇場、大きな池が設けられていた。ワディ・ケルトの水流を利用したことは、ヘロデが自然を圧倒したことを表現し、その権力を誇示する目的があった。それは死海をのぞむ断崖に建設された宮殿にも共通する。さらに、このような壮大で周囲の自然を利用した邸宅は当時のローマで流行したスタイルであることが指摘され、ここでもヘロデが最新の流行に関心を示していたことは明らかである。

分析された建造物にはヘロディオンも含まれている。丘陵の頂上とその麓に築かれた建造物はヘロデにとって重要な遺跡であった。前四一年、ヘロデはアンティゴノスの軍隊とこの場所で戦った。自身の戦勝を記念するために建設されたヘロディオンの頂上には王の住居が設けられ、麓には長方形のプールや大浴場、さらに巨大なテラスを備えた大宮殿が建造されていた。この遺跡が注目を集めたのは、二〇〇七年にネツェルがここから発見された石棺をヘロデのものと主張したためである。ネツェルの主張についてはすでに批判的な見解もある。著者はこの論争については曖昧な立場に立っているが、ヘロデの葬儀が行われた「権力の舞台」としてのヘロディオンの役割について独自の解釈を示している。

本書の考察ではヘロデの後継者たちとその時代のユダヤにもおよんでいる。ヘロデの死後、三人の息子アルケラオス、ヘロデ・アンティパス、フィリポスがその遺領を分割して継承したが、アルケラオスは民族支配者、アンティパスとフィリポスは四分領主と、ローマは彼らからユダヤの王位を剝奪した。ユダヤとイドマヤについては後六年にアルケラオスがローマに追放されると属州シリアに編入された。ヘロデの子孫が再び王位を回復するのは三七年のことであり、アグリッパ一世が皇帝カリグラから王の地位を認められ、四一年にはユダヤ、サマリア、ガリラヤ、イドマヤを支配することになる。

この間の出来事として注目されるのが、ユダヤで「メシア」を自称する者が複数現れて反乱を主導したことと、イエスの誕生である。本書では反乱の首謀者たちが神から遣わされ、ローマの支配から民衆を解放する「ユダヤの王」を称したこととイエスの活動を関連づける。マタイとルカの福音書が伝えるイエス生誕時の二つの出来事、ローマによるユダヤの人口調査とベツレヘムの幼児虐殺の歴史性をめぐる考察は読者にとって非常に興味深いものとなろう。イエスの誕生の年代については、福音書の矛盾が指摘されるが、重要なのはなぜイエスがヘロデの治世末期に誕生したとされたのかである。これについては、福音書で強調されるイエスとダビデの結びつきと、上述したヘロデによるダビデへの憧憬の対比であるという見解が示され、福音書記者、またはその資料の著者が、ヘロデがダビデをモデルとしていたことを理解しており、イエスをユダヤの王としてヘロデとその子孫に対峙させる目的があったとしている。ダビデの利用はおそらくユダヤで蜂起した他の「メシア」たちも同じように行っていたと推測される。

同様に、ヘロデ・アンティパスとヘロディアの結婚と洗礼者ヨハネの処刑をめぐる解釈も読者の興味をかきたてるだろう。ヘロディアについてはヘロデ・アンティパスの兄弟と結婚し娘をもうけていたにもかかわらず、アンティパスと再婚したことを洗礼者ヨハネに批判されたことが知られるが、問題はその兄弟が誰なのかということである。また、洗礼者ヨハネの処刑の年代については、マタイとマルコの記述とヨセフスの証言にずれが生じることが指摘されている。こうしたスキャンダラスな問題についても著者は独自の見解を示している。

もうひとつ第四章の重要なポイントとして、ヘロデの子孫が発行した青銅硬貨についての綿密な分析が挙げられる。アルケラオス、ヘロデ・アンティパスは父ヘロデの方針を継承して偶像崇拝を否定し、豊穣の角や兜、ナツメヤシなどを図像として用いている。注目すべきはもう一人のヘロデの息子フィリポスの硬貨であり、ヘロデの一族として初めて自身の姿を刻ませた肖像硬貨を発行している。これとは別にアウグストゥスの娘でティベリウスの妃ユリアの姿を刻ませた効果も発行している。さらに、別の硬貨にはフィリポ・カエサリアのアウグストゥスの神殿と解釈される建造物が刻まれていた。フィリポスはヘレニズム世界の慣例に従い支配者の肖像を刻ませるとともに、ローマの他の属州のように皇帝へのあからさまな敬意を示したことになるが、これは彼が支配した地域にユダヤ人が少なく、ギリシア系住民が多かったためである。フィリポスの方針は王位を回復したアグリッパ一世により受け継がれた。アグリッパは祖父ヘロデの王国とほぼ同じ領域を統治したが、ユダヤ人の住民が多い地域ではヘロデの方法を踏襲し、ギリシア系住民の多い地域では自身と皇帝の姿を硬貨に刻ませた。また、アグリッパの硬貨の中にはアグリッパとその兄弟でカルキス王ヘロデが皇帝クラウディウスに戴冠するようすが描かれたものに代表されるように、ローマとユダヤの親密な関係性を表現した図柄が含まれている点が興味深い。自らの姿を硬貨に刻むのは次の世代、アグリッパ二世とカルキス王ヘロデの子アリストブロスにも引き継がれている。なお、アリストブロスの妃はヘロディアの娘とされるサロメであり、サロメの肖像を描いた硬貨も存在することが紹介されている。サロメの生涯と、後世における彼女の図像表現とイメージの変遷については本書でも言及されているが、硬貨に描かれた姿はサロメの実像を伝えてくれる唯一の証拠となろう。

以上、本書について注目すべき箇所を中心に述べてきたが、ヘロデとその後継者だけでなく、ヘロデの王国の行政機構や社会経済事情についても幅広く扱われている。さらには皇帝ティトゥスとアグリッパ一世の娘ベレニケとの悲恋の実情にも独自の見解が示されている。

最新のヘロデ研究

本書の刊行後、いくつかヘロデについて重要な研究が公表されたので、代表的なものについて述べておく。すでに言及し、著者による日本語版序文でも言及されているが、アリエルとフォンタニーユによるヘロデ大王の硬貨の包括的な研究は今後のヘロデ研究にとって重要な地位を占めるものとなるだろう。イコノグラフィーの解釈にとどまらず、発掘状況をもとにした流通地域、製造場所の特定や発行年代についてより綿密な考察がなされている。

ヘロデに関する包括的な研究書としては、二〇一五年に公刊されたマレシャクによる『ヘロデ大王のいくつもの顔』が挙げられる（A. K. Marshak, *The Many Faces of Herod the Great*, Grand Rapids, 2015）。同書では、ユダヤの王として、ヘレニズム君主として、そしてローマに従属する王としてのヘロデを考察しているという点では本書と共通する。ただし、マレシャクの著書ではヘロデの統治を左右したのはローマの影響力であった。ローマに従属する他の王たちと同様に、王子をローマに送り、ローマの教育を受けることを余儀なくされ、戦時には補助軍として参戦、または物資の供給を行っていたことが強調される。ユダヤに関しても、本書がむしろヘロデとハスモン朝の断絶に比重を置くことに対し、マレシャクはハスモン朝との継続性を重視している。

しかしながら、本書を含むヘロデに関する近年の総合的な研究は様々な問題を解決してくれたが、当然のことながら解明すべき問題はまだまだ残されている。例えば、ヘロデの硬貨について、偶像崇拝の否定という方針が一貫されているというのが現時点の見解である。だが、律法の影響力についてはヘロデの王国内のユダヤ系住民が多い地域でも各地で差があったことを再検討する必要がある。また、ヘロディオンで発見された棺の被葬者について、ネツェルはヘロデの棺とするが、ヨセフスが伝える盛大な葬儀のようすからはこの簡素な棺の主をヘロデとするのはいささか無理があるように思われる。今後の考古学の成果により新たな証拠が発見される可能性はあるものの、ヨセフスの著作など文献史料や硬貨のイコノグラフィーの再解釈についても、どのようなアプローチが可能か、考えるべきことは多い。

おわりに

二〇〇七年にネツェルがヘロディオンでヘロデの棺を発見したことが報じられた後、ヘロデへの関心は高まる一方で、欧米などでは一般向けの雑誌にヘロデの特集が組まれることもあったという。これまでの研究の蓄積により、イエスに嫉妬しベツレヘムの幼児を虐殺する独裁者というヘロデ像は過去のものとなった。ヘロデはイドマヤ人の家系に生まれ、ユダヤ教を熱心に信仰する環境の中で成長した。やがて王としてユダヤ人やギリシア人を支配するが、彼の行動は地中海世界に覇権を確立したローマの制約を受けねばならなかった。多様性やグローバル化という言葉が当たり前のように飛び交い二一世紀に生きる者として、複雑な背景を持ち、多文化社会に生きたヘロデの姿を理解することに何らかの意味があるのではないか、本書の翻訳を思い立った時、そのような考えが漠然と頭の中に浮かんだ。しかし、研究者として能力不足のためか、未だにこの問いに対する明確な答えを導き出すことはできていない。本書の翻訳に取り組んだのは、コロナ・ウィルスの世界的な拡大により行動が制限され、それまで当たり前だった日常が失われた時期である。感染防止や生活に苦しむ人びとへの政府の対応が問題となる中、ヘロデが飢饉に苦しむユダヤ人に穀物を供給した箇所を読み、このような営みがヘロデの時代から続いていることを非常に印象深く思ったことを記憶している。

また、本書の翻訳を思い立った二〇一八年から現在に至るまで、世界の情勢が混沌としてきたというのは多くの人に共通する印象であろう。このような状況の中、権力者たちが自らの力を誇示する姿を何度も報道などで目の当たりにしてきた。本書の翻訳作業の中で、ユダヤ人の前には王として君臨し、一方でローマという権力には慎重に配慮するヘロデ（とその子孫たち）が自己表現に腐心する姿を読み解くことにより、現代社会と古代の世界との共時性を体感することができた。翻訳を終え、訳者として思うところを述べてみたが、本書を手に取られた方にヘロデの複雑な背景や多様な地中海世界を少しでも実感してもらうことができれば幸いである。

謝　辞

最後に本書の刊行にあたり、お世話になった方々に感謝の気持ちと伝えたい。まず著者であるクリスチャン・ジョルジュ・シュウェンツェル先生のお名前を挙げさせていただきたい。何かヘロデの伝記で翻訳するのに手頃なものはないかとヘロデについての書籍をいろいろ手に取る中で本書に巡り合い、翻訳の企画を手紙で伝えたのは二〇一八年の一月のことだった。同年三月にはパリでの文献調査の合間にメスの街を訪れ、勤務先のロレーヌ大学の研究室でお目にかかったのを昨日のことのように思い出す。本書の翻訳、出版の意思を伝えたところご快諾いただき、ご多忙にもかかわらずヘレニズム・ローマ時代のユダヤやヘロデ研究の状況、ご自身の研究について長時間にわたりお話しくださった。翻訳作業中には不明な個所についてメールでお尋ねすることも頻繁にあったが、迅速に丁寧かつ詳細な返信をいただいたこと、日本語版序文のお願いをした際も気軽にお引き受けいただいたことについても感謝の念に堪えない。シュウェンツェル氏は支配者の権力表現に関心を持たれ、ヘロデの表象の研究に続き、二〇一七年には『支配者の構造──アクエンアテンからドナルド・トランプまで』（*La Fabrique des chefs: d'Akhenaton à Donald Trump*, Paris, Vendémiaire, 2017）を公刊されている。また、二〇一八年にはイエスの言説からその実像を解明する『キリストの四季──ローマ統治下のユダヤにおける政治事件』（*Les Quatre saisons du Christ: un parcours politique dans la Judée romaine*, Paris, Vendémiaire, 2018）、二〇二一年にはユリウス・カエサルの表象に焦点を当てた『完全な独裁者への手引き──ユリウス・カエサルと二一世紀の「強い男たち」』（*Manuel du parfait dictateur Jules César et les «hommes forts» du XXIe siècle*, Paris, Vendémiaire, 2021）を出版されるなど精力的に研究成果の発信を続けられている。最初と最後の文献については、権威主義という言葉を耳にする機会が多い昨今、国際情勢を読み解く上で重要な文献となるかもしれない。コロナ・ウィルスにより以前と同じようにように海外に行くことはまだまだ難しいが、落ち着いたら再び美しいメスの街でお目にかかり、直接感謝の気持ちを伝えたい。

関西学院大学人間福祉学部の嶺重淑先生、同法学部の大宮有博先生には本書の訳文をお読みいただき、聖書学、キリスト教学の立場から大変有益なご助言を賜った。この場をお借りして御礼申し上げる。特に嶺重先生には『よくわかるクリスマス』（教文館、二〇一四年）で共同編者としてお声がけいただくなど、お世話になってばかりである。そもそも、本書を翻訳しようと思い立ったのは、先生とお話しする中で「ヘロデ大王の文献で手頃なものはないだろうか」という一言がきっかけだった。本書の翻訳を考えていることをお伝えすると、ご研究や授業の準備、大学のお仕事でご多忙にもかかわらず親身に相談に乗っていただき、教文館に仲介の労をおとりいただいた。心から感謝申し上げたい。

最後に、本書の刊行をお引き受けくださった教文館のみなさま、そして担当してくださった倉澤智子さんには、どのような表現にすればよいかわからないくらい感謝の気持ちでいっぱいである。倉澤さんはなかなか作業が進まず、ご心配とご迷惑をさんざんおかけしたにもかかわらず、常に暖かく見守っていただき、時には貴重なご助言をくださるなど、真摯に向き合ってくださった。私自身、翻訳を刊行することは初めての経験だったので、倉澤さんがいなければ途中で挫折したに違いないと思う。あらためて感謝の気持ちを伝えたい。もちろん本書に間違いがあれば、それは全て訳者である私の責任である。

コロナ・ウィルスにより当たり前の「日常」から遠ざかって二年が過ぎた。この間、『ヘロデ大王』と向き合ってきたが、本書の作業は二年間の自粛生活で不安を感じることもたびたびだった私を救ってくれた。本書によってヘロデやヘレニズム時代、あるいはこの時代のユダヤに少しでも関心が高まれば、この二年間の自粛生活が実のあるものになるだろう。

二〇二二年六月

波部　雄一郎

付録

年表

前76—67　ハスモン朝、王妃サロメ・アレクサンドラの摂政統治
73　ヘロデ誕生（父・アンティパトロス、母・キュプロス）
66　アリストブロス二世、ヒルカノス二世を廃位し、即位
65　ポンペイウス、シリア遠征
64　属州シリア創設
63　ポンペイウス、エルサレム入城。ヒルカノス、大祭司の地位を回復し、民族統治者《エトナルコス》となる
60　ユリウス・カエサル、ポンペイウス、クラッススによる第一回三頭政治
57—55　ガビニウス、シリア総督に。アリストブロス二世親子の反乱
53—51　カッシウス、シリア総督に
49　ポンペイウスとユリウス・カエサルの内戦
48　ファルサロスの戦い。ポンペイウスの死
47—46　セクストゥス・カエサル、シリア総督に。アンティパトロス、ローマ市民権を付与され、総督《エピトロポス》に任じられる。アンティパトロスの子ファサレロスはエルサレムの長官《ストラテーゴス》、ヘロデはガリラヤの将軍となる
46　ヘロデ、コイレ・シリア（デカポリス）の長官となる

44　ユリウス・カエサル、暗殺（3月15日）
43　アントニウス、オクタウィアヌス、レピドゥスによる第二回三頭政治
42　アントニウスとオクタウィアヌス、ブルートゥス、カッシウスらカエサルの暗殺者をフィリッピで破る
41　ヘロデ、ドリスを離縁し、ハスモン家のマリアンメと婚約。ファサエロスとヘロデ、四分領主に
40　パルティア、シリアに侵入。ヘロデ、ローマに逃れ、元老院よりユダヤの王に任命される
39　ヘロデ、プトレマイスに入城
38―37　ソッシウス、シリア総督に
37　ソッシウスとヘロデによるエルサレムの攻撃と占領
37／36　安息年。大飢饉の発生
36―35　アナネル、大祭司に
35　ヒルカノス二世、パルティアにより解放、ユダヤへ帰還。アリストブロス三世、エリコで暗殺
32―31　ヘロデ、対ナバテア戦争。ユダヤで大地震が発生
31　アクティウムの海戦。アントニウス・クレオパトラが敗北
30　ヘロデ、ロドスでオクタウィアヌスと会見
29　ハスモン家のマリアンメ、処刑
28　アレクサンドラの処刑
28／20　エルサレムで第一回「アクティア祭」開催
27　オクタウィアヌス、アウグストゥスの称号を得る。ヘロデ、マルタケを妻とする
25　ヘロデ、エルサレムのクレオパトラを妻とする

25/24 ヘロデ、ガルスのアラビア遠征参加のため、部隊を派遣する
24 ヘロデ、大祭司シモンの娘マリアンメ二世を妻とする
23 ヘロデ、アウラニティス、トラコニティス、バラネアの領有を認められる
23/22 安息年、飢饉と「ペスト」の発生
22 ヘロデ、税の三分の一を免除
20 アウグストゥスのシリア訪問、ヘロデ、パネアス（パニオン）とガウラニティスを与えられる。
フェロラス、ペラエアの四分領主に任命される
17 ヘロデ、ローマ訪問
16/15 安息年
15 アグリッパのユダヤ訪問。ヘロデ、税の四分の一を免除
14 ヘロデ、アグリッパの黒海遠征に参加
13 ドリス、ヘロデの王宮に戻る。アンティパトロスが新たに後継者に指名される
12 ヘロデ、アウグストゥスの前で二人の息子アレクサンドロスとアリストブロスを陰謀の罪で告
発。海辺のカイサリア完成
11 エルサレムの新神殿の落成
10 アレクサンドロスとアリストブロス、投獄される
9 ヘロデとナバティア人の戦争
7 アレクサンドロスとアリストブロスの処刑
7/6（？） ナザレのイエス、誕生
6 ヘロデ、ファリサイ人らと対立

5　フェロラスの死
4　「神殿の鷲」事件。アンティパトロス処刑。ヘロデの死
4　アルケラオス、「民族統治者」としてユダヤ、サマリア、イドマヤを支配（―後6年）
4　フィリポス、四分領主としてトラコニティス、アウラニティス、ガウラニティス、バタネアを支配（―後34年）
4　ヘロデ・アンティパス、四分領主としてガリラヤ、ペラエアを支配（―後39年）
後6　キリニウスの人口調査
14―37　ティベリウスの統治
23　ティベリアスの建設
26―36　ピラト（ポンティウス・ピラトゥス）、ユダヤを総督として支配
28／29　洗礼者ヨハネの処刑
30（？）　イエスの処刑
37―41　ガイウス（カリグラ）の統治
37　アグリッパ一世、かつてのフィリポスの領土とレバノンのカルキスの王となる
40　フィロン、使節としてローマに赴く
41　カリグラ像事件
41―54　クラウディウスの統治
41　アグリッパ一世、ユダヤ、サマリア、ガリラヤ、イドマヤの支配を認められる。アグリッパ一世の弟ヘロデ、カルキス王となる
44　アグリッパ一世の死

44－46　カスピウス・ファドゥス、ユダヤを総督として統治
46－48　ティベリウス・アレクサンドロス、ユダヤを総督として統治
48　アグリッパ一世、カルキス王ヘロデの死により、カルキス王となる
48－52　ウェンディウス・クマヌス、ユダヤを総督として統治
52－60　フェリクス、ユダヤを総督として統治
54－68　ネロ帝の統治
55　アグリッパ二世、かつてフィリポスの領土であったガリラヤの一部とペレアの領有を認められる。アリストブロス、カルキス王となる
60－62　ポルキウス・フェストゥス、ユダヤを総督として統治
64－66　ゲシウス・フロルス、ユダヤを総督として統治
66　ユダヤ大反乱の勃発
68　6月、ガルバの統治（－69年1月）
69　7月、オトの死。ウィテリウス、ウェスパシアヌスが帝位を宣言
69　12月、ウィテリウスの死
70　9月、エルサレム陥落
73　ユダヤ人最後の抵抗拠点、マサダ陥落
100／101　アグリッパ二世の死

図版一覧

ディウスに冠を被せるカルキスのヘロデとアグリッパ一世、⑤天蓋、⑥麦の穂

239頁 図9　カルキスのヘロデの青銅硬貨（D. Hendin 文献所収図版をトレース）

①カルキスのヘロデの胸像、②冠に囲まれた銘文

265頁 図10　アリストブロスとサロメの硬貨

①アリストブロスの胸像、②サロメの胸像

ハスモン朝系図

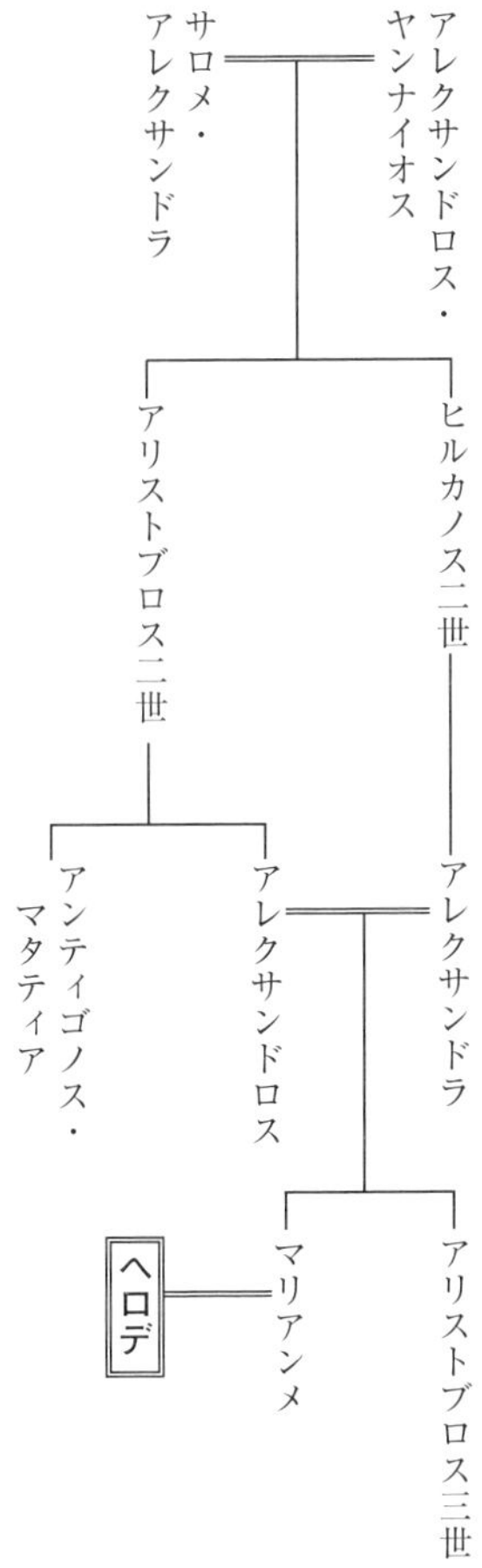

アンティパトロス一族系図

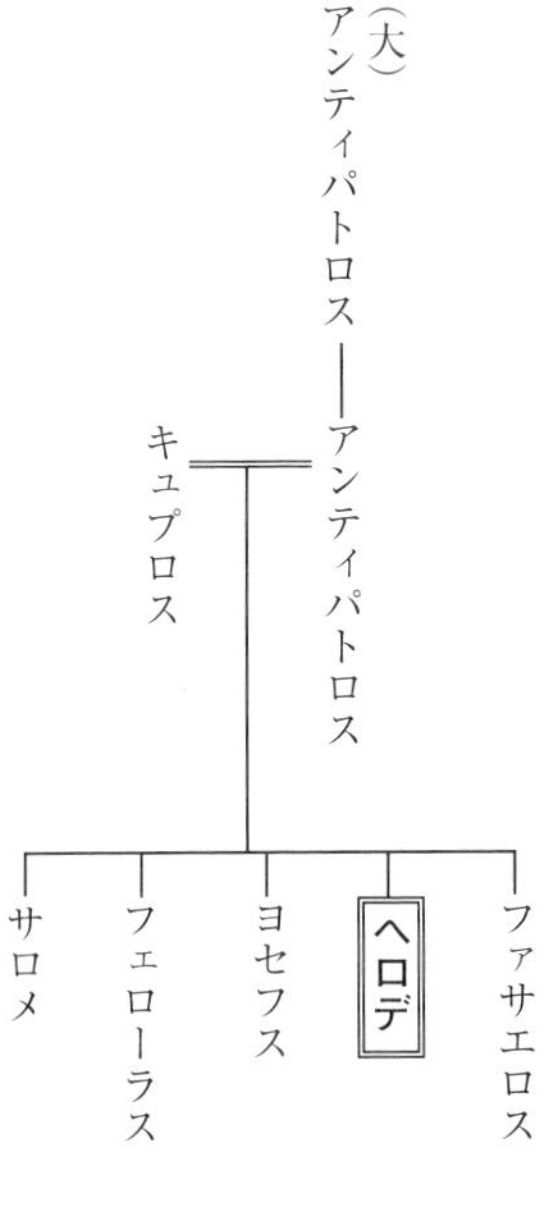

ヘロデ朝系図

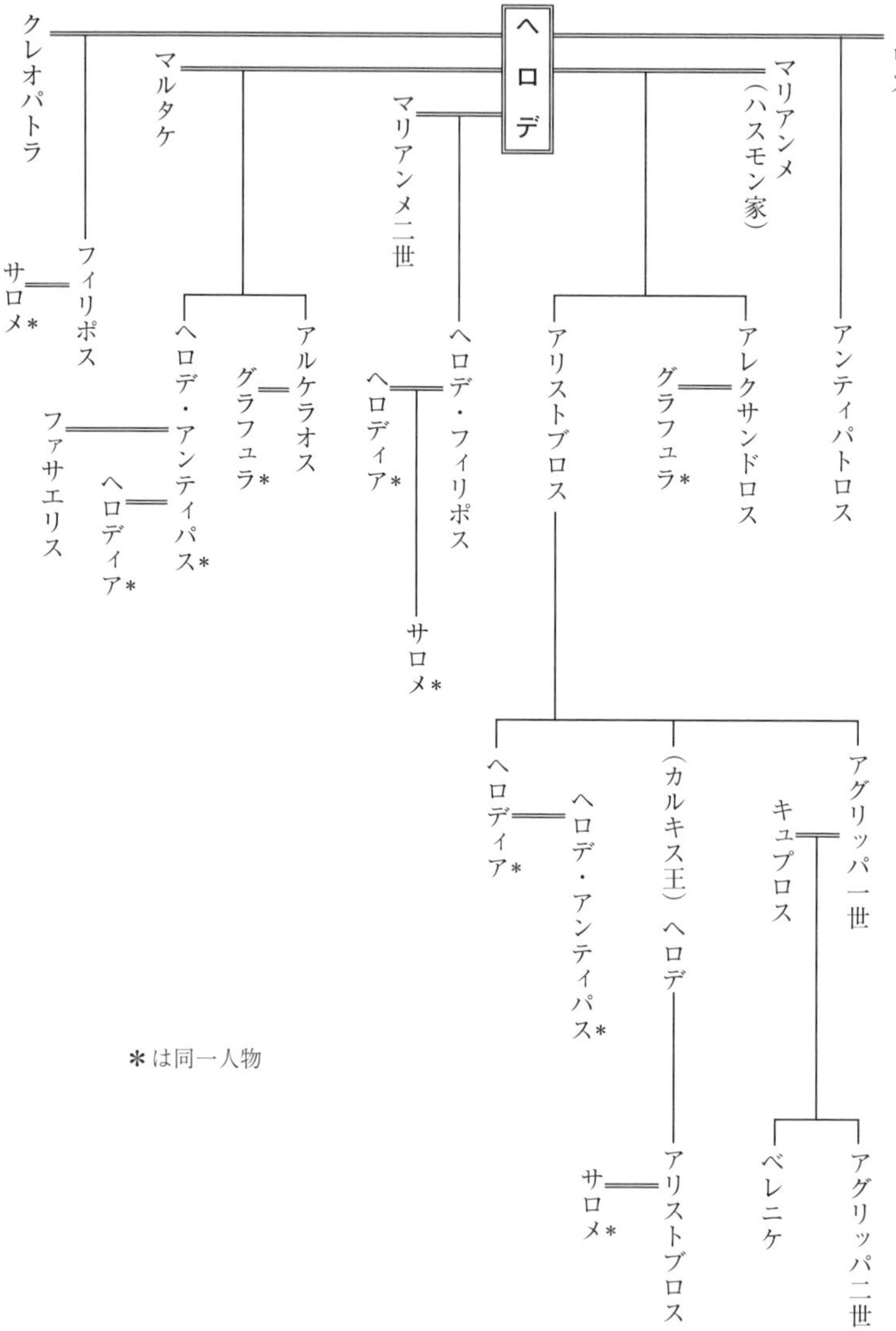
ヘロデ
クレオパトラ
マルタケ
マリアンメ二世
マリアンメ（ハスモン家）
ドリス
フィリポス
サロメ＊
ヘロデ・アンティパス＊
ファサエリス
ヘロディア＊
アルケラオス
グラフュラ＊
ヘロデ・フィリポス
ヘロディア＊
サロメ＊
アリストブロス
アレクサンドロス
グラフュラ＊
アンティパトロス
ヘロディア＊
ヘロデ・アンティパス＊
（カルキス王）ヘロデ
アグリッパ一世
キュプロス
サロメ＊
アリストブロス
ベレニケ
アグリッパ二世
＊は同一人物

参考文献

G. Alon, *The Jews in their Land in the Talmudic Age, 70-640 C.E.*, Cambridge (Mass.)/London, 1989.

N. E. A. Andreasen, «The Role of the Queen Mother in Israelite Society», *CBQ* 45, 1983, p. 179-194.

S. Applebaum, «Economic Life in Palestine», S. Safrai & M. Stern (ed.), *The Jewish People in the First Century. Historical Geography, Political History, Social and Cultural Life and Institutions*, Assen, 1976, vol. II, p. 631-700.〔S・サフライ／M・シュテルン編『総説・ユダヤ人の歴史――キリスト教成立時代のユダヤ的生活の諸相』長窪専三・土戸清・川島貞雄訳、教文館、一九八九―一九九二年〕

S. Applebaum, *Judaea in Hellenistic and Roman Times*, *SJLA*, Leiden/New York/Copenhagen/Köln, 1989.

D. T. Ariel & J.-P. Fontanille, «The Large Dated Coin of Herod the Great: the First Die Series», *INR* 1, 2006, p. 73-86.

N. Avigad, «Excavations in the Jewish Quarter of the Old City of Jerusalem», *IEJ* 22, 1972, p. 193-200.

D. Barag, «Studies on the Coinage of Agrippa II», *INJ* 5, 1981, p. 27-32.

R. Barkay, «A New Coin of Aristobulus of Armenia Minor», *INJ* 16, 2007-2008, p. 100-102.

A. Barzano, «Giusto di Tiberiade», *ANRW* II, 20, 1, New York/Berlin, 1986, p. 337-358.

M.-Fr. Baslez, *Bible et Histoire. Judaïsme, hellénisme, christianisme*, Paris, 1998.

N. Belayche, «Les figure politique des Messies en Palestine dans la première moitié du premier siècle de notre ère», D. Tollet (éd.), *Politique et religion dans le judaïsme antique et medieval*, Paris, 1989, p. 58-74.

A. Ben David, *Jerusalem und Tyros. Ein Beitrag zur palästinischen Münz und Wirtschaftsgeschichte (126 a.C.-57 p.C.)*, Basel/Tübingen, 1969, p. 7.

M. Bernett, *Der Kaiserkult in Judäa unter den Herodiern und Römern*, *WUNT*, Tübingen, 2007.

L. Boffo, *Iscrizioni greche e latine per lo studio della Bibbia*, Brescia, 1994.

P. Bordreuil & Fr. Briquel-Chatonnet, *Le temps de la Bible*, Paris, 2000.

P. Bordreuil, *David, roi d'Israël et de Juda*, Paris, 2003.

G. W. Bowersock, «Eurycles of Sparte», *JRS* 51, 1961, p. 112-118.

D. C. Braund, *Rome and the Friendly King. The Character of the Client Kingship*, London/Canberra/New York, 1984.

D. C. Braund (ed.), *The Administration of the Roman Empire*, Exeter, 1988.

A. Burnett, «The Coinage of King Agrippa I of Judaea and a New Coin of King Herod of Chalcis», H. Huvelin, M. Christol & G. Gautier (éd.), *Mélanges de numismatique offerts à Pierre Bastien à l'occasion de son 75e anniversaire*, Wettern, 1987, p. 25-38.

J.-S. Caillou, *Les tombeaux royaux de Judée dans l'Antiquité, de David à Hérode Agrippa II. Essai d'archéologie funéraire*, Paris, 2008.

G. L. Cheesman, *The Auxilia of the Roman Imperial Army*, Chicago, 1975.

J. Cielcielag, «Some Remarks on the Coinaige of Herod Philip», *Notae Numismaticae – Zapiski Numismatyczene*, 2, 1997, p. 66-82.

G. M. Cohen, «The Hellenistic Military Colony. A Herodian Example», *TAPA* 103, 1972, p. 83-95.

S. J. D. Cohen, *The Beginnings of Jewishness*, Berkeley, 1999.

J. Coppens, *Le messianisme royal. Ses origines, son développement, son accomplissement*, Paris, 1968.

H. M. Cotton & J. Geiger, *Masada*, vol. II, *The Yigael Yadin Excavations 1963-1965, Final Reports*, Jerusalem, 1986.

E. Dabrowa, *The Hasmoneans and their State: a Study in History, Ideology, and the Institutions*, Kraków, 2010.

S. Dar (ed.), *Landscape and Pattern. An Archaeological Survey of Samaria 860 B.C.E.-636 C.E.*, 2 vol., Oxford, 1986.

R. Deutsch, «A Portrait Coin of Agrippa II Reconsidered», *INJ* 9, 1986-1987, p. 36-37.

O. Dussart, *Le verre en Jordanie et en Syrie du Sud*, Paris, 1998.

O. Edwards, «Herodian Chronology», *PEQ* 114, 1982, p. 29-42.

D. A. Fiensy, *The Social History of Palestine in the Herodian Period: the Land is Mine*, Lewiston/Queenston/Lampeter, 1991.

R. Fleischerr, *Studien zür Seleukidischen Kunst*, vol. I, *Herrscherbildnisse*, Mainz, 1991.

G. Fuks, «Josephus on Herod's Attitude towards Jewish Religion: the Darker Side», *JJS* 53, 2002, p. 238-245.

V. Fusco, «La quête du Jésus historique. Bilan et perspectifes», D. Marguerat, E. Norelli & J.-M. Poffet (éd.), *Jésus de Nazareth. Nouvelles approaches d'une énigme*, Genève, 1998, p. 25-57.

H. Geva, «The Tower of David, Phasael or Hippicus?», *IEJ* 31, p. 57-65.

D. Goodblatt, *The Monarchic Principle. Studies in Jewish Self-Government in Antiquity*, *TSAJ*, Tübingen, 1994.

E. R. Goodenough, *Jewish Symbols in the Graeco-Roman Period*, vol. I, *The Archaeological Evidence from Palestine*, New York, 1953 ; vol. IV, *The Problem of Method, Symbols from Jewish Cult*, New York, 1954.

M. Goodman, *The Ruling Class of Judaea. The Origins of the Jewish Revolt against Rome, AD 66-70,* Cambridge, 1987.

M. Goodman, *Rome et Jérusalem, le choc de deux civilisations*, Paris, 2009.

M. Grant, *Herod the Great*, New York, 1971.

I. Gruenwald, S. Shaked & G. G. Stroumsa (eds.), *Messiah and Christos. Studies in the Jewish Origins of Christianity*, *TSAJ*, Tübingen, 1992.

L.-M. Günther, *Herodes der Grosse*, Darmstadt, 2005.

L.-M. Günther, M. Bernett, B. Eckhardt, J.-D. Gauger, A. Lichtenberger und J. Wilker (hg.), *Herodes und Rom*,

Stuttgart, 2007.

J. Gutman, «The "Second Commandment" and the Image in Judaism», J. Gutman (ed.), *No Graven Images. Studies in Art and the Hebrew Bible*, New York, 1971, p. 3-16.

M. Hadas-Lebel, *Flavius Josèphe, le Juif de Rome, Paris*, 1989.

P. A. Harland, «The Economy of First-Century Palestine: State of the Scholarly Discussion», dans A. J. Blasi, J. Duhaine & P.-A. Turcotte (eds.), *Handbook of Early Christianity: Social Sciences Approaches*, Walnut Creek, 2002, p. 511-527.

D. Hendin, *Guide to Biblical Coins*, New York, 1996 (4th ed. 2001).

D. Hendin, «A new Coin type of Herod Antipas», *INJ* 15, 2003-2006, p. 55-61.

M. Hengel, *The Zealots: Investigations into the Jewish Freedom Movement in the Period from Herod I until 70 a.d.*, Edinburgh, 1989 (rev. 1997).〔マルティン・ヘンゲル『ゼーロータイ――紀元後一世紀のユダヤ教「熱心党」』大庭昭博訳、新地書房、一九八六年〕

G. F. Hill, *Catalogue of Greek Coins of Phoenicia, BMC*, London, 1910.

G. F. Hill, *Catalogue of Greek Coins of Palestine (Galilee, Samaria and Judaea), BMC*, London, 1914.

H. W. Hoehner, *Herod Antipas*, Cambridge, 1972.

G. Hölbl, *A History of Ptolemaic Empire*, London/New York, 2001.

R. A. Horsley, «The *Sicarii:* Ancient Jewish "Terrorists"», *Journal of Religion*, 59, 1979, p. 435-458.

R. A. Horsley & J. S. Hanson, *Bandits, Prophet and Messiahs: Popular Movements in the Time of Jesus*, Harrisburg, 1985 (rev. 1999).

R. A. Horsley, *Jesus and the Spiral of Violence. Popular Jewish Resistance in Roman Palestine*, San Francisco, 1987.

T. Ilan, «King David, King Herod and Nicolaus of Damascus», *JSQ* 5, 1998, p. 195-240.

H. Ingolt, «A colossal head from Memphis Severan or Augustan?», *JARCE* 2, 1963, p. 125-142.

D. M. Jacobson, «King Herod's "heroic" public image», *RB* 85, 1988, p. 386-403.

D. M. Jacobson, «King Herod, Roman Citizen and Benefactor of Kos», *BAIAS* 13, 1993/1994, p. 31-35.

D. M. Jacobson, «Three Roman Client Kings: Herod of Judaea, Archelaus of Cappadocia and Juba of Mauretania», *PEQ* 133, 2001, p. 22-38.

D.M. Jacobson, «Has Herod's Place of Burial Been Found?», *PEQ* 139, 2007, p. 147-148.

D. M. Jacobson, «The Jerusalem Temple of Herod the Great», N. Kokkinos (ed.), *op. cit.*, 2007, p. 145-176.

D. M. Jacobson, «Military Helmet or Dioscuri Motif on Herod the Great's Largest Coin?», *INR* 2, 2008, p. 93-103.

S. Japp, *Die Baupolitik Herodes' des Grossen. Die Bedeutung der Arkitektur für die Herrschaftlegitimation einer Römischen Klientkönigs*, Rahden, 2000.

S. Japp, «Public and Private Decorative Art in the Time of Herod the Great», N. Kokkinos (ed.), *op. cit.*, 2007, p. 227-246.

A. Kasher, *Jews, Idumaeans and ancient Arabs, Relations of the Jews in Eretz-Israel with the Nations of the Frontier and the Desert during the Hellenistic and Roman Era (332 BCE-70 CE), TSAJ*, Tübingen, 1988.

A. Kasher, *Jews and Hellenistic Cities in Eretz-Israel. Relation of the Jews in Eretz-Israel with Hellenistic Cities during the Second Temple (332 BCE-70 CE), TSAJ*, Tübingen, 1990.

A. Kasher & E. Witztum, *King Herod: a Persecuted Persecutor. A Case Study in Psychohistory and Psychobiography*, Berlin, 2007.

A. Kindler, *Coins of the Land Israel*, Jerusalem, 1974.

L. Koenen, «The Ptolemaic King as a Religious Figure», A. Bulloch, E. S. Gruen, A.A. Long & A. Stewart (eds.), *Images and Ideology. Self-definition in the Hellenistic World*, Berkley/Los Angeles/London, 1993, p. 25-115.

N. Kokkinos, «Which Salome did Aristobulus Marry?», *PEQ* 118, 1986, p. 33-50.

N. Kokkinos, *The Herodian Dynasty, Origins, Role in Society and Eclipse, Journal for the Study of the Pseudepigrapha*, suppl. 30, Sheffield, 1998.

N. Kokkinos, «Herod's Horrid Death», *BAR* 28, 2002, p. 28-35.

N. Kokkinos, «Justus, Josephus, Agrippa II and His Coins», *SCI* 22, 2003, p. 163-180.

N. Kokkinos (ed.), *The World of the Herods, vol. I of the International Conference held at the British Musum, 17-19 April 2001*, Stuttgart, 2007.

N. Kokkinos, «The Royal Court of the Herods», N. Kokkinos (ed.), *op. cit.*, 2007, p. 279-303.

A. Kushnir-Stein, «The Coinage of Agrippa II», *SCI* 21, 2002, p. 123-131.

A. Kushnir-Stein, «Agrippa I in Josephus» *SCI* 22, 2003, p. 153-161.

P. W. Lapp, *Palestinian Ceramic Chronology, 200 B.C.-70 A.D.*, New Haven, 1961.

H. & K. Leeming (ed.), *Josephus' Jewish War and its Slavonic Version. A Synoptic Comparison*, Leiden, 2003.

B. Legras, «Les discours de la haine contre les Juifs dans l'Égypte ptolémaïque», M. Deleplace (éd.), *Les discours de la haine, récits et figures de la passion dans la Cité*, Lille, 2009, p. 33-47.

A. Lemaire, «Probable Head of Priestly Scepter from Solomon's Temple Surfaces in Jerusalem», *BAR* 10, 1984, p. 25-35.

J.-P. Lémonon, *Ponce Pilate*, Paris, 2007.

A. Lichtenberger, *Die Baupolitik Herodes des Grossen, ADPV*, Wiesbaden, 1999.

E. F. Lupieri, «John the Baptist in New Testament Tradition and History», *ANRW* II 26. 1, Berlin/New York, 1992, p. 340-461.

M. C. A. Macdonald, «Herodian echoes in the Syrian desert», S. Bourke & J.-P. Descoeudres (eds.), *Trade, Contact and the Movement of Peoples in the Eastern Mediterranean. Studies in Honour of J.B. Hennessy*, Sydney, p. 285-290.

F. W. Madden, *History of Jewish Coinage and of Money in the Old and New Testament*, New York, 1864.

J. Maltiel-Gerstenfeld, «A Portrait Coin of Berenice, Sister of Agrippa II?», *INJ* 4, 1980, p. 25-26.

J. Maltiel-Gerstenfeld, *New Catalogue of Ancient Jewish Coins*, Tel-Aviv, 1987.

D. Marguerat, E. Norelli & J.-M. Poffet (éd.), *Jésus de Nazareth, Nouvelles approaches d'une énigme*, Genève, 1998.

S. Mason, *Flavius Josephus on the Pharisees. A Composition-Critical Study*, Leiden/New York/Copenhagen/Köln, 1991.

J. Mélèze Modrzejewski, *Les Juifs d'Égypte de Ramsès II à Hadrien*, Paris, 1997.

D. Mendels, *The Rise and Fall of Jewish Nationalism. Jewish and Christian Ethnnicity in Ancient Palestine*, Grand Rapids, Michigan/ Cambridge UK, 1997.

Y. Meshorer, *Ancient Jewish Coinage*, vol. II: *Herod the Great through Bar Cochba*, New York, 1966 (rev. 1982).

Y. Meshorer, «Ancient Jewish Coinage. Addendum I», *INJ* 11, 1990-1991, p. 104-132.

Y. Meshorer, *Ancient Means of Exchange, Weights and Coins, The Reuben and Edith Hecht Museum, University of Haifa*, Haïfa, 1998.

J. Meyshan, «The Symbols of the Coinage of Herod the Great and their Meanings», *PEQ* 91, 1959, p. 109-120.

F. Millar, *Rome, the Greek World, and the East*, II, London, 2004.

A. Negev, *The Architecture of Obodas. Final Report. Qedem* 36, Jerusalem, 1997.

E. Netzer, *Hasmonean and Herodian Palaces at Jericho. Final Reports of 1973-1987 Excavations. Israel Exploration Society*. Vol. I-III, Jerusalem, 2001-2002.

E. Netzer, *The Architecture of Herod the Great Builder*, *TSAJ*, Tübingen, 2006.

E. Netzer, «Le tombeau du roi Hérode à l'Hérodium», *Archéologia* 446, juillet/ août 2007, p. 6-7.

É. Nodet, «Jésus et Jean-Baptiste selon Josèphe», *RB* 92, 1985, p. 497-524.

É. Nodet, «Appendice sur la version slavone de la Guerre», H. S. J. Thackeray, *Flavius Josèphe: l'homme et l'historien*, Paris, 2000, p. 170-174.

D. E. Oakman, *Jesus and the Economic Questions of His Day*, Queenston, 1986.

J. Ouellette, «Le deuxième commandement et le role de l'image dans la symbolique religieuse de l'Ancien Testament. Essai d'interprétation», *RB* 74, 1967, p. 504-516.

E. Paltiel, *Vassals and Rebels in the Roman Empire. Julio-Claudian Policies in Judaea and the Kingdoms of the East, Latomus*, Bruelles, 1991.

F. Parente & J. Sievers (eds.), *Josephus and the History of the Greco-Roman Period. Essays in Memory of Morton Smith*, Köln/Leiden/New York, 1994.

E. Parmentier-Morin, *L'oeuvre historique de Nicolas de Damas*, Lille, 2000.

E. Parmentier-Morin, «L'usurpater vertueux: histoire et propaganda dans l'oeuvre de Nicolas de Damas, historien d'Hérode», dans M. Molin (éd.), avec la collaboration de J.-Y. Carrez-Maratray, P. Gaillard-Seux & E. Parmentier-Morin, *Images et representations du pouvoir et de l'ordre social dans l'Antiquité, Actes du colloque d'Angers (28-29 mai 1999)*, Paris, 2001, p. 91-100.

J. J. Price, *Jerusalem under Siege. The Collapse of the Jewish State, 66-70 CE*, Leiden, 1992.

P. Prigent, *Le judaïsme et l'image*, *TSAJ*, Tübingen, 1990.

T. Rajak, *Josephus, the Historian and his Society*, London, 2002.

B. Renaud, «Une femme juive dans le combat politique: Judith», E. Lévy (éd.), *La femme dans l'Antiquité*, Strasbourg, 1983, p. 125-139.

P. Richardson, «Law and Piety in Herod's Architecture», *SR* 15, 1986, p. 347-360.

P. Richardson, *Herod, King of the Jews and Friend of the Romans*, Edinburgh, 1996.

S. Rocca, *Herod's Judaea: King of a Mediterranean State in the Classical World, TSAJ*, Tübingen, 2008.

D. W. Roller, *The Building Program of Herod the Great*, Berkeley/Los Angeles/London, 1998.

E. P. Sanders, *Judaism: Practice and Believe, 63 BCE -66 CE*, Phiadelphie, 1992.

M. Sartre, *L'Orient romain: provinces et sociétés provincials en Méditerranée orientale d'Auguste aux Sévères (31 av. J.-C.-235 apr. J.-C.)*, Paris, 1991.

M. Sartre, *D'Alexandre à Zénobie, Histoire du Levant antique, IVe siècle av. J-.C.-IIIe siècle apr. J.-C.*, Paris, 2001.

Chr. Saulnier, «Hérode Antipas et Jean-Baptiste», *RB* 91, 1984, p. 362-376.

Chr. Saulnier (avec J. Perrot), *Histoire d'Israël* III, *De la conquête d'Alexandre à la destruction du Temple (331a.C.-135 a.D.)*, Paris, 1985.

I. Savalli-Lestrade, «Il ruolo publico delle regine ellenistiche», dans S. Alessandri (ed.), *Studi offerti dagli allievi a Guiseppe Nenci in occasione del suo settantesimo compleanno*, Lecce, 1994, p. 415-432.

I. Savalli-Lestrade, *Les philoi royaux dans l'Asie hellénistique*, Paris/Genève, 1998.

I. Savalli-Lestrade, «La place des reines à la court et dans le royaume à l'époque hellénistique», R. Frei-Stolba & A. Bielman (éd.), *Les femmes antiques entre sphere privée et sphèrepublique*, Lausanne/Neuchâtel, 2000-2002, p. 59-76.

A. Schalit, *König Herodes. Der Mann und sein Werk*, Berlin, 1969 (rev. 2001).

E. Schürer, *The History of the Jewish People in the Age of Jesus Christ (175 BC–AD 135)*, Edinburgh, 1973-1986; revised and completed by G. Vermes, F. Millar & M. Black.〔E・シューラー『イエス・キリスト時代のユダヤ民族史』小河陽ほか訳、教文館、二〇一一年一〕

D. R. Schwartz, *Agrippa I, the last King of Judaea, TSAJ*, Tübingen, 1990.

D. R. Schwartz, «Josephus on Hyrcanus II», F. Parente & J. Sievers (eds.), *op. cit.*, p. 210-232.

Chr.-G. Schwentzel, *Cléopâtre*, Paris, 1999.〔クリスティアン＝ジョルジュ・シュエンツェル『クレオパトラ』北野徹訳、白水社、二〇〇七年〕

Chr.-G. Schwentzel, «Les themes du monnayage royal nabatéen et le modèke monarchique hellénistique», *Syria* 82, 2005, p. 149-166.

Chr.-G. Schwentzel, «Statues royales nabatéennes», *Rant* 3, 2006, p. 125-137.

Chr.-G. Schwentzel, «L'image officielle d'Hérode Archélaos», *RB* 115, 2008, p. 266-274.

Chr.-G. Schwentzel, «Le role politique des femmes de la dynastie d'Hérode: Hérodiade Cypros, Bérénice, Salomé», *Rant* 6, 2009, p. 141-152.

Chr.-G. Schwentzel, «Images du pouvoir et fonctions des souverains hasmonéens», *RB* 116, 2009, p. 368-286.

Chr.-G. Schwentzel, «Images grecques de souverains juifs d'Hyrcan II à Agrippa Ier (63 av. J.-C.-44 apr. J.-C.)», *RB* 117, 2010, p. 528-549.

I. Shatzman, *The Armies of the Hasmoneans and Herod. From Hellenistic to Roman Framewrks*, Tübingen, 1991.

J. Sievers, «The Role of Women in the Hasmonean Dynasty», L. H. Feldman & G. Hata (ed.)*Josephus, the Bible and History*, Detroit, 1989, p. 132-146.〔J・シバース「ハスモン朝の女性たち」J・H・フェルトマン／秦剛平編『ヨセフス・ヘレニズム・ヘブライズム I』山本書店、一九八五年〕

E. M. Smallwood, *The Jews under Roman Rule from Pompey to Diocletian*, *SJLA*, Leiden, 1976.

R. R. R. Smith, *Hellenistic Royal Portraits*, Oxford, 1988.

A. Stein, «Some notes on the chronology of the Coins of Agrippa I», *INJ* 5, 1981 p. 22-26.

G. Theissen, *Le christianisme de Jésus. Ses origins sociales en Palestine*, Paris, 1998.

L. Tholbecq, «Hérodiens, Nabatéens et Lagides dans le Hauran au Ier s. av. J.-C.: reflections autour du sanctuaire de Ba'als-hamin de Si' (Syrie du Sud)», *Topoi* 15, 2007, p. 285-310.

E. E. Urbach, «The Rabbinical Laws of Idolatry in the Second and Third Centuries in the Light of Archaeological and Historical Facts», *IEJ* 9, 1959, p. 149-165.

R. de Vaux, *Les institutions de l'Ancien Testament*, 2 vol., Paris, 1958.

B. Virgilio, *Lancia, diadema e porpora. Il re e la regalità ellenistica. Studi Ellenistici*, Pisa/Roma, 1999.

R. Wenning, «Das Nabatäerreich: Seine archäologischen und historischen Hinterlassen-schaften», H. P. Kuhnen, *Palästina in griechisch-römischer Zeit*, Munich, 1990, p. 380-390.

J. F. Wilson & V. Tzaferis, «Banias Dig Reveals King's Palace», *BAR* 24, 1998, p. 54-61.

J. F. Wilson & V. Tzaferis, «A Herodian Capital in the North: Caesarea Philippi (Panias)», N. Kokkinos (ed.), *op. cit.*, 2007, p. 131-143.

J. Winandy, «Le recencement de Quirinius (Lc 2, 2), une interpolation?», *RB* 104, 1997, p. 373-377.

W. Wirgin, «On King Herod's Messianism», *IEJ* 11, 1961, p. 153-154.

Y. Yadin *et al.*, *Masada. The Yigael Yadin Excavations 1963-1965, Final Reports*, vol. I-III, Jerusalem, 1989-2007.

索　引

ア

イ

ウ

エ

オ

カ

キ

ク

ケ

ヒ

フ

ヘ

ホ

マ

ミ

メ

モ

ヤ

聖　書

その他古代文献

訳者紹介

波部 雄一郎（はべ・ゆういちろう）

1978年兵庫県生まれ。関西学院大学大学院博士課程後期課程修了。博士（歴史学）（古代ギリシア史、ヘレニズム時代史）。関西学院大学、神戸親和女子大学にて非常勤講師。

著書 『プトレマイオス王国と東地中海世界――ヘレニズム王権と東地中海世界』（関西学院大学出版会、2014年）、『よくわかるクリスマス』（嶺重淑との共編著、教文館、2014年）、『記憶と慣行の西洋古代史――エジプトからローマまで』（中井義明・堀井優編著、ミネルヴァ書房、2021年）。

ヘロデ大王

2022年8月30日　初版発行

訳　者　波部雄一郎
発行者　渡部　満
発行所　株式会社　教文館
〒104-0061 東京都中央区銀座4-5-1　電話03(3561)5549　FAX 03(5250)5107
URL http://www.kyobunkwan.co.jp/publishing/
印刷所　モリモト印刷株式会社

配給元　日キ販　〒162-0814 東京都新宿区新小川町9-1
電話03（3260）5670　FAX 03（3260）5637

ISBN　978-4-7642-7462-4　Printed in Japan